中国法学会婚姻家庭法学研究会 2022年卷

家事法研究

Researches on Family Law

VOL.2022

主　　编　夏吟兰　龙翼飞
执行主编　林建军

法律出版社 LAW PRESS · CHINA
北京

图书在版编目(CIP)数据

家事法研究. 2022年卷 / 夏吟兰, 龙翼飞主编 ; 林建军执行主编. -- 北京 : 法律出版社, 2022
ISBN 978 - 7 - 5197 - 7285 - 7

Ⅰ. ①家… Ⅱ. ①夏… ②龙… ③林… Ⅲ. ①亲属法—研究—世界—丛刊 Ⅳ. ①D913.904 - 55

中国版本图书馆 CIP 数据核字(2022)第203777号

家事法研究(2022年卷)
JIASHIFA YANJIU (2022 NIAN JUAN)

主　　编 夏吟兰　龙翼飞
执行主编 林建军

责任编辑 董　昱
装帧设计 汪奇峰

出版发行 法律出版社
编辑统筹 法规出版分社
责任校对 张红蕊
责任印制 耿润瑜
经　　销 新华书店

开本 710毫米×1000毫米　1/16
印张 17.5　　字数 251千
版本 2022年11月第1版
印次 2022年11月第1次印刷
印刷 唐山玺诚印务有限公司

地址:北京市丰台区莲花池西里7号(100073)
网址:www.lawpress.com.cn
投稿邮箱:info@lawpress.com.cn
举报盗版邮箱:jbwq@lawpress.com.cn

销售电话:010 - 83938349
客服电话:010 - 83938350
咨询电话:010 - 63939796

书号:ISBN 978 - 7 - 5197 - 7285 - 7
定价:88.00元

凡购买本社图书,如有印装错误,我社负责退换。电话:010 - 83938349

《家事法研究》

卷 首 语

本书是对中国法学会婚姻家庭法学研究会(以下简称研究会)2021年学术年会研讨主题的荟萃与呈现。研究会2021年学术年会聚焦《民法典》婚姻家庭编,主要从两个方面进行了有益的学术尝试:一是改变近年来服务于《民法典》编纂而偏重原理和宏观制度建构的研究旨趣,在《民法典》通过后走向对微观具体法律规范更为精细化和专业化的学术探微和努力;二是因应社会变迁中面临的婚姻家庭现实命题,对婚姻家庭法律实践中提出的学术难题作出及时理论回应和探寻。基于以上考量,研究会2021年学术年会专门设置了"'重大疾病'条款""夫妻共同经营之债""离婚经济补偿""意定监护"四个主题进行深入学术探讨。

本书聚焦上述四个主题,荟萃了部分学者提交的年会学术论文,另外选取了部分学者已经发表的相关学术论文。这些论文采取不同研究方法对年会主题进行概念辨析和理论建构。其中,《隐瞒"重大疾病"制度研究解释论》《准配偶重疾告知义务与无过错方撤销婚姻和赔偿请求权——以〈民法典〉第1053条和第1054条为中心》《夫妻共同生产经营债务规则研究》《论夫妻债务的清偿与执行规则》《共同意思表示型夫妻共同债务的认定》《共同财产制下离婚经济补偿的价值基础教义构造与体系协调》《离婚经济补偿的理解与适用研究》等七篇论文均定着于《民法典》婚姻家庭编以及相关司法解释等法律规范,采取文义解释、体系解释、目的解释、历史解释等法教义学解释方法,对法律条文的规范内涵及规范意旨等进行规范化、精细化解释,以期实现对重大疾病、夫妻共同债务、离婚经济补偿等法律条文的最适切理解。《认定"重大疾病"之实践进路——以司法裁判为视角》《〈民法典〉意定监护监督法律路径探析》两篇论文偏重对策法学的研究,主要基于对婚姻家庭司法实践的实证考察，针对隐藏在数据背后的审判实践问题，进行具有针对性的原因阐释和对策分析，反映了学者解决婚姻家庭法律实践问题的技术能力。《〈民法典〉背景下意定监护监督制度本土化研究》《〈民法典〉视域下成年意定监护与患者知情同意制度的冲突与调和》两篇论文则侧重比较研究，吸收借鉴外国立法例和判例学说，通过对具体法律规范乃至整体法律规范体系的比较，对意定监护制度方面的趋同化要素进行普遍化解释，以期为我所用。此外，《"用于"夫妻"共同经营之债"研究——以现有学说述评为路径》《论离婚经济补偿》《协助决定范式下意定监护制度改革新径路》三篇论文分别从学理分析、功能分析、国际标准等不同角度对夫妻共同经营之债、离婚经济补偿、意定监护等问题进行了深入阐发，阐明的学术观点具有普遍解释力。

总体而言，本书选择的论文偏重采取法教义学分析方法，这在《家事法研究》的出版历史上也是一次有益尝试，尽管难免浅尝辄止，但在《民法典》刚刚实施的背景下，将教义学分析方法纳入婚姻家庭法学研究的视野，对婚姻家庭法进行精细化、专业化的阐释分析，对实现婚姻家庭法的理性化、科学化、体系化阐释将起到独特作用，这也正是本书的独特学术贡献。

本书的出版离不开各位作者的鼎力支持和学术贡献，离不开路德珍老师的编辑校对，也离不开法律出版社及其编辑独具慧眼将本书纳入出版计划并付出辛勤工作。在此，一并表示衷心感谢！

林建军

2022年8月3日

目　　录

第四专题
意定监护研究

第一专题

“重大疾病”条款研究

隐瞒“重大疾病”制度研究解释论[*]

张学军[**]

摘　要　为了正确适用法律、有效维护当事人合法权益和社会公共利益，我国《民法典》第1053条第1款规定的“重大疾病”亟待深入系统的解释。对于精神病而言，无结婚行为能力的智力障碍和精神疾病、重型精神疾病应被排除；具有结婚行为能力的智力障碍和精神疾病属之。对于身体疾病而言，与性、生殖有关的疾病原则上属之；严重遗传性疾病原则上属之；甲类传染病和准甲类传染病应被排除；艾滋病、性病属之；其他乙类传染病和丙类传染病属之；重大身体疾病属之。此外，它包括需要医学查明的疾病。

关键词　“重大疾病”　精神疾病　身体疾病　强制婚检　婚姻撤销

前　言

我国《民法典》第1053条第1款对原《婚姻法》第10条第3项进行了彻

---

* 该文发表于《甘肃政法大学学报》2020年第5期。基金项目：该文系中国法学会2019年度部级法学研究课题“中华传统法律文化精华的创造性转化和创新性发展研究——以《唐律疏议·户婚律》为例”［课题编号：CLS（2019）C01］的阶段性研究成果。

** 张学军，苏州大学王健法学院教授、博士生导师，中国法学会婚姻法学研究会副会长。研究方向：民法总则、婚姻家庭法学。

底改革。首先,构成要件方面:(1)以“重大疾病”取代“医学上认为不应当结婚的疾病”(以下简称禁婚疾病)。在学说上,患有重大疾病的配偶可被称为患病方配偶,对方可被称为非患病方配偶。(2)废除了但书。原《婚姻法》第10 条第 3 项对于人民法院基于禁婚疾病宣告婚姻无效加以限制,即只有对婚前患有禁婚疾病,婚后尚未治愈的,才能宣告婚姻无效。当然,原《婚姻法》对何谓“婚后”并未明确规定。(3)增设了主观要件。原《婚姻法》第 10 条第 3 项既未要求非患病方配偶在主观上存在认知错误[1](误以为患病方配偶并未患病),也未要求患病方配偶在主观上存在欺诈[包括“误导”(misrepresent)和“隐瞒”(concealment)][2]的故意。[3] 因此,只要客观上婚前患有禁婚疾病且在婚后尚未治愈的,人民法院即可宣告婚姻无效。若从民事法律行为的角度观察,患有禁婚疾病的结婚应归为法律行为内容欠缺合法性的范畴。我国《民法典》第 1053 条第 1 款则要求患病方配偶在主观上存在故意,即只有“不如实告知”(本文称之为“隐瞒”),另一方才可以向人民法院请求撤销婚姻。若从民事法律行为的角度观察,违反重大疾病告知义务的结婚应被归为意思瑕疵的范畴。其次,法律效果方面:以“撤销婚姻”取代“婚姻无效”。

在我国《民法典》制定过程中,已有学者对第 1053 条第 1 款高度关注;[4] 我国《民法典》通过之后,也有学者对其进行了一定的解释。[5] 这些成果无疑具有重要的启发意义。为了正确适用法律、有效维护当事人合法权益和社会公共利益,本文拟对“重大疾病”进行深入系统的解释。

---

① 关于意思表示错误的一般原理,参见石田穰:《民法总则》,信山社 2014 年版,第 629 – 689 页。

② Elias J. Drexler, *Annulment of Marriage for Fraud in New York*, 71 United States Law Review 318, 319 – 320 (1937).

③ 关于意思表示欺诈的一般原理,参见石田穰:《民法总则》,信山社 2014 年版,第 690 – 699 页。

④ 参见徐国栋:《〈中华人民共和国民法典〉应保留〈婚姻法〉禁止一些疾病患者结婚的规定》,载《暨南学报(哲学社会科学版)》2020 年第 1 期。

⑤ 参见蒋月:《准配偶重疾告知义务与无过错方撤销婚姻和赔偿请求权——以〈民法典〉第 1053 条和第 1054 条为中心》,载《法治研究》2020 年第 4 期。

一、精神疾病的解释

"疾病"是指"生理上或心理上发生的不正常的状态"①。因此,"疾病"可以分为"精神疾病"和"身体疾病"两类。

2002 年《婚前保健工作规范(修订)》(卫生部卫基妇发〔2002〕147 号)规定,"如发现一方或双方患有重度、极重度智力低下,不具有婚姻意识能力;重型精神病,在病情发作期有攻击危害行为的,注明'建议不宜结婚'"。因此,精神疾病以来源为标准可以分为两类,即智力障碍和精神障碍。② 以是否具有结婚行为能力为标准,可以分为无结婚行为能力和有结婚行为能力。精神疾病以是否具有危险性可分为:重型精神疾病③和非重型精神疾病。

(一)无结婚行为能力的智力障碍和精神疾病

我国《民法典》第 1053 条第 1 款规定的"重大疾病"应该排除无行为能力的智力障碍和精神疾病,理由包括以下几方面。

1. 结婚属民事法律行为

在德国,"在亲属法领域发生效果的法律行为,主要有结婚"④。我国《民法典》规定的"结婚"在法律性质上当属民事法律行为。既然如此,结婚就应需要认知能力。

2. 无结婚行为能力人实施的结婚无效

首先,探讨交易行为能力与结婚行为能力之间的关系。在德国,"对于结婚行为能力而言,关键因素是订婚者能否理解婚姻的本质,一般的理解力没有决定性的作用"⑤。在瑞士,"已被正式宣告为无行为能力(formal inca-

---

① 中国社会科学院语言研究所词典编辑室:《现代汉语词典》,商务印书馆 1996 年版,第 592、92 页。

② Marco Mladenovic, Marina Janjic - komar and Christa Jessel - Holst, *The Family in Post - Socialist Countries*, Martinus Nijhhoff Publishers, 1998, p. 31.

③ 《严重精神障碍发病报告管理办法(试行)》(国卫疾控发〔2013〕8 号)第 13 条。

④ [德]卡尔·拉伦茨:《德国民法通论》(下册),王晓晔等译,法律出版社 2003 年版,第 434 页。

⑤ Nina Dethloff, Familienrecht, C. H. Beck oHG, 2018, S. 41 - 42.

pacitations)不会阻止有效婚姻的缔结;能够理解结婚同意和婚姻生活已经足够"[①]。在英国,"法院已经坚称,结婚是很简单的合同(very simple contract),并不需要高度的理解力(a high degree of intelligence to understand)"[②]。在美国,"一般而言,判断结婚心智能力采用的标准是很低的"[③]。例如,密苏里州上诉法院指出,"确凿无疑的是,'缔结婚姻所需的心智,不会大于(如果相等)缔结普通商务合同所需的心智'"[④]。再如,内布拉斯加州最高法院指出,"尽管依据成文法婚姻是民事合同(能够缔结合同的双方当事人同意是必要的),但是除了同意这一因素之外,它与其他合同具有最低程度的类似性。双方当事人通过结婚创立的不仅是合同关系,而且是社会身份。国家的利益必须得到考虑"[⑤]。

我国应该借鉴上述立法。其理由是:第一,在认知发展历史上,家庭生活比商业交易被儿童更早地认知;第二,在熟悉程度上,家庭生活更被人所熟知;第三,在后果上,更有利于智力障碍者和精神疾病患者结婚。

其次,探讨结婚行为能力的内容。发达国家立法结婚行为能力分为以下两类:一是被界定为理解结婚庆典/结婚程序的能力,即只要结婚申请人能够同意结婚,结婚即为有效(其实质很可能是能够理解结婚程序,结婚即为有效)。在法国,"当事人具有理解婚姻缔结的真实(actual)能力,具有决定性意义。因此,如果精神疾病患者理解同意的意义(meaning of his consent),也可以缔结有效的婚姻(《法国民法典》第 146 条)"[⑥]。在西班牙,"如果订婚的一方因精神状况(mental state)不能给予有效的同意(meaningful consent),则不能成立有效的婚姻(《西班牙民法典》第 45 条)。然而,如果精

① Dagmar Coester – Waltjen and Michael Coester, *Formation of Marriage*, Martinus Nijhhoff Publishers, 1997, p. 42.

② S. M. Cretney and J. M. Masson, *Principles of Family Law*, Sweet and Maxwell Ltd., 1990, p. 56.

③ Dagmar Coester – Waltjen and Michael Coester, *Formation of Marriage*, Martinus Nijhhoff Publishers, 1997, p. 43.

④ Forbis v. Forbis, 274 S. W. 2d 800, Springfield Court of Appeal, Missouri, Jan. 8, 1955, p. 806.

⑤ Edwards v. Edwards, 205 Neb. 255, Supreme Court of Nebraska, Jan. 8, 1980, p. 255.

⑥ Dagmar Coester – Waltjen and Michael Coester, *Formation of Marriage*, Martinus Nijhhoff Publishers, 1997, p. 43.

神疾病患者能够给予有效的同意，也是如此。即使已被宣告为无行为能力或者具有严重的（遗传性）缺陷，结婚也是有效的”①。在美国，“一些州采用的标准与法国、西班牙非常类似”②。例如，美国卡罗拉多州最高法院指出，“陪审团得到的进一步指示是，‘如果发现在结婚庆典时男方缺乏足够的理解力，不能理解结婚合同的性质和产生的义务、责任以及婚礼宣誓（marriage vows）的严肃性，则不能给予自愿的同意’。我们认为，这一指示超出了成文法规定的撤销理由。它规定，如果‘当事人一方或双方在精神上不能对结婚予以自愿的同意’，则婚姻可被撤销（may be set aside）”③。

二是被界定为理解结婚的性质及其法律后果，结婚才能有效。在英国，“依据判例法，只有当事人一方在办理典礼时，因精神疾病或缺陷（deficiency）而不能理解结婚的性质和结婚产生的义务、责任（duties and responsibilities），它们才会影响同意的有效性”④。例如，“在谢菲尔德城市议会诉某公民（Sheffield City Council v. E）一案中……芒比（Munby）法官指出，申请人不仅必须理解结婚庆典（must not only understand the ceremony of marriage），而且必须理解依附于婚姻（attach to marriage）的义务和责任”⑤。在美国，“一些州追随英国判例法［Durham v. Durham（1885）］，要求当事人理解结婚的性质和结婚产生的义务、责任（duties and responsibilities）”⑥。例如，密苏里州上诉法院指出，“尽管对‘精神病’（insanity）无法进行精确的界定，但是基于大量的判例法和文献可以得出如下结论：如果当事人在结婚时具有足够的心智（mental capacity），能够理解结婚契约的性质、影响（effect）和结婚当事人应该承担的义务、责任，就不属于第 451.020 条所预想的‘精神病’

---

① Dagmar Coester – Waltjen and Michael Coester, *Formation of Marriage*, Martinus Nijhhoff Publishers, 1997, p. 42.

② Dagmar Coester – Waltjen and Michael Coester, *Formation of Marriage*, Martinus Nijhhoff Publishers, 1997, p. 43.

③ Young v. Colorado National Bank of Denver, 148 Colo. 104, Oct. 2, 1961, p. 125.

④ S. M. Cretney and J. M. Masson, *Principles of Family Law*, Sweet and Maxwell Ltd., 1990, p. 56.

⑤ Ruth Lamont, ed., *Family Law*, Oxford University Press, 2018, p. 40.

⑥ Dagmar Coester – Waltjen and Michael Coester, *Formation of Marriage*, Martinus Nijhhoff Publishers, 1997, p. 43.

(insane)人"[1]。再如,内布拉斯加州最高法院指出,"结婚合同不能因为缔结的精神缺陷而被宣告无效(to avoid),除非当事人在结婚时缺乏理解力从而无法理解结婚同意……如果当事人具有足够的心智,能够理解结婚合同的性质及其产生的业务、责任,那么结婚有效"[2]。从后果而言,依据前一类立法,"婚姻有效性可以得到更多的承认"[3]。我国应该借鉴后一类立法。其理由是:第一,与前一类立法相比,后一类立法更能防止精神疾病患者"承担自己无法理解的责任"[4]。第二,与前一类立法相比,后一类立法更能防止第三人包办婚姻、买卖婚姻。

最后,探讨无结婚行为能力者结婚的法律效力。发达国家立法分为两类:一是无结婚行为能力者结婚被规定为无效。在法国,依据判例法,"一方当事人处于人所共知的精神错乱状态,使其对自己的行为不能承担任何责任,在此状态下表示同意结婚,鉴于缺乏(真正的)同意,应当宣告结婚无效(最高法院第一民事庭,1980年5月28日)"[5]。在美国,"在无结婚行为能力者结婚是无效还是可撤销问题上,得到普遍认可的制度是,如果相关的成文法未另行规定,此类结婚自始绝对无效,而且继续无效"[6]。例如,在内布拉斯加州,"结婚合同不能因为缔结者的精神缺陷而被宣告无效,除非当事人在结婚时缺乏理解力从而无法理解结婚同意"[7]。在瑞士,"由于缺乏精神病方配偶的同意,所以婚姻被宣告无效(void)"[8]。在日本,"若想成立结婚意思,就必须具备意思能力……如果无行为能力人在恢复意思能力之后没

① Forbis v. Forbis, 274 S. W. 2d 800, Springfield Court of Appeal, Missouri, Jan. 8, 1955, p. 806.

② Homan v. Homan, 181 Neb. 259, Supreme Court of Nebraska, Jan. 6, 1967, p. 260 – 261.

③ Dagmar Coester – Waltjen and Michael Coester, *Formation of Marriage*, Martinus Nijhhoff Publishers, 1997, p. 43.

④ Dagmar Coester – Waltjen and Michael Coester, *Formation of Marriage*, Martinus Nijhhoff Publishers, 1997, p. 43.

⑤ 《法国民法典》,罗结珍译,法律出版社2005年版,第165页。

⑥ In the Matter of the Estate of Manuel Santolino, 384 N. J. Super. 567, Superior Court of New Jersey, July 6, 2005, p. 575. See William E. McCurdy, *Insanity As a Ground for Annulment or Divorce in English and American Law*, 29 Virginia Law Review 771, 787 – 788 (1943).

⑦ Homan v. Homan, 181 Neb. 259, Supreme Court of Nebraska, Jan. 6, 1967, p. 260 – 261.

⑧ P. M. A. Hunt, *Error in the Contract of Marriage*, 80 The South African Law Journal 94, 116, (1963).

有结婚意思,那么结婚意思就不成立"[①]。二是无结婚行为能力者结婚被规定为可撤销。在英国,《1973 年婚姻诉讼法》第 12 条第 1 款(c)项规定,"1971 年 7 月 31 日之后缔结的婚姻只能基于以下理由被撤销……(c)无论是由于胁迫、错误、精神失常的原因,还是由于其他原因,任何一方(either)不能有效地同意……"[②]在德国,"其行为能力上的瑕疵只是令婚姻可面向未来的被废止(第 1314 条第 1 款)"[③]。

我国应该借鉴前一类立法。其理由是:第一,因婚姻无效是永远无效、绝对无效,而婚姻撤销则是原告(通常会得到更大限制)若在除斥期间未被撤销则继续生效,婚姻无效立法更有利于防止精神病人"承担自己无法理解的责任"。第二,基于相同的道理,婚姻无效立法更有利于防止第三人包办婚姻、买卖婚姻。第三,精神疾病患者在客观上很可能无法履行婚姻义务。[④]第四,法律规定婚姻可以撤销固然具有便于患病方配偶事后追认的优势。[⑤]但是,如果精神疾病患者恢复神智,则可以结婚。

3. 无法产生欺诈意图

在美国纽约州,"有意的欺诈(actual fraud)被界定为'故意欺诈'(intentional fraud);它由欺诈(deception)——故意诱使他人放弃财产或放弃权利,从而实现精心设计的目标——构成。在有意的欺诈或者积极的欺诈(positive fraud)中,基本要素是欺诈的意图……被判决为无能力者(如同本案被告)不能签订有效合同。如果不能订立有效合同……就同样不能实施欺诈行为、产生构成欺诈诉讼基础的欺诈意图(intent to defraud)"[⑥]。在瑞士,"订婚一方负有通知对方重要的人的品质的默示义务(implied duty)不再相干,这是因为精神疾病患者在主观上可能处于无法通知的状态。另一方面,

---

① 我妻荣:《亲族法》,有斐阁 1961 年版,第 17 - 18 页。

② Dame Brenda Hale, Judge David Pearl, Elizabeth J. Cooke, Philip D. Bates, *The Family, Law and Society Cases and Materials*, Reed Elsevier Ltd., 2002, p. 57.

③ [德]迪特尔·施瓦布:《德国家庭法》,王葆莳译,法律出版社 2010 年版,第 45 页。

④ Master v. Master, 13 Wis. 2d 332, Supreme Court of Wisconsin, April 4, 1961, p. 340.

⑤ William E. *McCurdy*, *Insanity As a Ground for Annulment or Divorce in English and American Law*, 29 Virginia Law Review 771, 784 (1943).

⑥ Chaddock v. Chaddock, 130 Misc. 900, Supreme Court of New York, November 28, 1927, p. 903 - 904.

至少对于另一方而言,这种状态几乎总是很明显的”①。这在比较法上具有一定的依据。法国、瑞士和美国的一些州均规定,若无结婚行为能力,则结婚无效。既然无结婚行为能力人结婚无效,婚姻撤销就无从谈起。因此,隐瞒无结婚行为能力的智力障碍和精神疾病应被排除。

(二)重型精神疾病

我国《民法典》第1053条第1款规定的“重大疾病”在解释上应该排除重型精神疾病(在结婚时是否具有结婚行为能力则在所不问)。其理由是:第一,有利于维护非患病方配偶的人身安全。第二,在比较法上存在一定的依据。在英国,《1973年婚姻诉讼法》第12条第1款(d)项规定,“1971年7月31日之后缔结的婚姻只能基于以下理由被撤销……(d)尽管任何一方当事人在结婚时能够给予有效的同意,但是患有(至于持续还是间歇则在所不问)1983年《精神健康(mental health)法》所称的且在种类上或达到的严重程度上不适合结婚的精神紊乱”②。对此,英国曼彻斯特大学法学教授拉蒙特(Lamont)指出,“确定哪些紊乱使得患者不适合结婚(unfitted to marriage)是很困难的,一般需要评估该方理解普通义务、行为、婚姻的责任之能力。因此,可以主张,抑郁症不能使患者不适合结婚,严重的、偶发的(episodic)精神分裂则可以”③。在美国,威斯康星州最高法院指出,“如果婚姻导致健康或生命面临危险,婚姻则可以被撤销”。④

(三)其他智力障碍和精神疾病

我国《民法典》第1053条第1款规定的“重大疾病”在解释上包括其他智力障碍和精神疾病患者。理由包括以下几方面。

---

① Dagmar Coester - Waltjen and Michael Coester, *Formation of Marriage*, Martinus Nijhhoff Publishers, 1997, p. 42.

② Dame Brenda Hale, Judge David Pearl, Elizabeth J. Cooke, Philip D. Bates, *The Family, Law and Society Cases and Materials*, Reed Elsevier Ltd., 2002, p. 57.

③ Ruth Lamont, ed., *Family Law*, Oxford University Press, 2018, p. 41.

④ Master v. Master, 13 Wis. 2d 332, Supreme Court of Wisconsin, April 4, 1961, p. 340.

1. 结婚行为合法有效

(1)患有这类疾病的人具有结婚行为能力。在美国,实证研究表明,“智力障碍可以分为五个等级:边界(borderline),智商在 68 至 83 之间;轻微,智商在 52 至 67 之间;中度,智商在 36 至 51 之间;严重,智商在 20 至 35 之间;极度,智商低于 20……在全部智力障碍者中,只有接近 5% 的人是严重者或极度者,大约 6% 的人是中度者”①。在我国,情况大体相同。《异常情况的分类指导标准(试行)》(1986 年 7 月 21 日原卫生部颁行)(本文以下简称 1986 年《分类标准》)“附 3”第 15 条第 1 项规定,“精神发育迟滞或称精神发育不全,迟滞或智力低下,是指出生前或出生后导致中枢神经系统发育障碍,表现以智力低下为主的征候群,分三类:第一类:重度智力低下(白痴)。智商在 25 至 30 以下,相当婴儿智力,不会说话,只能发音,感情反应基于原始本能状态,生活不能自理,无防卫能力。禁止结婚。第二类:中度智力低下,(痴愚)占 20% 左右。智商在 25 至 50,培养教育后只会简单生活用语,词汇贫乏,连贯性差,教育后有简单数的概念和简单劳动,生活半自理,很难进行学习。可以结婚,不能生育。第三类:轻度智力低下,(愚鲁)约占 75%。智商在 50 至 70,发病率 3‰,发音较前清楚,培养后可学会连贯用语,思维能力差,分不清主次,计能有困难,能从事简单劳动,生活能自理。可以结婚,不宜生育”。精神疾病患者可以分为三类:一是处于间歇期的精神疾病患者;二是处于治疗痊愈至复发的过渡期间的精神疾病患者;三是虽然处于发病期间但能理解结婚的性质和法律后果的精神疾病患者。无论哪一种精神疾病患者,他们均能理解结婚的性质和后果。

(2)患有这类疾病的人结婚并未违反法律、行政法的强制性规定。在美国,“公民在宪法上享有结婚权吗? 最高法院已经提供肯定性的答案”②。在我国,2018 年修改的《精神卫生法》第 5 条规定,“全社会应当尊重、理解、关爱精神障碍患者。任何组织或者个人不得歧视、侮辱、虐待精神障碍患者,不得非法限制精神障碍患者的人身自由”。在解释上,具有结婚行为能力的

---

① Jeffrey M. Shaman, *Persons Who Are Mentally Retarded: Their Right to Marry and Have Children*, 12 Family Law Quarterly 61,64(1978).

② Cass R. Sunstein, *The Right to Marry*, 26 Cardozo Law Review 2081,2082(2005).

人无疑也享有结婚权。

(3)患有这类疾病的人结婚并未违反公序良俗。主要表现为:第一,相当比例的智力障碍者可以成为合格的父母。在美国,“法律限制智力障碍者(people with mental retardation)结婚权依赖的第一个正当理由是,推定他们不会成为有效(effective)的父母。有人主张,智力障碍者所生的子女会给他们的家庭带来负担;支援孩子会给整个社会带来经济负担。如果父母属于严重或极度的智力障碍,这些关切则是合理的。然而,达到这一程度的智力障碍者很可能入住机构和/或可能缺乏成为配偶的机会或人际交往能力”①。实证研究表明,这一结论并不成立。首先,“并没有理由认为,智力障碍者天生地就不能满足儿童的身体需要。很多智力障碍者都在亲自照料子女并能够在社区中独立生活”。其次,“没有理由认为,智力障碍者不能维护子女的卫生和安全。实际上,智力障碍者存在过度保护子女的倾向。更重要的是,研究表明,智力障碍和暴力或性变态(sexual pathology)(它们是儿童利益的最大威胁)并无联系”。最后,“没有理由认为,智力障碍者不能满足子女的情感需要”②。

第二,婚姻可以对智力障碍者提供许多利益。在美国,“法律限制智力障碍者结婚权依赖的第二个正当理由是,保护他们免受损害”。然而,婚姻可以提供很多利益。首先,“婚姻提供了安全感、得到承认感、是‘第一等公民’而非被逐出者的存在感”。其次,“婚姻提供了残疾人和正常人均同等重视的爱情、友情、陪伴”。最后,“与正常人一样,智力障碍者存在性需求和性驱动力”,婚姻提供了满足渠道。③

第三,智力障碍与遗传并无必然联系。“法律限制智力障碍者结婚权依赖的第三个正当理由是,阻止智力障碍得到传播。依据‘遗传疾病’理论,智力障碍者给社会带来沉重的代价和负担。法律必须最大限度地减少损失。

① Brooke Pietrzak, *Marriage Laws and People with Mental Retardation: A Continuing History of Second Class Treatment*, 17 Development in Mental Health Law 33,40(1997).

② Brooke Pietrzak, *Marriage Laws and People with Mental Retardation: A Continuing History of Second Class Treatment*,17 Development in Mental Health Law 33,35 – 36(1997).

③ Brooke Pietrzak,*Marriage Laws and People with Mental Retardation: A Continuing History of Second Class Treatment*, 17 Development in Mental Health Law 33,37(1997).

遏制智力障碍的高效方法是，限制繁殖这一人群的能力。”然而，“当代科学数据表明，并非所有种类的智力障碍均具有基因遗传性。智力障碍可能由纯基因因素所引起，也可能由基因因素和环境因素（如缺乏适当的食物）所共同引起，也可能由纯环境因素所引起，也可能由受伤所引起，也可能由文化剥夺所引起。实际上，80% 到 90% 的智力障碍者拥有正常的父母”。①

在我国，“轻度智力低下”者“生活能自理”。如果结婚，则至少可以享受婚姻带来的利益。而且，上述道理对于精神疾病患者同样适用。

2. 智力障碍或精神疾病对于非患病方配偶关系重大

智力障碍或精神疾病对于非患病方配偶关系重大，主要表现为生活质量和事业会受到严重影响；精神疾病“复发率高、致残率高”，需要高昂的预防、治疗、康复费用；劳动收入能力降低。因此，依据常理推测，假设合理谨慎的非患病方配偶未受欺诈，则不会同意与患病方配偶结婚。

3. 我国未设基于意思表示错误撤销婚姻的制度

“很多法国支系国家将意思表示错误（error）扩张到个人品质（personal qualities）领域，但是并未明确规定欺诈可以构成婚姻撤销理由；在一定程度上，欺诈被个人品质错误（errors in the personal quality of the party）所吸收。”例如，在法国，“自从 1975 年 7 月 12 日法律改革之后，个人品质错误也构成撤销事由……它包括……精神的异常（mental anomality）……”②。在瑞士，意思表示欺诈和错误均得到承认。“《瑞士民法典》第 124 条第 2 款和第 125 条第 1 款是相关的。前者允许‘被对方当事人具有的某些如此地不可或缺［本质的（essential）］，以致缺乏它们能够导致共同生活无法容忍的品质上发生的错误认识’引诱，从而缔结婚姻的当事人，申请宣告撤销婚姻。后者允许‘被对方或与其串通的第三人，就对方的正直品质（ehrenhaftigkeit）故意欺诈，因而被引诱缔结婚姻’的当事人，申请宣告撤销婚姻”③；“瑞士学者埃格

---

① Jeffrey M. Shaman, *Persons Who Are Mentally Retarded: Their Right to Marry and Have Children*, 12 Family Law Quarterly 61, 71 (1978).

② Dagmar Coester - Waltjen and Michael Coester, *Formation of Marriage*, *Martinus Nijhhoff Publishers*, 1997, p. 87.

③ P. M. A. Hunt, *Error in the Contract of Marriage*, 80 The South African Law Journal 94, 106 (1963).

(Egger) 指出,民法典第 124 条第 2 款包括:精神疾病[但是由于缺乏精神疾病方配偶的同意,所以婚姻被宣告无效(void)的除外]……依据民法典第 125 条第 2 款……隐瞒家族遗传性疾病(如精神病)构成撤销理由"[①]。在德国,"特别是旧法中关于个人品质错误的规定被删除后,关于欺诈的规定更为重要"[②]。总之,意思表示错误和欺诈可以相互替代或协助。然而,依据我国《民法典》第 1051 ~ 1053 条的规定,意思表示错误既不能构成婚姻无效的理由,又不能构成婚姻撤销的理由。因此,隐瞒重大疾病应被宽泛地解释。

4. 这在比较法上存在一定的依据

1920 年,美国纽约州最高法院指出,"婚姻是基于相互关心和情感,作为夫妻终身共同生活的相互、自愿契约。订婚双方之间存在的信任,要求双方就能够影响结婚决定的事实坦白和诚实。订婚双方就对结婚决定具有实质意义的事实相互负有告知的积极义务,这不仅是因为这些事实能够影响结婚决策,而且是由于涉及财产(by reason of the property rights involved)和可能生育的后代,国家和社会存在利益。如果一方因为年龄、身体状况、精神状况、法律上无行为能力无法缔结合法有效的婚姻,则不应保持沉默;对于婚姻契约具有根本意义的事实,双方存在明确的告知义务"[③]。1961 年,马里兰州上诉法院指出,"包括纽约州、加州、新罕布什尔州在内的一些州认为,隐瞒精神疾病史(concealment of past insanity)、现在患有的精神病(a diseased mental condition)可以构成涉及婚姻本质的欺诈(as goes to the essence of the matter),婚姻据此可被撤销"[④]。在德国,"如果根据具体情况产生单独的披露义务,欺诈(Die Taüschung)则也可以通过隐瞒具有实质意义的情况(Verschweigen wesentlicher Umstände)而发生。依据判例,双方相互之间并没有一般的披露义务……依据判例法,基于婚姻的本质(aus dem Wesen der Ehe),一方就对婚姻共同体和家庭生活具有根本意义的情况,产生向对

---

① P. M. A. Hunt, *Error in the Contract of Marriage*, 80 The South African Law Journal 94, 116 (1963).

② [德]迪特尔·施瓦布:《德国家庭法》,王葆莳译,法律出版社 2010 年版,第 49 页。

③ John E. Leddy, *Annulment of Marriage Induced by Fraud*, 1 New York Law School Review 19, 24(1928).

④ Holland v. Holland, 224 Md. 449, Court of Appeals of Maryland, March 14, 1961, p. 451. David H. Vernon, *Annulment of Marriage: A Proposed Model Act*, 12 Journal of Public Law 143, 161(1963).

方的披露义务(Offenbarungspflicht)"①。"欺诈方无须具有责任能力(schuldfähig)。即使一方受到精神疾病患者欺诈而同意结婚,仍然享有废止权。"②在瑞士,隐瞒精神疾病构成基于欺诈的撤销事由。在北欧国家,"允许已被宣告为无行为能力人缔结有效的婚姻。为了防止无意义的(meaningless)婚姻、保护有关当事人,如果精神疾病患者或者智力障碍者希望结婚,则既需要征得其监护人同意,又需要征得司法部的许可(leave)"。立法目的是,"保护精神疾病患者免受有害的、歧视性的国家干预,从而尽可能地允许精神疾病患者结婚"③。

5. 严格限制撤销事由的立法不适合我国国情

在英国,于1818年沙利文诉沙利文(Sullivan v. Sullivan)一案中,法官发表如下意见,"如果他能够同意且已经同意,那么法律并不问同意是如何引起的(induced)"。1897年,在莫斯诉莫斯(Moss v. Moss)一案中,热恩(Jeune)法官指出,"在英国法上,欺诈是婚姻无效的事由。但是,它并不包括诱使同意的那些欺诈,仅限于那些获得没有实质(reality of consent)而只有外观(appearance)的同意"④。这一传统保持至今。⑤

在美国,基于欺诈撤销婚姻的立法大体上可以分为两类:一是"限制性的立法"(strict American view)。"立法典型是马萨诸塞州和伊利诺伊州。国家对婚姻稳定拥有的利益是司法思维的重心。其结果是,只有在相当个别的情况下法院才倾向于撤销婚姻。"⑥"在作为英国制度变更者(modification)的马萨诸塞州及其追随的州,欺诈事由被限定在实施与怀孕相关的欺

① Elisabeth Koch (Red.), Münchener Kommentar zum Bürgerlichen Gesetzbuch, C. H. Beck, 2013, S. 174.

② Elisabeth Koch (Red.), Münchener Kommentar zum Bürgerlichen Gesetzbuch, C. H. Beck, 2013, S. 175.

③ Dagmar Coester - Waltjen and Michael Coester, *Formation of Marriage*, Martinus Nijhhoff Publishers, 1997, p. 43.

④ Harry W. Vanneman, *Annulment of Marriage for Fraud*, 9 Minnesota Law Review 497, 498 - 499 (1924). "依据英国法,欺诈是婚姻无效事由。它不包括诱使对方同意结婚的欺诈,只限于获得缺乏实质内容(without the reality of consent)的形式上同意的欺诈。" Lee Max Friedman, *Fraud and the Marriage Contract*, 32 American Law Review 568, 568 (1898).

⑤ Ruth Lamont, ed., *Family Law*, Oxford University Press, 2018, p. 38 - 42.

⑥ Robert C. Brown, *Duress and Fraud as Grounds for the Annulment of Marriage*, 10 Indiana Law Journal 473, 480 (1935).

诈、隐瞒性病、隐瞒性无能之上,是很明显的。"[①]换言之,"欺诈必须涉及婚姻的本质……所谓实质只包括性关系和生育(bearing)子女必需的品质(qualities)"[②]。二是"自由性的立法"(liberal American view)。"立法典型是新泽西州,但纽约州的立法更为明显。法院主要关心的是,此类婚姻是不可取的(undesirableness),若无强大的反对理由则应被撤销。其结果是,享有较大自由裁量权的法院,倾向于准予撤销。"[③]1965 年,华盛顿州上诉法院指出,"婚姻无效制度的历史发展表明,欺诈不再要求'必然涉及婚姻关系的本质(the essentials of the marriage relation)',即与同居相关的权利、义务和依法附加在婚姻身份上的配偶权(consortium)……如果欺诈'达到假设未被实施,受欺诈者不会同意结婚的实质(material)程度',即足以构成"[④]。也就是说,"一些判例法已经接近(come close to)适用普通合同所适用的实质标准(standard of materiality)"[⑤]。美国将撤销事由限定在婚姻实质相关事项的理由有三:(1)保护女性。"在 19 世纪大部分时间和 20 世纪很长时间,婚姻的功能是应对物质依赖的主要方法……男女双方一经结婚,某些福利和义务自动地强加于夫妻双方。其中包括妻子对丈夫享有扶养请求权,丈夫对妻子享有服务请求权,国家干涉婚姻的终止,夫妻各方享有分享对方财产的权利……如果婚姻可被轻易撤销,就会对妇女在经济上产生毁灭性的影响。"(2)离婚受到严格限制。"在上述历史时期,婚姻主要被视为具有永久性。离婚要么不能获得,要么很难获得。"(3)"婚姻是唯一得到国家批准的性与生殖场所。非婚两性关系构成私通罪或通奸罪。因此,若想成立合法的两性关系,就必须结婚……如果婚姻可被轻易撤销,就会产生更多的单身男子(潜在的私通者),就会产生不适合结婚的(unmarriageable)单身女性[她们

---

① Harry W. Vanneman, *Annulment of Marriage for Fraud*, 9 Minnesota Law Review 497, 506 (1924).

② Dagmar Coester – Waltjen and Michael Coester, *Formation of Marriage*, Martinus Nijhhoff Publishers, 1997, p. 88.

③ Robert C. Brown, *Duress and Fraud as Grounds for the Annulment of Marriage*, 10 Indiana Law Journal 473, 480 (1935).

④ Kober v. Kober, Court of Appeals of New York, October 28, 1965, p. 194 – 195.

⑤ Dagmar Coester – Waltjen and Michael Coester, *Formation of Marriage*, Martinus Nijhhoff Publishers, 1997, p. 88.

虽然在法律技术意义上是‘未婚者’，但是被社会视为‘次品’（damaged goods）］。”[①]

在我国，夫妻双方都有“参加生产、工作……的自由”（我国《民法典》第1057条）；“夫妻有相互扶养的义务”（我国《民法典》第1059条第1款）；夫妻双方可以协议离婚（我国《民法典》第1076~1078条）；在一方要求离婚的情况下，“如果感情确已破裂，调解无效，应当准予离婚”（我国《民法典》第1079条第2款）；无配偶者同居不再是“非法”（《最高人民法院关于适用〈中华人民共和国民法典〉婚姻家庭编的解释（一）》第2条）；两性观念发生很大变化。

6. 严格限制撤销事由会产生消极的社会效果

1961年，美国马里兰州上诉法院指出，大多数法院缓慢承认，隐瞒自己精神疾病史足以构成离婚事由（a sufficient ground for dissolution of the marital status）。其中，有些州将其归为对社会地位、名誉、财产、气质（temperament）、性情（disposition）的误导（misrepresentation），它并未涉及婚姻的实质。如果得知之后继续共同生活，则没有对事实的欺诈（fraud on facts）或事后批准（ratification）。[②] 在德国，“在以下情况下，如果对方没有明确询问，一方则没有披露义务……未留下后遗症且已经治愈的精神崩溃（Nervenzusammenbruch），尽管曾经需要在疗养院住院数月……”[③]其结果是希望终止共同生活的受害人只能诉请离婚。在我国，《最高人民法院关于人民法院审理离婚案件如何认定夫妻感情确已破裂的若干具体意见》（法〔民〕发〔1989〕38号）（已失效）曾明确规定，“……凡属下列情形之一的，视为夫妻感情确已破裂……婚前隐瞒了精神病，婚后经治不愈……”如果我国《民法典》第1053条规定的“重大疾病”排除具有结婚法律行为能力者，非患病方配偶若想终止共同生活则只能诉请离婚。此外，若予以排除，则可能出现更多的隐瞒行为。

---

① Kerry Abrams, *Marriage Fraud*, 100 California Law Review 1, 10 – 11 (2012).

② Holland v. Holland, 224 Md. 449, Court of Appeals of Maryland, March 14, 1961, p. 451.

③ Elisabeth Koch (Red.), Münchener Kommentar zum Bürgerlichen Gesetzbuch, C. H. Beck, 2013, S. 175.

二、身体疾病的解释

身体疾病可以分为以下四类:与性、生殖有关的疾病;遗传性疾病;传染性疾病;其他重大疾病。

(一)与性、生殖有关的疾病

与性、生殖有关的疾病即不可治愈的性无能(男女均有可能)和不孕不育症。2002 年《婚前保健工作规范(修订)》规定了婚前医学检查的主要疾病,其中包括“其他与婚育有关的疾病”,如“生殖系统疾病等”。但是它们未被列入“注明‘建议不宜结婚’”的范围。我国《民法典》第 1053 条规定的“重大疾病”在解释上原则应包括性无能和不孕不育症。其理由,一是当事人结婚合法有效。一方面,依据 2002 年《婚前保健工作规范(修订)》规定,生殖系统疾病并非“注明‘建议不宜结婚’”的疾病。因此,结婚行为不会违反法律、行政法规的强制性规定。另一方面,患病方配偶结婚之后可以享受很多婚姻利益,如夫妻双方共享婚后所得收入、相互承担扶养义务、相互享有继承权等。因此,结婚行为也不会违反公序良俗。二是相关疾病对于非患病方配偶而言关系重大。主要表现为:(1)性行为期待能否实现,“婚姻必须是能够合理相互期待发生性行为”①。1974 年,明尼苏达州最高法院指出,“如果丈夫不能圆房,双方当事人则无法作为夫妻共同生活”②。(2)“生育子女是婚姻的目的之一”③。这一期待能否实现。(3)它们关系到生活质量的高低、婚姻的稳定。例如,实证研究表明,“与伴侣同住者对性生活质量的评价与家庭关系、幸福感均有显著相关”④。再如,“本调查测评结果显示,211 例女性不孕症患者中仅有 43.34% 家庭功能良好……显著低于正常生育

① Thomas M. Frank, *The Annulment of Marriage in New York—Until Fraud Do us Part*, 1 University of British Columbia Law Review 471, 475(1961).

② Robert E. Oliphant, Nancy Ver Steegh, *Work of the Family Lawyer*, Aspen Publishers, 2004, p. 78.

③ Robert Kingsely, *Fraud as a Ground for Annulment of a Marriage*, 18 Southern California Law Review 213, 219(1945).

④ 刘婉娜、邱鸿钟:《性生活质量与家庭关系、幸福感的关系研究》,载《中国性科学》2016 年第 3 期。

家庭的 87%，有 44.55% 测评家庭功能中度障碍，显著高于正常生育家庭的 13%，有 7.11% 测评家庭功能严重障碍，而正常生育家庭未发现严重障碍者"[1]。因此，依据常理推测，假设合理谨慎的非患病方配偶未受欺诈，则不会同意与患病方配偶结婚。三是我国法律历来重视这些因素。国际比较法百科全书指出，"性无能或不孕症（impotence of sterility）是否可以阻碍（hinder）婚姻的成立或者影响婚姻的效力或稳定，在很大程度上取决于立法者对婚姻目的的认识。如果立法者认为，生育和性行为构成婚姻主要目的，而非理智关系（intellectual relationship）和爱情（love）构成婚姻的基础，它们就会更受重视"[2]。在法国，"由于受到教会法的影响，古代法规定，性无能构成有效婚姻的障碍。1804 年拿破仑民法典对此未置可否，理论基础很可能是，法国大革命强调现代婚姻是情感的结合"[3]。依据《大戴礼》、唐律、明清律的规定，如果妻子"无子"，则丈夫可以休妻。[4] 1950 年，中央人民政府法制委员会指出，"基于共同生活（包括共同劳动等）共同事业（包括对新社会、新国家态度等）而引起的相互了解特别友谊所形成的男女相互爱情，是男女结婚的基础，也是婚后夫妻关系持续的基础"[5]。1950 年《婚姻法》第 5 条规定，"男女有下列情形之一者，禁止结婚……二、有生理缺陷不能发生性行为者……"很显然，感情基础和性无能、不孕不育并不排斥。而且，法国后来承认性无能构成可撤销事由。四是我国未设基于错误撤销婚姻的制度。在法国，"1975 年 7 月 11 日第 75－617 号法律之前，一些地方法院认为，一方关于对方性无能的错误（error）具有重要意义，构成有效婚姻的障碍。其他法院抵制了这一诱惑。1975 年 7 月 11 日第 75－617 号法律，终止了分歧，扩大了错误这一词语的内涵。目前，关于重大身体状况的错误均具有重要意义；性无能即属重大身体状况。因此，如果女方不知男方性无能且假设知道则不

---

① 刘彩平、张亦心、高章圈、王贵娟：《对女性不孕症患者心理和家庭功能现状调查研究》，载《中国计划生育和妇产科》2010 年第 2 期。

② Dagmar Coester－Waltjen and Michael Coester, *Formation of Marriage*, Martinus Nijhhoff Publishers, 1997, p. 44.

③ Dagmar Coester－Waltjen and Michael Coester, *Formation of Marriage*, Martinus Nijhhoff Publishers, 1997, p. 45.

④ 戴炎辉、戴东雄：《中国亲属法》，台北，三民书局 1988 年版，第 204 页。

⑤ 刘素萍主编：《婚姻法学参考资料》，中国人民大学出版社 1989 年版，第 52－53 页。

会和他结婚,女方则可以申请撤销婚姻”①。《意大利民法典》第 122 条第 2 款第 1 项、《西班牙民法典》第 73 条第 4 项也规定,性无能构成婚姻无效的事由。② 此外,“依据奥地利婚姻法第 37 条、瑞士民法典第 124 条第 2 项,性无能构成撤销婚姻的事由”③。然而,我国《民法典》并未规定基于错误撤销婚姻制度。因此,第 1053 条应作宽泛解释。五是这在比较法上存在充分的依据。欧洲中世纪教会法认为,“生育和夫妻之间的有序(orderly)性行为是婚姻的主要目的。然而,传统上同居生活而非生育被认为具有决定性。因此,性无能(impotence)构成结婚障碍和无效事由。只有对方当事人受到误导,不育症才发挥作用”④。在英国,《1973 年婚姻诉讼法》第 12 条第 1 款规定,“1971 年 7 月 31 日之后缔结的婚姻只能基于以下理由被撤销:(a)由于任何一方不能圆房(consummate),婚姻尚未被圆房”⑤。法院认为:“圆房是指男女之间‘普通的和完成的性行为’”;“它必须涉及男性性器官侵入女性性器官合理的时间,射精或高潮是不必要的”;“坚持使用避孕工具并不妨碍圆房”;“如果性行为没有发生,妻子通过人工授精生育子女则不构成已经圆房的证据”;“圆房必须发生在结婚之后,婚前已经发生性行为并不构成”;⑥“很多性无能并非基于身体异常而是基于心理原因……被告能够和其他人发生性行为”,基于心理原因不能圆房仍然构成。法院还认为,“性无能必须具有永久性和不能治愈性(permanent and incurable)。如果治疗手术具有危险性或者被告拒绝接受手术,则可被认定为具有不能治愈性”。法院还认为,“原告承担举证责任。依据判例法,法院有权命令被告接受医疗检查并

---

① Dagmar Coester – Waltjen and Michael Coester, *Formation of Marriage*, Martinus Nijhhoff Publishers, 1997, p. 45.

② Dagmar Coester – Waltjen and Michael Coester, *Formation of Marriage*, Martinus Nijhhoff Publishers, 1997, p. 46.

③ Dagmar Coester – Waltjen and Michael Coester, *Formation of Marriage*, Martinus Nijhhoff Publishers, 1997, p. 46.

④ Dagmar Coester – Waltjen and Michael Coester, *Formation of Marriage*, Martinus Nijhhoff Publishers, 1997, p. 43.

⑤ Dame Brenda Hale, Judge David Pearl, Elizabeth J. Cooke, Philip D. Bates, *The Family, Law and Society Cases and Materials*, Reed Elsevier Ltd., 2002, p. 57.

⑥ Ruth Lamont, ed., *Family Law*, Oxford University Press, 2018, p. 38.

在被告拒绝时作出对其不利的推定(adverse inference)"①。

在美国,"很多州的成文法规定,性无能构成撤销婚姻的事由"②。不过,"一些州要求性无能具有永久性和不能治愈性"③。"性无能可能是生理原因,也可能是精神原因。因此,医生可能无法发现不能发生性行为的生理原因。对于此类案件,一些法院参照成文法规定的生理性性无能(physical disability),准许基于精神性的性无能撤销婚姻。"④此外,"并未伴随性无能的不育症并不构成婚姻撤销的事由。然而,如果一方隐瞒自己患有不育症,则经常被认定为构成触及婚姻本质的欺诈,因而构成撤销事由。通常的情况是,妻子隐瞒手术导致自己不育的事实"⑤。

在德国,依据判例法,在自己患有"性无能……不育症(Unfruchtbarkeit)、无生殖力症(Zeugungsunfähigkeit)"的情况下,负有披露义务。⑥

在瑞士,"如果就不育症(sterility)存在欺骗性的虚假陈述或隐瞒,则可以根据民法典第125条第1款宣告撤销婚姻"⑦。不过,如果性无能、不孕症是衰老所致,则不应构成撤销事由。理由是:(1)它是客观事实。"在夫妻一方结婚时处于高龄阶段的情况下,性无能是夫妻双方必须接受的风险。"⑧"谁能期待83岁新郎和79岁新娘拥有性生活吗?我不能。"⑨(2)当事人在主观上也不会拥有发生性行为和生育的期待。

---

① S. M. Cretney and J. M. Masson, *Principles of Family Law*, Sweet and Maxwell Ltd., 1990, p. 52.

② Dagmar Coester – Waltjen and Michael Coester, *Formation of Marriage*, Martinus Nijhhoff Publishers, 1997, p. 45.

③ Beverly A. Rowan, *Marriage Annulment—the Need for Legislation*, 24 University of Miami Law Review 112, 120(1969).

④ David H. Vernon, *Annulment of Marriage: A Proposed Model Act*, 12 Journal of Public Law 143, 172(1963).

⑤ P. M. A. Hunt, *Error in the Contract of Marriage*, 80 The South African Law Journal 94, 110 – 111(1963).

⑥ Elisabeth Koch (Red.), Münchener Kommentar zum Bürgerlichen Gesetzbuch, C. H. Beck, 2013, S. 175.

⑦ P. M. A. Hunt, *Error in the Contract of Marriage*, 80 The South African Law Journal 94, 111 (1963).

⑧ P. M. A. Hunt, *Error in the Contract of Marriage*, 80 The South African Law Journal 94, 107 (1963).

⑨ Michael L. Rosin, *Intersexuality and Universal Marriage*, 14 Law & Sexuality: Review of Lesbian, Gay, Bisexual & Transgender Legal Issue 51, 86(2005).

(二)遗传性疾病

1986年《分类标准》规定了"可以结婚,但不许生育者"和"可以结婚,但需限制生育者"的两类遗传性疾病。2002年《婚前保健工作规范(修订)》规定,"婚前医学检查的主要疾病"包括:(1)"严重遗传性疾病:由于遗传因素先天形成,患者全部或部分丧失自主生活能力,子代再现风险高,医学上认为不宜生育的疾病"。

我国《民法典》第1053条规定的"重大疾病"在解释上应包括"严重遗传性疾病"。理由是:第一,当事人结婚合法有效。一方面,1986年《分类标准》第3条规定的遗传性疾病是"可以结婚,但不许生育者";1986年《分类标准》第4条规定的遗传性疾病是"可以结婚,但需限制生育者"。2002年《婚前保健工作规范(修订)》明确规定,"发现医学上认为不宜生育的严重遗传性疾病或其他重要脏器疾病,以及医学上认为不宜生育的疾病的,注明'建议不宜生育'"。因此,结婚并不违反法律和行政法规的强制性规定。另一方面,患病方配偶结婚之后可以享受很多婚姻利益。例如,夫妻双方共享婚后所得收入、相互承担扶养义务、相互享有继承权等。因此,结婚行为也不会违反公序良俗。第二,相关疾病对于非患病方配偶而言关系重大。主要表现为:双方能否生育子女;如果能够生育,双方能否生育男婴;生活质量的高低。因此,依据常理推测,假设合理谨慎的非患病方配偶未受欺诈,则不会同意与患病方配偶结婚。第三,这在比较法上存在一定的依据。在德国,"依据判例法,在自己的家族患有严重的遗传性疾病的情况下,原则上对对方负有披露义务"①。在瑞士,"隐瞒家族遗传性的疾病(如精神病)构成撤销理由"②。

不过,应该设置以下例外:如果双方当事人并未期待生育子女,患病方配偶则无须告知对方。还应指出的是,我国应该避免国际强制绝育的教训。"1907年,印第安纳州成为美国第一个通过允许对低能者(feebleminded)实

---

① Nina Dethloff, Familienrecht, C.H. Beck oHG, 2018, S.43.

② P.M.A. Hunt, *Error in the Contract of Marriage*, 80 The South African Law Journal 94, 116 (1963).

施绝育法的州。”[①]截至20世纪70年代，“共有32个州通过基因绝育法(eugenic sterilization laws)。立法目的是摆脱不宜生育的缺陷、促进‘人类改良’。这些法律授权对于下列人实施强制绝育：弱智者；性乱交(promiscuous)者；精神病人；患有癫痫、酗酒症、梅毒者”[②]。1927年，在巴克诉贝尔(Buck v. Bell)一案中，美国联邦最高法院“以8:1多数赞成各州强制性绝育法。理由在于各州对于预防弱智者给国家带来负担存在利益”[③]。此外，“在20世纪20、30年代，加拿大、丹麦、瑞典、挪威、墨西哥、芬兰、法国、日本均通过了强制绝育法”[④]。然而，美国“在20年期间，除了密歇根州之外，这些成文法均被废除”[⑤]。1996年，日本废除1948年《优生保护法》；2019年4月24日，日本通过《旧优生保护法救济法》，对于《优生保护法》实施期间被强制实施绝育手术者予以赔偿。[⑥]

（三）传染性疾病

1986年《分类标准》规定，“性病、麻风病未治愈者”和“各种法定报告传染病规定的隔离期”患者属“暂缓结婚者”。2002年《婚前保健工作规范(修订)》规定，“婚前医学检查的主要疾病”还包括，“指定传染病：《中华人民共和国传染病防治法》中规定的艾滋病、淋病、梅毒以及医学上认为影响结婚和生育的其他传染病”。2013年《传染病防治法》除了规定艾滋病、淋病、梅毒之外，还规定了多种传染病。

---

① Robert Randal Adeler, *A Pragmatic Approach to the Involuntary Sterilization of the Mentally Disabled*, 20 Nova Law Review 1323, 1339(1996).

② Katherine A. West, *Following in North Carolina's Footsteps: California's Challenge in Compensation It Victims of Compulsory Sterilization*, 53 Santa Clara Law Review 301 – 303(2013).

③ Buck v. Bell, 274 U.S. 200 (1927). Katherine A. West, *Following in North Carolina's Footsteps: California's Challenge in Compensatin It Victims of Compulsory Sterilization*, 53 Santa Clara Law Review 301, 306 – 307(2013).

④ Katherine A. West, *Following in North Carolina's Footsteps: California's Challenge in Compensation It Victims of Compulsory Sterilization*, 53 Santa Clara Law Review 301, 306(2013).

⑤ Brooke Pietrzak, *Marriage Laws and People with Mental Retardation: A Continuing History of Second Class Treatment*, 17 Development in Mental Health Law 33, 38(1997).

⑥ 《日本优生法强制结扎残疾人　救济工作终启动》，载观察者网，https://m.guancha.cn/internation/2019_04_24_499062.shtml。

1. 甲类传染病和准甲类传染病

2013年《传染病防治法》第3条第1款规定,“本法规定的传染病分为甲类、乙类和丙类”。第2款规定,“甲类传染病是指:鼠疫、霍乱”。第4条第1款规定,“对乙类传染病中传染性非典型肺炎、炭疽中的肺炭疽和人感染高致病性禽流感,采取本法所称甲类传染病的预防、控制措施……”(对此法学上可称为准甲类传染病)。

《民法典》第1053条规定的“重大疾病”在解释上应排除甲类传染病和准甲类传染病。理由是:(1)患者需接受隔离治疗。甲类传染病属于强制管理疾病。依据2013年《传染病防治法》第39条的规定,患者应接受“隔离治疗”“隔离期限根据医学检查结果确定”;“拒绝隔离治疗或者隔离期未满擅自脱离隔离治疗的,可以由公安机关协助医疗机构采取强制隔离治疗措施”。此外,为了充分预防、控制、消除甲类和准甲类传染病,保护人体健康和公共卫生,患者接受“隔离治疗”应被定性为行政法的强制性规定。因此,患者即使结婚,也应被宣告无效。(2)患者应被禁止到达结婚场所。我国《民法典》第1049条规定,“要求结婚的男女双方应当亲自到婚姻登记机关申请结婚登记……”很显然,被隔离治疗的人应被禁止到达婚姻登记机关。既然如此,就谈不上撤销婚姻。

2. 艾滋病、淋病、梅毒

依据2013年《传染病防治法》第3条的规定,2002年《婚前保健工作规范(修订)》列举的“艾滋病、淋病、梅毒”是乙类传染病。我国《民法典》第1053条规定的“重大疾病”在解释上应包括“艾滋病、淋病、梅毒”。理由是:(1)当事人结婚合法有效。一方面,依据2013年《传染病防治法》第39条的规定,“艾滋病、淋病、梅毒”患者并未被要求“隔离治疗”。因此,患者似被允许到达结婚登记机关。另一方面,患病方配偶结婚之后可以享受很多婚姻利益。例如,夫妻双方共享婚后所得收入、相互承担扶养义务、相互享有继承权等。因此,结婚行为也不会违反公序良俗。(2)相关疾病对于非患病方配偶而言关系重大。主要表现为:①婚姻是性行为的合法组织方式、夫妻依法享有生育权。②“艾滋病病毒主要通过性接触传染,也可经输液和唾液传染。其传播迅速,病情凶险,病死率高"[①]。③性病(包括淋病和梅毒)具有使得"无辜方配偶和子女可能受到传染的危险"[②]。因此,依据常理推测,假设合理谨慎的非患病方配偶未受欺诈,则不会同意与患病方配偶结婚。(3)这在比较法上存在充分的依据。在英国,《1973 年婚姻诉讼法》第 12 条第 1 款规定,"1971 年 7 月 31 日之后缔结的婚姻只能基于以下理由被撤销……(e)结婚时被告正在患有传染性的性病"[③]。在冰岛,《婚姻缔结和终止法》第 12 条"列举的疾病是:癫痫、麻风病、传染性的肺结核(tuberculosis)"[④]。在瑞士,依据《瑞士民法典》第 125 条第 2 款规定,"'如果一方向对方隐瞒严重威胁自己健康和后代健康的疾病',婚姻则可被撤销"[⑤]。在德国,"依据判例法,患有……传染性的或遗传性的疾病(艾滋病、性病)"的,婚姻可被撤销。[⑥]在美国,1914 年,纽约州最高法院指出,"本州和其他州的大量判例法均规定,一方欺诈性的隐瞒性病足以构成撤销受到欺诈缔结的婚姻的事由。原因在于:首先,它能够导致对方受到传染。其次,对于双方的后代充满了危险。最后,正如纽约上诉法院在斯文森诉斯文森[Svenson v. Svenson,178 N. Y. 54 (1904)]案中所说,'感染、存在(presence)涉及耻辱……'"[⑦]。在俄罗斯,"隐瞒性病或者艾滋病构成婚姻无效的事由"[⑧]。

3. 其他乙类传染病和丙类传染病

我国《民法典》第 1053 条第 1 款规定的"重大疾病"在解释上包括其他乙类传染病和丙类传染病。理由是:(1)当事人结婚合法有效。一方面依据

---

① 辞海编辑委员会编:《辞海》(缩印本),上海辞书出版社 1989 年版,第 629 页。

② Robert C. Brown, *Duress and Fraud as Grounds for the Annulment of Marriage*, 10 Indiana Law Journal 473,481(1935).

③ Dame Brenda Hale, Judge David Pearl, Elizabeth J. Cooke, Philip D. Bates, *The Family, Law and Society Cases and Materials*, Reed Elsevier Ltd. ,2002, p. 57.

④ Dagmar Coester - Waltjen and Michael Coester, *Formation of Marriage*, Martinus Nijhhoff Publishers, 1997, p. 46.

⑤ P. M. A. Hunt, *Error in the Contract of Marriage*, 80 The South African Law Journal 94,116 (1963).

⑥ Elisabeth Koch (Red.), Münchener Kommentar zum Bürgerlichen Gesetzbuch, C. H. Beck, 2013, S. 174.

⑦ Sobol v. Sobol, 88 Misc. 277, Supreme Court, New York Special Term, December, 1914, p. 279.

⑧ Marco Mladenovic, Marina Janjic - komar and Christa Jessel - Holst, *The Family in Post - Socialist Countries*, Martinus Nijhhoff Publishers, 1998, p. 32.

2013 年《传染病防治法》第 39 条的规定,其他乙类、丙类传染病患者未被要求“隔离治疗”。因此,患者似被允许到达结婚登记机关。另一方面,患病方配偶结婚之后可以享受很多婚姻利益。例如,夫妻双方共享婚后所得收入、相互承担扶养义务、相互享有继承权等。因此,结婚行为不会违反公序良俗。(2)相关疾病对于非患病方配偶而言关系重大。其他乙类传染病和丙类传染病威胁非患病方配偶的身体健康。因此,依据常理推测,假设合理谨慎的非患病方配偶未受欺诈,就不会同意结婚。(3)这也有一定的比较法依据。在德国,“在自己患有传染性的疾病”的情况下,“对对方负有披露义务”。[①] 在瑞士,依据《瑞士民法典》第 125 条第 2 款的规定,“‘如果一方向对方隐瞒严重威胁自己健康和后代健康的疾病’,婚姻则可被撤销”[②]。在美国纽约,最高法院于 1914 年指出,肺结核构成撤销婚姻的事由。“原因在于:首先,通过婚姻关系的密切纽带,对方可能受到传染,从而造成严重的、毁灭性的法律后果。其次,可能给双方所生的子女带来不幸的后果。总之,肺结核是相当严重的,应适用与性病有关的法律制度。”[③]此外,“美国一些州的成文法规定,如果隐瞒‘令人讨厌的疾病(loathsome disease)’,则构成撤销事由。例如,肯塔基州和夏威夷州专门增设了麻风病”[④]。

(四)其他重大疾病

1986 年《分类标准》“附注”规定:“凡属下列疾病,婚姻保健工作者应对之进行劝导宣教,使之充分理解婚育后果,并采取必要的防治措施。1. 危害生命的脏器严重代偿功能不全……4. 婚姻生育足以使婚配双方已患病症加重恶化者。”2002 年《婚前保健工作规范(修订)》规定,“婚前医学检查的主要疾病”包括“(4)其他与婚育有关的疾病,如重要脏器疾病……”;“发现医学上认为……重要脏器疾病”的,“注明‘建议不宜生育’”。

---

① See Nina Dethloff, Familienrecht, C. H. Beck oHG, 2018, S. 43.

② P. M. A. Hunt, *Error in the Contract of Marriage*, 80 The South African Law Journal 94, 116 (1963).

③ Sobol v. Sobol, 88 Misc. 277, Supreme Court, New York Special Term, December, 1914, p. 280.

④ P. M. A. Hunt, *Error in the Contract of Marriage*, 80 The South African Law Journal 94, 115 (1963).

我国《民法典》第1053条第1款规定的"重大疾病"在解释上应该包括上述疾病。其理由是:(1)当事人结婚合法有效。一方面,依据2002年《婚前保健工作规范(修订)》的规定,重要脏器疾病仅是"注明'建议不宜生育'",而非"注明'建议不宜结婚'"。此外,"婚姻生育足以使婚配双方已患病症加重恶化"的原病症与前者类似,应类推适用前者的规定。因此,结婚行为不会违反法律、行政法规的强制性规定。另一方面,患病方配偶结婚之后可以享受很多婚姻利益。例如,夫妻双方共享婚后所得收入、相互承担扶养义务、相互享有继承权等。因此,结婚行为不会违反公序良俗。(2)相关疾病对于非患病方配偶而言关系重大。主要表现为:①重要脏器疾病关系到婚姻持续期间的长短、生活质量的高低、能否生育子女、治疗费用的支出、夫妻双方预期收入的多寡等。②"婚姻生育足以使婚配双方已患病症加重恶化"的疾病至少与子女有关。因此,依据常理推测,假设合理谨慎的非患病方配偶不受欺诈,就不会同意与患病方配偶结婚。(3)我国未设基于错误撤销婚姻的制度。在法国,"自从1975年7月12日法律改革之后,个人品质错误也构成撤销事由……它包括身体的异常(physical anomality)"①。在瑞士,依据《瑞士民法典》第124条第2款的规定,如果一方患有"诸如癌症等使得共同生活不能容忍的不能治愈疾病(但肺结核因可被治愈且传染威胁可被预防而被排除在外)",则构成"关于健康的本质错误"(essential mistakes regarding health),婚姻则可被撤销。② 我国未设基于错误撤销婚姻的制度,因此,我国《民法典》第1053条第1款规定的"重大疾病"应作宽泛的解释。(4)这在比较法上拥有一定的依据。在德国,"依据判例法,在自己患有不能治愈的疾病(unheilbarer krankheit)的情况下,负有披露的义务"③。在美国纽约州,"癫痫病可能已经恶化,对该方的配偶或性伴侣极端危险。隐瞒这样的身体状况可能等于欺诈,这是因为若无故意的欺骗或隐瞒,不能想象非患病方会同意结婚……一些州的成文法规定,在一方患有癫痫症的情

---

① Dagmar Coester - Waltjen and Michael Coester, *Formation of Marriage*, Martinus Nijhhoff Publishers, 1997, p. 87.

② P. M. A. Hunt, *Error in the Contract of Marriage*, 80 The South African Law Journal 94, 116 (1963).

③ Nina Dethloff, Familienrecht, C. H. Beck oHG, 2018, S. 43.

况下,如果女方未满45周岁,则不得结婚或以夫妻名义共同生活”[①]。

三、重大疾病的探知——强制性婚检义务

疾病以是否已被自己认知为标准,分为以下两类:第一类是已被认知的疾病,即在结婚登记之前通过专门的婚前健康检查之外的途径已经获知的疾病。第二类是未被认知的疾病。对于后者,西方发达国家的立法分为两类:一是需要医学查明的疾病,即“订婚双方(prospective spouses)必须提交健康状况方面的信息或证书,作为结婚庆典(marriage ceremony)的前提要件”。在挪威,“订婚双方必须提交关于性病有无的正式声明(official statement)。如果一方患有性病,则只有证明医生已经告知自己此类疾病的危险且对方已经知情(knows about this matter),才能办理结婚庆典(《婚姻缔结和终止法》第13条第1款第5项)。立法目的在于在保护对方配偶和摆脱国家对私人事务的干涉之间实现平衡。如果对方不知此类疾病及其风险,结婚就是有瑕疵的”[②]。在法国,“在结婚之前的预备程序中,订婚各方必须提交健康证明书(a health certificate)。它距离结婚庆典不得超过两个月;它不得陈述健康检查之外的事实。医生必须将结果告知体检方;但是,后者是否告知对方,则由本人决定”[③]。在美国,1909年,华盛顿州率先设立婚前健康检查制度。[④] 截至1969年,美国只有3个州未设这一制度。[⑤] 该制度的主要内容是:(1)检查时间。很多州“要求在申请结婚许可之前的三十日之内接受身体检查”;有些州“要求在四十日之内接受身体检查”;有些州“要求在二十日之内接受身体检查”;有些州“要求在十五日之内接受身体检查”;有的州“要求在十日之内接受身体检查”;有的州则未规定检查时间。(2)检查项目。一些州“要求婚前诊断书(medical certificate),证明申请人未患有处于

---

① Lapides v. Lapides, 254 N. Y. 73, Court of Appeals of New York, June 3, 1930, p. 79.

② Dagmar Coester - Waltjen and Michael Coester, *Formation of Marriage*, Martinus Nijhhoff Publishers, 1997, p. 47.

③ Dagmar Coester - Waltjen and Michael Coester, *Formation of Marriage*, Martinus Nijhhoff Publishers, 1997, p. 47.

④ Fred S. Hall, *Medical Certification for Marriage: An Account of the Administration of the Wisconsin Marriage Law as It Relates to the Venereal Diseases*, Russell Foundation, 1925, p. 7.

⑤ Joseph W. McKnight, *Husband and Wife*, 5 Texas Tech Law Review 281, 290(1974).

传染阶段的性病”；一些州“只要求显示申请人未患有梅毒（syphilis）”；一些州除了要求未患有处于传染阶段的性病之外，还要求“未患有癫痫、麻风病、痴愚或低能（imbecility or feeblemindness）疾病、酗酒症、药物成瘾症”。（3）身体检查报告的查验。蒙大拿州“要求各方查看（examine）对方的健康证明书”。1937 年密歇根州规定，“结婚许可证申请人必须在申请前三十日之内就是否患有梅毒、淋病、软性下疳接受检查。如果县书记官（county clerk）对于并未提交表明没有患有这些疾病的健康证明书者签发结婚许可证，则是非法的”①。（4）法律后果。“一般而言，如果婚前健康证明书（premarital health certificate）表明，存在处于传染阶段的性病或法律指定的其他疾病，则不得签发结婚许可证。”②在罗马尼亚、保加利亚、俄罗斯，“法律要求订婚双方在结婚之前必须提交医学检查证明”③。

二是无须医学查明的疾病。在英国，并未要求强制婚检。④ 在澳大利亚，也是如此。⑤ 在德国，传统的立场是，“申请人应该只需（自愿地）知道自身的身体状况（candidates should be required only to know their condition, it being left to them to decide whether or not they are fit to marry），并有权自行决定是否适合结婚”⑥。《德国民法典》第 1310 条第 1 款规定，“如果依据民法典第 1314 条第 2 款结婚将被撤销是明显的（offenkundig），户政局官员必须拒绝合作。‘明显的’这一措辞不应参照《2005 年 12 月 5 日版民事诉讼规则》第 291 条，视为普遍内行的或专业内行（allgemeinkundig oder amtskundig）。因此，不应要求户政局官员知道会导致希冀的婚姻被撤销的全部情况（尤其是虚假婚姻的性质），也不应要求每个人（尤其是户政局官员）在没有基于可取得的、可信的资料获得的特殊专门知识的情况下，可以轻而易举地

---

① Ralph J. Kliber, *Domestic Relations—Effect of Ante - Nuptial Physical Examination Law on Common - Law Marriages*, 8 University of Detroit Law Journal 70, 73 (1945).

② Laura H. Dale, *Legal Status of Women in the United States of America*, U. S. Dept. of Labor, Women's Bureau, 1956, p. 64 - 65.

③ Marco Mladenovic, Marina Janjic - komar and Christa Jessel - Holst, The Family in Post - Socialist Countries, , Martinus Nijhhoff Publishers, 1998, p. 29.

④ Ruth Lamont, ed., *Family Law*, Oxford University Press, 2018, p. 28 - 29.

⑤ Eithne Mills and Marlene Ebejer, *Focus Family Law*, LexisNexis Butterworths, 2017, p. 67 - 75.

⑥ Fred S. Hall, *Medical Certification for Marriage: An Account of the Administration of the Wisconsin Marriage Law as It Relates to the Venereal Diseases*, Russell Sage Foundation, 1925, p. 7 - 8.

坚信婚姻要件已被满足”①。

在我国,婚前健康检查经过了一个从强制到自愿的过程。1994 年《婚姻登记管理条例》(民政部令第 1 号)(已失效)第 9 条第 3 款规定,“在实行婚前健康检查的地方,申请结婚登记的当事人,必须到指定的医疗保健机构进行婚前健康检查,向婚姻登记管理机关提交婚前健康检查证明”。1994 年通过的《母婴保健法》第 12 条规定,“男女双方在结婚登记时,应当持有婚前医学检查证明或者医学鉴定证明”。2003 年《婚姻登记条例》第 5 条规定,不再要求结婚申请人持有婚前医学检查证明或者医学鉴定证明。

我国《民法典》第 1053 条第 1 款规定的“重大疾病”在解释上应该包括“需要医学查明的疾病”。其理由是:(1)“通过实施体检制度,一般的公共卫生、双方当事人的卫生、尤其是预期子女的卫生,可以得到保护。”②(2)这有利于防止当事人将“已被认知的疾病”谎称为“未被认知的疾病”。(3)隐私权应该服从公共利益。1984 年,美国加利福尼亚上诉法院指出,“隐私权并非绝对的。在有些情况下,应该服从国家通过增进公共卫生、福利和安全法——尽管这些法律能够侵犯犯罪者的隐私权——的根本权利”③。我国无疑应该借鉴这一立场。

结 语

我国《民法典》第 1053 条第 1 款规定的“重大疾病”在解释上排除无结婚行为能力的智力障碍和精神疾病、重型精神疾病、甲类传染病和准甲类传染病;包括具有结婚行为能力的智力障碍和精神疾病,与性、生殖有关的疾病(但有例外),严重遗传性疾病(但有例外),艾滋病和性病,其他乙类传染病和丙类传染病;其他重大身体疾病。此外,我国应该恢复强制性婚检制度。

① Elisabeth Koch (Red.), Münchener Kommentar zum Bürgerlichen Gesetzbuch, C. H. Beck, 2013, S. 160.

② Ralph J. Kliber, *Domestic Relations—Effect of Ante – Nuptial Physical Examination Law on Common – Law Marriages*, 8 University of Detroit Law Journal 70, 73 (1945).

③ Kathleen v. Robert, 150 Cal. App. 3d 992, Court of Appeal of California, Jan. 18, 1984, p. 996.

认定“重大疾病”之实践进路

——以司法裁判为视角

李秀华[*]

摘　要　《民法典》对“重大疾病”作了相关规定。《民法典》婚姻家庭编对“重大疾病”规定的后果性将对司法机关审理婚姻案件产生重大影响，使该制度呈现救济性及法律适用性特点，也对司法机关认定“重大疾病”精准性与正当性提出了巨大挑战。鉴于《民法典》已生效，本文以司法裁判为视角，分析并归纳了“重大疾病”的法律适用情形，以解决“重大疾病”在司法实践中的认定难题。

关键词　“重大疾病”　可撤销婚姻　损害赔偿　司法裁判

导　论

《民法典》已于2021年1月1日起正式实施。《民法典》被称为“社会生活的百科全书”。这部中华人民共和国成立以来第一部以“法典”命名的法律，紧跟司法实践形势，为解决司法实践中诸多难题提供精准指引。其中

* 李秀华，扬州大学法学院教授、中国法学会婚姻法学研究会常务理事、中国法学会诊所教育专业委员会常委、江苏省律师协会婚姻家庭业务委员会主任。研究方向：婚姻家庭继承法学、诊所法律教育。

《民法典》第1053条“一方患有重大疾病的,应当在结婚登记前如实告知另一方;不如实告知的,另一方可以向人民法院请求撤销婚姻。请求撤销婚姻的,应当自知道或者应当知道撤销事由之日起一年内提出”的规定备受关注。该条规定建立在2001年《婚姻法》第10条基础上。[①] 但是,无论是《民法典》规定的可导致撤销婚姻的“重大疾病”,还是2001年《婚姻法》规定的“医学上认为不应当结婚的疾病”,其涵盖范围至今在《民法典》中无明确法律规定。

因《民法典》规定的导致撤销婚姻的“重大疾病”的不确定性与模糊性,使其在具体法律适用中颇具挑战性。正确释义与精准适用法律规定是有效维护当事人合法权益和社会公共利益的前置条件。有学者认为,模糊语言是维持家庭、社会与公共秩序的重要工具之一。立法机关依靠这种国家强制力赋予了立法语言获得遵从的效力。法律文本中模糊语词的权威性也就在于此。[②] 哈特强调法律规则的开放性源于语言的开放性与不确定性。法律规则必须通过一定的文本形式加以传播、复制以及理解与适用。有学者在评述哈特从不确定语言表达中发现法官自由裁量权观点时,提出“在‘陈述’法律的语言中,发现了法律语言的空缺结构、意义中心与边缘地带,从而准确定位了法官自由权的处所。哈特对法官自由裁量权的法律语言实证主义思考,对我国司法实践具有启发意义,为法官‘依法审判’、合理运用自由裁量权提供了方向”[③]。

如何科学、规范及深入系统地解释《民法典》第1053条第1款规定的“重大疾病”的内涵与范畴?有学者对“重大疾病”类型划分进行了系统探究,认为对于精神疾病而言,无结婚行为能力的智力障碍和精神疾病、重型

---

① 2001年《婚姻法》第10条将“婚前患有医学上认为不应当结婚的疾病,婚后尚未治愈的”情况列为无效婚姻。2001年《婚姻法》已废止。

② 世界需要生活秩序得以维持,但“不得”“禁止”“可以”的规范方式只构成法律秩序基本形态,不足以支撑生活世界对全部秩序的渴望。立法实现人们的普遍愿望,就必然赋予模糊语词法律权威。参见张玉洁:《论模糊语词之于立法的意义——兼及对法律不确定性命题的修正》,载《法律方法》2014年第2期。

③ 哈特探讨了法律概念的“空缺结构”,强调法律语词的“意思中心”和“边缘地带”,从而推导出法官自由裁量权。哈特自由裁量权理论的实质就是语言。从语言出发,确立法律规则;在语言之中,探求法律的不确定性;在语言之中找到法官自由裁量权。参见林孝文:《在语言中探寻法官自由裁量权——哈特的思考进路及启示》,载《湘潭大学学报(哲学社会科学版)》2015年第2期。

精神疾病应被排除;具有结婚行为能力的智力障碍和精神疾病属之。对于身体疾病而言,与性、生殖有关的疾病原则上属之;严重遗传性疾病原则上属之;甲类传染病和准甲类传染病应被排除,艾滋病、性病属之;其他乙类传染病和丙类传染病属之;重大身体疾病属之。[①] 有学者则强调,明确哪些疾病属于“重大疾病”,应从结婚目的、婚姻功能并参考“医学上认为不应该结婚的疾病”者结婚制度、实践经验等方面考察,“重大疾病”应包括严重精神类疾病、严重的传染性疾病、显著影响生育的疾病、严重影响本人健康的疾病。[②] 笔者认同上述学者的探讨,认为所谓“重大疾病”是指患病方婚前隐瞒法律与医学界定的“重大疾病”,该过错行为严重损害对方及家人合法权益,无过错方有权主张撤销婚姻关系。婚前健康检查制度对遗传性疾病、精神类疾病及传染性疾病筛查起过重要作用。《传染病防治法》规定,患病方在知情情况下隐瞒自己患有“重大疾病”,不采取保护措施,造成对方感染,“故意传播”属违法。通过婚检筛查可有效防范新生儿出生缺陷,有效保障夫妻双方健康。因强制婚前体检制度取消,为夫妻双方婚后建立健康稳定关系带来高风险。[③] 为防止《民法典》第1053条规定在法律适用中极度扩张,法律要求患病方必须履行“重大疾病”婚前告知义务,否则另一方有权依法申请撤销婚姻关系。《民法典》将患有医学上认为不应当结婚的疾病或其他“重大疾病”排除在禁止结婚与无效婚范畴之外,标志着结婚当事人有权自主决定是否与患有“重大疾病”的人结婚。这一法律规定充分体现了国家立法理念的突破与进步,彰显了国家尊重当事人婚姻自主权、追求公平公正立场与人文关怀的思想。由于《民法典》刚实施不久,因“重大疾病”引发的婚姻可撤销纠纷并未规模性凸显。因“重大疾病”的不确定,需要法官精准

---

① 参见张学军:《民法典隐瞒“重大疾病”制度解释论》,载《甘肃政法大学学报》2020年第5期。

② 笔者提出:婚姻撤销请求权制度将配偶健康权保障寄托于重疾患者的“道德自觉”是否正当合理?从法律适用看,“重大疾病”的范围确定、无行为能力或限制行为能力人经法定代理人同意能否结婚、重大疾病举证难等问题值得关注。参见蒋月:《准配偶重疾告知义务与无过错方撤销婚姻和赔偿请求权——以〈民法典〉第1053条和第1054条为中心》,载《法治研究》2020年第4期。

③ 即一方有重大疾病,对方又知情,其婚姻自由权受保护,如果一方患重大疾病,但对方仍旧愿与之结婚,此婚姻也受法律保护。所以,将疾病婚从禁止结婚改为可撤销婚姻,是为了保障患有重大疾病人的结婚自由权。《夏吟兰谈民法典:婚姻家庭编草案体现立法问题导向和尊重民意》,载澎湃网2020年5月23日,https://baijiahao.baidu.com/s?id=1667433028601752968&wfr=spider&for=pc。

释义、归纳与解构,笔者认为,此类案件可称为司法意义上的“难办案件”。有学者认为:“难办案件事实清楚却没有明确的法律可以适用,或适用的结果不合情理甚或有悖天理(所谓自然法),法官因此面临艰难抉择,需要‘造法’或通过解释‘造法’,但这不仅有悖执法者的角色,受制度制约,而且可能引出坏法律。”[①]笔者通过中国裁判文书网用“疾病”“婚姻”等为关键词检索到法律文书65747篇,以“重大疾病”“离婚”为关键词检索到法律文书4254篇,以“精神疾病”“离婚”为关键词检索到法律文书9753篇,以“传染性疾病”“离婚”为关键词检索到法律文书41篇,以“遗传性疾病”“离婚”为关键词检索到法律文书132篇,以“撤销婚姻”为关键词检索到法律文书1179篇,以“疾病”“撤销婚姻”为关键词检索到法律文书240篇(截至2022年5月18日)。

笔者通过梳理法院支持“撤销婚姻”之诉或驳回“撤销婚姻”之诉的16个案件,看出法官自由裁量权行使力度不一。“撤销婚姻”之诉案件虽然比例小,但处理结果不仅影响当事人权益,也影响特定群体合法权益,甚至直接影响着立法的变化与发展。因“重大疾病”的不确定性与模糊性,法律认定“重大疾病”的模式难以满足当前人们对此类疾病界定的需求,很容易导致“同案不同判”的情形。要理解“重大疾病”不仅应关注立法特别规范,更应关注法律应用的公正性价值。在笔者选取的16个案件中法官对“重大疾病”的认定模式可以折射出法官自由裁量权行使的合法性充分或缺失。有的判例在一定程度上削弱了“重大疾病”认定科学性与规范性基础。笔者以“重大疾病”认定实践经验为核心,考察并唤醒司法视野下对“重大疾病”认定的法律觉醒并重视实践中完善相关标准,从而审慎思考并探索“重大疾病”认定的实践进路。

一、司法裁判视角下“重大疾病”认定法律适用审思

(一)“重大疾病”范畴的司法探讨

《民法典》第1053条旨在通过保障婚姻当事人知情权落实婚姻自由原

---

① 苏力:《法条主义、民意与难办案件》,载《中外法学》2009年第1期。

则、进而更好维护婚姻当事人合法权益并给予当事人足够的尊严。但是，婚姻当事人所患疾病是否构成法律规定的“重大疾病”范畴？笔者认真梳理法院支持或驳回当事人“可撤销婚姻”之诉案例，通过对案件基本案情、裁判结果等要素进行分析，发现了法院在适用《民法典》第1053条时难以避免的困境，并吸取与借鉴处理案件相关经验，提出审慎认定“重大疾病”的实践路径。

表1　法院支持原告以一方婚前隐瞒“重大疾病”撤销案件①

序号	案号	案情简介	裁判结果
1	杜某诉张某婚姻撤销诉讼案（2021）浙0109初452号	杜某和张某于2019年6月经人介绍认识，后登记结婚。2020年4月，张某告知杜某其无法生育。超声波检查报告单检查意见为“无卵巢，无法生育”。此后双方因此产生纠纷。杜某提起诉讼，要求撤销婚姻	法院认为，张某患先天性生殖系统疾病，且张某婚前未将患病一事告知杜某，而这足以影响杜某结婚时真实意思表示及对婚姻家庭生活造成损害。现杜某主张撤销婚姻，法院认为该疾病符合《民法典》关于撤销婚姻的法定情形，且未超过一年撤销期限，故杜某要求撤销婚姻的诉请符合法律规定，法院予以支持
2	王某某诉郭某婚姻撤销诉讼案（2021）鲁0102民初3323号	王某某与郭某于2020年12月登记结婚。婚后王某某发现郭某患淋病。医院诊断证明显示郭某患有“淋球菌性尿道炎（慢性）”。郭某自认患淋病七八年，现在仍未治愈	法院认为，郭某患有淋病，具有较强传染性且难以治愈，郭某在婚前未对王某某如实告知，现王某某主张撤销婚姻，事实清楚，于法有据，应予支持。根据《母婴保健法》规定，患指定传染病在传染期内，男女双方应暂缓结婚。《传染病防治法》规定淋病系影响结婚和生育的传染病
3	陈某诉郭某撤销婚姻诉讼案（2021）闽0821民初242号	2020年，陈某经人介绍认识郭某并于当年8月结婚。婚后陈某发现郭某婚前患有严重抑郁症，但郭某未如实告知，陈某遂诉至法院	法院认为，郭某隐瞒婚前患有严重抑郁症的事实，未如实履行告知义务，陈某在法定期间提起撤销婚姻之诉，符合《民法典》第1053条规定，陈某要求撤销婚姻的诉请应予支持

① 表1中案例1至案例7来源于中国裁判文书网、最高人民法院司法案例研究院网、中国司法案例库网、北京政法网等。访问时间：2022年5月1日至5月10日。

续表

序号	案号	案情简介	裁判结果
4	蔡某诉张某撤销婚姻之诉(2021)皖1322民初1159号	蔡某、张某经人介绍相识,2020年上半年办理结婚登记手续,双方未生育子女。同年8月,因张某行为异常,蔡某带张某到医院治疗,医院诊断为情感障碍、躁狂状态。张某曾于2016年在某康复医院治疗,被诊断为躁狂症	法院认为,精神分裂症、躁狂抑郁型以及其他重型疾病等属法定不宜结婚的“重大疾病”。张某曾被诊断为躁狂症,婚前多次治疗并无痊愈情形,张某未尽如实告知义务,影响了蔡某结婚真实意思,且其婚后疾病状态影响了正常家庭生活,故法院支持蔡某撤销婚姻关系的诉讼请求
5	吴某诉于某婚姻撤销之诉(2021)川1011民初218号	吴某、于某于2020年1月办理结婚登记。于某自2016年患精神疾病,并被残疾人联合会评定为精神残疾二级,但其在婚前未如实告知吴某	法院认为,于某患有精神分裂症,该疾病属于法律规定的医学上不宜结婚的“重大疾病”,于某应当在结婚登记前如实告知吴某。于某婚前没有将病情如实告知吴某,故吴某撤销婚姻的诉讼请求于法有据,根据《民法典》的规定,应予支持
6	刘某1、陈某1撤销婚姻纠纷民事一审民事判决书(2021)粤0882民初3222号	刘某1于2017年与陈某1通过QQ聊天相识,半年后,双方登记结婚。2021年7月,陈某1出现精神异常情况,后被送至广东省雷州康宁医院治疗,经医院诊断为精神分裂症。陈某1曾因患精神分裂症先后多次住院治疗。刘某1要求撤销婚姻	法院认为,陈某1婚前患有的精神分裂症,属于《母婴保健法》中规定的一类医学上认为影响结婚和生育的疾病,医治难度大,家族遗传可能性较大,且在较长时间内严重影响患者正常生活,为“重大疾病”。陈某1婚前没有将患病情况如实告知刘某1,侵害了刘某1的知情权,影响了刘某1结婚的真实意思,且陈某1婚后疾病复发等影响夫妻双方正常家庭生活。刘某1要求撤销婚姻的诉请符合法律规定,应予支持
7	曹某诉宋某撤销婚姻案(2021)鲁1521民初954号	曹某与宋某于2020年12月初通过网络相识并办理结婚登记。2021年2月,曹某发现宋某患有尿毒症。同年3月,曹某诉至法院请求撤销婚姻	法院认为,宋某患有尿毒症,不适宜生育,属“重大疾病”。宋某婚前即被诊断患有尿毒症并住院治疗,但没有证据证明宋某婚前告知曹某,侵害了曹某的知情权。曹某以宋某婚前隐瞒“重大疾病”为由主张撤销婚姻,于法有据,予以支持

续表

序号	案号	案情简介	裁判结果
8	张某诉林某撤销婚姻案	张某与林某于2020年登记结婚。结婚不久，林某向张某坦白，称其婚前患有梅毒，未能治愈。医生表示该疾病对生育后代有一定影响。张某认为该疾病属“重大疾病”，遂向法院提起诉讼，请求撤销婚姻关系①	法院认为，缔结婚姻关系应建立在信任基础上。林某患“重大疾病”，应在婚前如实告知。梅毒系《传染病防治法》中规定的乙类传染病，属医学上认为影响结婚和生育的传染病，对张某作出结婚真实意思表示具有重大影响。法院支持张某撤销婚姻关系的请求

表2　法院不支持原告以患病方婚前隐瞒“重大疾病”为由撤销婚姻案件

序号	案号	案情简介	裁判结果
9	张某诉李某婚姻撤销案(2020)浙1004民初5692号	张某与李某经人介绍认识并结婚。李某婚前患精神分裂症，持有精神残疾人证，每月到医院治疗。李某婚前已告知张某其脑部患有疾病。登记结婚时工作人员指出李某有病，结婚需经监护人同意，询问监护人意见后，工作人员为双方办理了结婚登记。婚后，李某仍需服药稳定病情。2020年12月，张某以李某婚前隐瞒“重大疾病”为由请求法院撤销婚姻关系	法院认为，张某、李某结婚登记时询问了李某监护人意见。李某已明确告知张某其脑部患有疾病，李某每月到医院领药稳定病情。张某在婚前应知道李某患有精神疾病。法院认为张某提起撤销婚姻之诉超过一年除斥期，不予支持
10	范某诉赵某撤销婚姻案(2021)浙0604民初1851号	范某与赵某通过相亲认识并结婚。2021年3月范某向法院提起撤销婚姻诉讼。范某诉称婚后经过和赵某沟通得知其患有不孕不育严重生理疾病，赵某辩称其婚姻不属撤销范围	法院认为，原告之诉，有违“法不溯及既往”原则。《民法典》施行前法律事实引起民事纠纷应适用当时法律；现范某请求撤销婚姻关系适用原法律规定

---

① 法官认为，《民法典》规定是为了最大限度保障公民婚姻自主权。司法实践中，人民法院应按该“重大疾病”能否足以影响另一方当事人决定婚姻自由意志或是否对双方婚后生活造成重大影响标准审慎认定“重大疾病”。参见张蕾：《新婚丈夫坦白身患性病　法院判决撤销婚姻关系》，载《北京晚报》2021年1月18日，第7版。

续表

序号	案号	案情简介	裁判结果
11	董某诉刘某婚姻撤销案(2021)津0106 民初 770 号	董某与刘某系夫妻。婚后刘某因失眠等至某医院就诊,后诊断为急性精神分裂症。董某以刘某患有精神分裂症未履行如实告知义务为由,诉至法院,请求撤销婚姻	法院认为,刘某所患"急性精神分裂症"属"重大疾病",无证据证明该病系婚前所患;目前未发现刘某婚前就诊记录,无家族遗传记录,董某主张无事实依据,不支持董某诉求
12	孙某诉吴某婚姻撤销之诉(2021)皖 1503 民初 2118 号	吴某患精神分裂症 9 年。婚前吴某曾告知孙某"自己有点抑郁,有过被害妄想症的症状,但已治好"。婚后,孙某发现吴某行为有异于常人,靠药物才能控制,因服药导致吴某部分咀嚼功能丧失;现吴某通过周期性药物治疗病情稳定,能正常学习、工作和生活	法院认为,吴某已履行婚前告知义务,虽告知不充分但不属隐瞒,孙某未深入了解吴某病情。吴某婚后病情稳定,能正常工作和生活。孙某以此提起撤销婚姻之诉,不符合法律规定,法院不予支持
13	宝某、赵某婚姻撤销案(2022)辽13 民终 311 号	原、被告结婚后,2020 年 5 月,被告在某医院住院治疗,被诊断为"慢性盆腔炎,原发性闭经"。2020 年 11 月,被告在某医院住院治疗,被诊断为:"扩张性心肌病,心源性休克、脂肪肝、原发性闭经、慢性盆腔炎、输卵管粘连、女性盆腔积液"。原告请求撤销婚姻的诉讼请求,一审法院不予支持。宝某不服向中级人民法院提起上诉	二审法院依照《最高人民法院关于适用〈中华人民共和国民法典〉时间效力的若干规定》,《民法典》施行前法律事实引起的民事纠纷案件,适用当时法律、司法解释规定。上诉人请求撤销婚姻,不属当时法律规定可撤销婚姻情形,二审法院不予支持
14	石某、闻某撤销婚姻纠纷(2021)豫 15 民终 3938 号	石某因闻某撤销婚姻纠纷一案上诉。石某认为一审法院认定事实错误。闻某所患疾病为"重大疾病",属《民法典》规定的可撤销婚姻情形。闻某有 8 年糖尿病病史,系Ⅱ型糖尿病并伴有酮症酸中毒、肾病 3 期、电解质紊乱等多种疾病。Ⅱ型糖尿病有家族遗传特性,属严重遗传性疾病,导致无法过正常夫妻生活,无法生儿育女。一审法院依据《母婴保健法》规定认定闻某所患疾病不是"重大疾病"情形。一审法院对石某要求撤销婚姻诉讼请求不予支持	二审争议焦点为闻某所患疾病是否构成"重大疾病"。二审法院认为,依据《民法典》规定,应审查:第一,闻某是否患有"重大疾病";第二,闻某婚前是否如实告知石某。参考《母婴保健法》相关规定,法院认为石某主张糖尿病二期及并发症属"重大疾病"并具遗传性,但未提供证据证明。故闻某所患疾病不属于《民法典》所指的"重大疾病"范畴。二审法院判决驳回上诉,维持原判

从表1与表2中可以看出，在法院支持原告撤销婚姻之诉的8个案例中，尽管法律未明确“重大疾病”类型，但法院基本上会根据《母婴保健法》《传染病防治法》等认定“重大疾病”。原告婚姻关系撤销之诉得到法院支持除符合《民法典》第1053条规定外，同时要注意把握下列问题：

1. 被告患“重大疾病”且在结婚登记前未履行告知原告的义务

法院认定属婚姻撤销事由的“重大疾病”主要有四大类：(1)法律明文规定不宜结婚的疾病。《母婴保健法》《传染病防治法》等规定的严重传染病、性病等，即艾滋病、淋病、梅毒、麻风病（参见案例2、案例8）。(2)严重精神病。精神分裂症、躁狂症以及其他重型精神疾病（参见案例3、案例4、案例5、案例6）。(3)医学上认为影响结婚和生育、法律明文规定不宜结婚的疾病。例如，先天性生殖系统疾病（染色体问题、无卵巢）、尿毒症、生理缺陷（不能生育）（参见案例1、案例7）等。(4)严重遗传性疾病及其他“重大疾病”。

2. 法院未支持撤销婚姻之诉的主要情形

第一，原告未在法律规定期间内即自知道或应当知道被告患“重大疾病”之日起一年内提出撤销婚姻之诉。

第二，被告所患疾病不属于法律界定或法官认为的“重大疾病”。以第14个案例为例。① 闻某所患“Ⅱ型糖尿病二期及并发症”是不是“重大疾病”呢？一审法院认为，闻某的病症不属于“重大疾病”并驳回石某要求撤销婚姻的诉讼请求。二审法院认为，依据《民法典》第1053条规定，可撤销婚姻

---

① 第16个案例：一审法院认为，依据《民法典》第1053条“一方患有重大疾病的，应当在结婚登记前如实告知另一方；不如实告知的，另一方可以向人民法院请求撤销婚姻”的规定，要求撤销婚姻的前提是被告在婚前患有重大疾病且主观上故意隐瞒。对重大疾病认定，《民法典》并无明确规定，但根据《母婴保健法》的规定，婚前医学检查包括下列疾病的检查：(1)严重遗传性疾病；(2)指定传染病；(3)有关精神病。该条款适用，应当以疾病严重危害共同生活的人员或者其后代的健康，足以危及婚姻本质为前提。该条款的适用一方面应当保护在婚姻中受到欺诈的一方，另一方面也不能将之适用扩大化。本案原告认为被告婚前故意隐瞒病情，仅向原告告知被告血糖高，未告知实际病情，但糖尿病及并发症并不属于可以撤销婚姻的重大疾病，故对原告要求撤销婚姻的诉讼请求，法院不予支持。二审查明事实与一审一致。二审法院归纳本案争议焦点为闻某所患疾病是否构成重大疾病，是否应撤销石某和闻某的婚姻。二审法院认为被告所患疾病属重大疾病，但因证据不足，认为不属于《民法典》规定的重大疾病，因此维持一审判决。参见石某、闻某撤销婚姻纠纷案，信阳市中级人民法院(2021)豫15民终3938号。

只要审查两个方面:其一,婚姻一方是否患有重大疾病;其二,婚前是否如实告知对方。但《民法典》就重大疾病并未作出明确规定。司法实践中,人民法院应参考《母婴保健法》的相关规定予以确定。具体包括:(1)严重遗传性疾病……医学上认为不宜生育的遗传性疾病;(2)指《传染病防治法》中规定的指定传染病。如性病、麻风病等医学上认为影响结婚和生育的疾病;(3)有关精神病,是指精神分裂症、躁狂抑郁型精神病以及其他重度精神病等。石某主张闻某罹患的糖尿病二期及并发症属重大疾病并具有遗传性,但并未提供证据证明,因此,该病症应属通常意义理解的如癌症、心脏病、尿毒症等"重大疾病",而不属于《民法典》所指的"重大疾病"范畴。石某上诉理由不能成立。但在案例7中,法院认为,宋某患尿毒症,不适宜生育,属于"重大疾病"。宋某婚前即被诊断患有尿毒症并住院治疗,但没有证据证明宋某婚前告知了曹某,侵害了曹某的知情权。[①] 案例14中,一审法院认为闻某所患疾病不属于"重大疾病",对石某要求撤销婚姻诉讼请求不予支持。二审法院尽管认为闻某所患疾病属"重大疾病",但因为石某举证不能,因此认为闻某所患疾病构成普通意义上的"重大疾病",因此驳回上诉,维持原判。这一判例值得思考:证据不足能否改变"糖尿病二期及并发症等病症"是否属于"重大疾病"的范畴?司法实践中认定"重大疾病"时,常以"证据瑕疵""已告知""已过时效"等因素影响法官专业判断,进而使当事人权利进一步受损。因"重大疾病"的不确定性与专业性要求,导致法官在解释"重大疾病"模式上出现不同认知。案例14尽管二审法院认为证据不足,未能支持石某诉求,但至少展示了一审与二审法官对何谓"重大疾病"的认知差异、误区与难度。

第三,原告提交的证据不能证明被告患"重大疾病"或被告患病事实发生于婚姻关系存续期间(参见案例10、案例13、案例14)。

第四,被告虽患"重大疾病"但是在结婚登记前已如实告知原告(参见案例10至案例13、案例14)。

第五,原告超过一年除斥期间提出撤销婚姻之诉(参见案例9、案例11、案例13)。有的法院针对原告超过一年除斥期间直接以"法律不具有溯及

---

① 参见曹某诉被告宋某婚姻撤销案,山东省阳谷县人民法院(2021)鲁1521民初954号。

力”驳回了原告诉请(参见案例10)。

(二)“重大疾病”认定的司法困境与挑战

因《民法典》并未明确“重大疾病”的含义与范畴,理论界与实务界观点不一。本文梳理的14个案例中法院认定“重大疾病”的标准并不完全统一。如何理解和把握“重大疾病”,学界存在不同观点。第一种观点认为,“重大疾病”具体是什么病或某种疾病是否属于“重大疾病”,需要司法机关和有关医疗部门等在司法实践中进行认定。上述案例中对“糖尿病病史,系Ⅱ型糖尿病并伴有酮症酸中毒、肾病三期、神经并发症、电解质紊乱等多种疾病”等是否属于“重大疾病”、针对“抑郁症”是否属于“重大疾病”存在争议。有学者认为抑郁症严重影响原告决定结婚自由及双方婚后正常生活应属“重大疾病”范畴,也有学者持否定观点。[①] 有学者认为,有些情感障碍系重度精神疾病范畴,但也有学者持相反观点。因“重大疾病”事实上难以认定,因此判断被告隐瞒“重大疾病”具有一定难度。《民法典》第1053条未规定当事人患有哪些疾病属“重大疾病”。在具体法律适用时面临“重大疾病”认定标准变动的风险。第二种观点认为,我国《母婴保健法》《母婴保健法实施办法》等对医学上认为不宜结婚的疾病已经作出明确界定,可借鉴这些规定界定“重大疾病”的内涵、外延及种类。[②] 第三种观点认为,可参考其他行业标准。中国银保监会、中国保险行业协会联合进行了“重大疾病”行业标准定义的制定工作。30种“重大疾病”有了行业统一的定义和理赔标准。[③] 国家规定

---

① 法院认为被告李某所患“双相情感障碍”足以影响原告决定结婚自由及婚后生活,可认定为《民法典》规定的“重大疾病”范畴。该病有两种表现形式:一种为抑郁,另一种为躁狂,为国家重点管理的六种严重精神障碍之一。参见《丈夫请求法院判决撤销婚姻获支持》,载《人民法院报》2021年7月3日,第3版。

② 参见王春霞:《可撤销婚姻“重大疾病”如何理解?学者认为——应以是否危害对方及后代健康为标准》,载《中国妇女报》2020年9月30日,第B1版。

③ 参见《重大疾病保险的疾病定义使用规范(2020年修订版)》(以下简称《使用规范》)。《使用规范》统一了“重大疾病”。根据《使用规范》规定,保险公司将产品定名为“重大疾病保险”,且保险期间主要为成年人(18周岁及以上)阶段的。该产品保障的疾病范围应当包括《使用规范》内的严重恶性肿瘤、较重急性心肌梗死、严重脑中风后遗症、重大器官移植术或造血干细胞移植术、冠状动脉搭桥术、严重慢性肾功能衰竭;如果该产品还保障了保险金额低于上述六种重度疾病的其他疾病,则还应当包括《使用规范》内的轻度恶性肿瘤、较轻急性心肌梗死、轻度脑中风后遗症。《使用规范》所指疾病范围以内的其他疾病,保险公司可以选择使用。

“重大疾病”有36种。[①] 第四种观点认为,应将“重大疾病”界定为危害或影响对方当事人身心健康以及家庭成员之健康,影响婚姻本质的疾病。[②] 笔者认为,中国银保监会、中国保险行业协会界定的保险行业保险和理赔的30种“重大疾病”与法律界定的“重大疾病”目标指向与后果均不同。保险行业定义的“重大疾病”所关注的是疾病给当事人带来的经济和时间负担与损害,旨在通过保险赔付弥补当事人的经济损失。《民法典》界定的“重大疾病”针对的是疾病是否危害对方健康以及家庭成员的健康,是否影响家庭和谐与安定,影响婚姻关系稳定。因此,不宜将保险行业及国家界定的“重大疾病”的认定模式直接界定《民法典》规制的“重大疾病”。案例9中法院未支持张某诉求。法院认为双方在办理结婚登记时,登记处工作人员已经告诉张某,李某持有残疾人证。工作人员在结婚登记现场询问了李某监护人的意见后才为双方办理结婚登记手续。

笔者认为,本文所梳理的案件折射出诸多法律不完善及释法的局限性。例如,在案例9中,婚姻登记机关不是考虑结婚是否系当事人的真实意思表达,而是问被告监护人是否同意其结婚,这种操作不仅违背《民法典》关于结婚自愿的规定,难以维护原告合法权益,甚至在某种程度上否定与剥夺了被告结婚自主权。另外,一年除斥期间同样导致诸多人难以维权。有学者质疑:“一是无过错配偶获悉对方隐瞒‘重大疾病’事实后,经过相当一段时间但未超过一年而未行使撤销权的,是否应导致撤销权归于消灭?二是婚姻存续五年或者更长时间后,无过错一方才知道结婚时对方隐瞒‘重大疾病’

---

① 国家规定“重大疾病”有36种,分别是:恶性肿瘤;急性心肌梗塞;脑中风后遗症;重大器官移植术或造血干细胞移植术;冠状动脉搭桥术(或称冠状动脉旁路移植术);终末期肾病(或称慢性肾功能衰竭尿毒症期);多个肢体缺失;急性或亚急性重症肝炎;良性脑肿瘤;慢性肝功能衰竭失代偿期;脑炎后遗症或脑膜炎后遗症;深度昏迷;双耳失聪;双目失明;瘫痪;心脏瓣膜手术;严重阿尔茨海默病;严重脑损伤;严重帕金森病;严重Ⅲ度烧伤;严重原发性肺动脉高压;严重运动神经元病;语言能力丧失;重型再生障碍性贫血;主动脉手术;多发性硬化症;经输血导致的人类免疫缺陷病毒感染;植物人;系统性红斑狼疮;胰岛素依赖型糖尿病(Ⅰ型糖尿病);原发性心肌病;重症肌无力;急性坏死性胰腺炎;坏死性筋膜炎;终末期肺病;严重类风湿性关节炎。2021年2月20日,国家卫健委发布了《2021年国家医疗质量安全改进目标》,这是我国连续5年编制发布年度《国家医疗服务与质量安全报告》。笔者认为,患上述某些疾病的人并不能正确表达是否可以结婚,因此,并不适合作为《民法典》中“重大疾病”认定的范围。

② 参见王春霞:《可撤销婚姻“重大疾病”如何理解?学者认为——应以是否危害对方及后代健康为标准》,载《中国妇女报》2020年9月30日,第B1版。

事实而主张行使撤销权，是否应允许？《民法典》第 1053 条第 2 款规定，该项撤销婚姻的请求权行使期间是自知道或者应当知道撤销事由之日起一年内……建议针对该撤销婚姻请求权，将来增设消灭时效规定。”①许多学者认为，增设消灭时效规定有助于无过错方及时表示放弃撤销权，或婚姻存续超过一定年限，该婚姻撤销权消灭。在具体案件处理中，当事人是否隐瞒疾病、隐瞒的疾病是否属于“重大疾病”，法院具体判断时极具难度，因此笔者梳理的不支持婚姻撤销的案件中，法院通常认定为证据不充分或不能证明夫妻一方患有《民法典》第 1053 条规定的“重大疾病”；或认定患有疾病一方已经履行婚前如实告知义务；或认定为属《民法典》施行前法律事实引起的民事纠纷案件，应适用《民法典》实施前法律及司法解释。正基于各种复杂因素，原告主张婚姻撤销之诉难以得到法院支持。因法律具有稳定性和滞后性双重特点，立法上完全列举“重大疾病”不太可能。法院在婚姻撤销诉讼实务中缺少科学参考，可能给当事人婚姻效力、人身关系、财产关系带来极大不确定性与风险。在司法实践中，明晰“重大疾病”范畴与认定标准十分具有挑战性。

二、立法评析

（一）条文意义与价值

1. 体现我国婚姻家庭立法发展与进步

从患一定疾病禁止结婚到由当事人自主选择决定是否与患有“重大疾病”的人结婚，这为患有“重大疾病”且被对方理解包容的人群能过上和正常人一样的婚姻家庭生活提供了法律支持，体现了法律的公正与温情。有学者认为：“国家对婚姻家庭的保障也是一种对婚姻家庭基本权利的保障。对个人享有的婚姻家庭基本权利，国家承担尊重义务、保护和实现义务。尊重义务是指国家不得任意干涉个人享有的婚姻家庭基本权利，是避免国家权

---

① 《民法典》第 152 条第 2 款规定的撤销权消灭事由之一就是“当事人自民事法律行为发生之日起五年内没有行使撤销权的，撤销权消灭”。如果婚姻家庭编规定婚姻存续达一定期间，撤销婚姻请求权消灭，将更妥当。参见蒋月：《准配偶重疾告知义务与无过错方撤销婚姻和赔偿请求权——以〈民法典〉第 1053 条和第 1054 条为中心》，载《法治研究》2020 年第 4 期。

力无穷大的消极义务,是最基础最核心的义务。”①《民法典》第 1053 条已将患有医学上认为不应当结婚的疾病排除出禁止结婚的范畴,将婚姻的权利交还给当事人,体现了尊重当事人的婚姻自主权,更人性与现实。但同时要求患病一方婚前必须履行“重大疾病”如实告知义务,否则另一方可以依法申请撤销婚姻关系。

2. 重新认知婚前健康体检制度的重要性

通过婚检筛查严重遗传性疾病,可有效防范下一代出生缺陷。婚检中筛查的传染病因多通过性行为传播,因此对此类疾病筛查,可让患者尽早发现疾病并尽早治疗,也尽可能地保护另一方健康。根据《传染病防治法》,一方在知情情况下,隐瞒自己患有性病、艾滋病等传染病,不采取保护措施,造成对方感染,依法应属“故意传播”,是违法的行为。当前婚检虽非强制但应引起足够重视。针对相关疾病及早采取措施做好防护、治疗、预防等,对婚姻稳定、提高生活质量及孕育健康后代等均有重大现实意义。

3. 体现公权力机关的克制态度和对婚姻自主决定权的尊重

针对“重大疾病”尤其是不宜结婚或可能对婚后生活造成重大损害的疾病进行科学界定与限制十分重要。婚姻当事人有权知道对方身体状况、有无疾病史及不适宜结婚的疾病等;若对方婚姻当事人所得为传染性疾病如梅毒等,可能会对当事人身体健康造成极大威胁。

(二)“重大疾病”条文设计局限与实施障碍

1. 未对“重大疾病”内涵作出界定与规制

“重大疾病”能否用其他行业标准进行定义?例如保险行业、医疗行业所定义的疾病、临床定义的疾病差异较大。② 笔者认为,不同行业制定与解释“重大疾病”的内涵与外延因行业发展与界定目标不同而存有差异。正确

① 汤瑜:《第七届中国婚姻家事法实务论坛聚焦民法典》,载《民主与法制时报》2020 年 9 月 3 日,第 4 版。

② 近年来“重大疾病”存在年轻化趋势,比如近 5 年间 19 ~ 36 岁胃癌患者占所有胃癌患者的 6% ~ 11%,比 30 年前数据高出 1 倍。女性健康头号“杀手”乳腺癌,以每年 17% 比例递增,且年轻化趋势明显。参见《国民防范重大疾病健康教育读本解读》,载道客巴巴 2021 年 10 月 12 日,https://www.doc88.com/p-14861790311963.html。

界定“重大疾病”内涵，积极预防疾病，并尽早进行适度干预，有助于法院处理案件的方向。

2. 对“重大疾病”危害性认识不足

随着医疗技术的提高，“重大疾病”治愈率和生存率不断提高。但确诊“重大疾病”后，患者通常需要接受长期复杂药物或手术治疗。患者不仅要忍受身体伤痛，还要承受沉重经济与精神负担，从而严重影响患者家庭成员健康和正常生活。很多患者在确诊“重大疾病”时已不能正常工作与生活，甚至因病陷入经济困境。患者家人会因为陪护影响正常生活和工作，家庭收入会受一定影响。这将给个人和家庭带来巨大经济压力，甚至会因病致贫、因病返贫。“重大疾病”会对婚姻与家庭的和谐与稳定带来不可低估的影响。

（三）缺少“重大疾病”统一认定标准

对“重大疾病”认定缺少精细与科学的标准。① 为何某些行业关于“重大疾病”的认定标准不能适用婚姻家事领域？例如“重大疾病”中包括暴发性肝炎，暴发性肝炎中又包括肝性脑病，现原告患有肝硬化失代偿、肝性脑病、肝肾综合征等是否属于“重大疾病”？法院处理此类案件涉及保险行业、法律专业及医学专业知识。例如：有的保险合同载明暴发性肝炎为“重大疾病”。暴发性肝炎指肝炎病毒感染而导致大部分的肝脏坏死并失去功能，必须具备肝脏急剧缩小、肝细胞严重损坏、肝功能急剧退化、肝性脑病的条件。② 保险合同通常对“重大疾病”的约定采用列举法，作出详尽阐述说明。因保险行业的特殊性，它对“重大疾病”约定与特殊告知方式并不适宜《民法典》中对“重大疾病”的认定。随着社会文明发展，《民法典》进入家家户户。对“重大疾病”认识涉及较多专业知识，形成了公众认知盲点、误区。加强对“重大疾病”认知能力，建构“重大疾病”认定标准成为当务之急。

---

① 肝炎被划分为五种类型：（1）急性乙型肝炎；（2）慢性乙型肝炎；（3）重型肝炎（包括暴发性肝炎、亚急性重型肝炎、慢性重型肝炎）；（4）淤胆型肝炎；（5）肝炎肝硬化（包括代偿性肝硬化、失代偿性肝硬化）。参见世界卫生组织（WHO）颁布的疾病分类标准。

② 根据《保险法》规定，保险人应当及时向投保人签发保险单或者其他保险凭证，并在保险单或者其他保险凭证中载明当事人双方约定的合同内容，合同载明哪些疾病属于“重大疾病”。

三、认定“重大疾病”的实践路线

(一)新认知与新挑战

近年来,医疗领域发展迅猛,对“重大疾病”认定的法律探讨呈现出新动态与新形势。笔者认为,“重大疾病”的认定将面临新挑战:一是对“重大疾病”的认定表现为多学科有效整合与技术展示。在法律体系中“重大疾病”认定不再仅是法学领域的事,而且是涉及法学、医学、生命科学、保险学等多学科的问题。二是“重大疾病”的认定已准入智能与大数据时代。“重大疾病数字化”将深刻影响法学界对“重大疾病”的重新认定。三是法学体系、医疗体系、保险体系、生命系统等科学化技术认知水平将影响司法实务对“重大疾病”的判断。新技术、新方法不断推动司法实务对“重大疾病”认定与判断科学体系的完善。司法实践中,法院对“重大疾病”的认定往往采用相对简洁标准与规则,但实际效果有待商榷。笔者梳理的个案反映出司法裁判对“重大疾病”认定的差异性与局限性。基于裁判数据整合的精准认定“重大疾病”成为司法研究路径之一。在大数据时代,通过获得司法裁判大量数据,构建认定“重大疾病”模式与路线,可有效地进行司法实务视角下“重大疾病”认定研究。“重大疾病”大数据精准认定,将成为创新与精准处理类案的重要发展方向,有助于改善此类案件的处理方向:撤销婚姻、离婚或维持婚姻关系。但在司法实践中何谓隐瞒重大疾病等相关探讨范围过窄,适用情形有限使该制度的运用效果并不明显,尚未充分发挥惩罚过错方和保护无过错方的有效作用。

(二)明晰“重大疾病”认定范围与标准的法律依据

根据《母婴保健法》《孕产妇妊娠风险评估与管理工作规范》《国家贫困地区儿童发展规划(2014 – 2020 年)》《传染病防治法》等法律或规范性文件,笔者认为,可以吸取审判实践的经验,对“重大疾病”的认定可以参考上述法律法规等作为界定“重大疾病”内涵的法律依据。例如,《母婴保健法》作了婚前健康检查等系统性规定。《母婴保健法》相关条文对“重大疾病”相关问题作了明晰规定。[①] 原卫生部早在 1986 年发布的《异常情况的分类指导标准(试行)》中将影响结婚生育的疾病划分为“不许结婚者”“暂缓结婚者”“可以结婚,但不许生育者”及“可以结婚,但需限制生育者”并附有诊断要点。[②] 上述类型界定在司法实践中有一定积极意义。但上述规范性文件有时代局限性,需要用新政策与立法跟进与完善,也需要具有开放性结构。《民法典》第 1053 条以高度概括立法模式进一步延伸了认定“重大疾病”的法定情形,强化了法官在认定“重大疾病”时的自由裁量权。面对复杂“重大疾病”现实情况,顺应时代发展,扩大“重大疾病”认定的弹性范围,可保证司法实践在立法框架下有法可依。对“重大疾病”的界定仍应主要依赖法官的专业功力、司法智慧与生活经验。这在一定程度上体现了社会公平与正义,有助于保障当事人合法权益。

(三)明晰“重大疾病”的范围

《母婴保健法》《母婴保健法实施办法》《婚前保健工作规范(修订)》《传染病防治法》等规定,“重大疾病”是指遗传性疾病、重大传染性疾病、严重精神疾病、其他医学上认为不应当结婚的疾病、影响婚姻及家庭成员身心健康的疾病。针对不宜结婚、不宜生育、暂缓结婚的情形,建议采取医学措施;将是否影响结婚和生育,是否危害对方、家庭成员及子女后代健康,是否影响正常婚姻家庭生活稳定与质量作为认定“重大疾病”的重要标准,同时采纳上述法律法规和规章中所列举的疾病作为司法实践认定具体“重大疾病”标准。有学者认为,理解“重大疾病”应该把握一个原则,即患有疾病是否影响结婚对方身心健康以及婚后所生子女的身心健康。[③] 例如:《母婴保健法实施办法》第 14 条第 2 款规定:“婚前医学检查证明应当列明是否发现下列疾病:(一)在传染期内的指定传染病;(二)在发病期内的有关精神病;(三)不

---

① 特别指出《母婴保健法》第 8 条规定:“婚前医学检查包括对下列疾病的检查:(一)严重遗传性疾病;(二)指定传染病;(三)有关精神病。经婚前医学检查,医疗保健机构应当出具婚前医学检查证明。”

② 参见原卫生部《异常情况的分类指导标准(试行)》,1986 年 7 月 21 日发布。

③ 参见王春霞:《可撤销婚姻“重大疾病”如何理解?学者认为——应以是否危害对方及后代健康为标准》,载《中国妇女报》2020 年 9 月 30 日,第 B1 版。

宜生育的严重遗传性疾病;(四)医学上认为不宜结婚的其他疾病。”但这些疾病仍不明晰,所以仍要依据相关规定去判断哪些疾病属于“重大疾病”。笔者赞同将“重大疾病”界定为:严重遗传性疾病、重大传染性疾病、严重精神疾病、其他医学认为不应当结婚的疾病、影响夫妻及家庭成员身心健康的疾病。

保险行业针对“重大疾病”种类进行了规范。[①] 但保险行业确定的“重大疾病”不宜全部直接适用于《民法典》界定的“重大疾病”的内涵和范围。后疫情时代,是否删除或新增一些“重大疾病”,是否要对核心“重大疾病”进行重新科学分类,如新冠肺炎是否属于“重大疾病”,一些人提出肯定与否定两种不同观点。一种观点认为,新冠肺炎属于“重大疾病”。此类疾病具有强烈的传染性,需立即隔离治疗。如治疗不及时,会给肺组织带来严重损伤,容易引发呼吸衰竭、肾衰竭等系列严重并发症,甚至危及患者生命。另一种观点认为,新冠肺炎不属于“重大疾病”。笔者认为,基于新冠疫情形势应将新冠肺炎确定为《民法典》意义上的“重大疾病”,此类疾病应属于暂缓或不宜结婚的疾病。笔者认为,可以吸收其他行业关于“重大疾病”合理分类,同时将无法正确表达真实意思的疾病归入“重大疾病”范畴。医学与保险行业有关“重大疾病”定义均有严格标准。[②] 列入《“重大疾病”保险的疾病定义和使用规范》的“重大疾病”都是发生率相对较高疾病,保险公司在制定“重大疾病”保险条款时必须使用规范的疾病名称和疾病定义。由于保险目的旨在避免患者及家属陷入经济危机,故涵盖范围极为有限。域外经验值得关注与借鉴。

关于“重大疾病”,不同国家认定范围不一。美国纽约最高法院早在 1914 年指出,肺结核构成撤销婚姻的事由,理由是:首先,通过婚姻关系的密切纽带,对方可能受到传染,从而造成严重的、毁灭性的法律后果。其次,可

① 即保险公司若主要为成年人提供该类保险,那么涵盖范围就至少应当包括恶性肿瘤、急性心肌梗塞、脑中风后遗症、冠状动脉搭桥术(或称冠状动脉旁路移植术)、重大器官移植术或造血干细胞移植术、终末期肾病(或称慢性肾功能衰竭尿毒症期)。参见中国保险行业协会、中国医师协会:《重大疾病保险的疾病定义使用规范(2020 年修订版)》,2020 年 11 月 5 日发布。

② 2020 年,中国保险行业协会进一步修订了《重大疾病保险的疾病定义和使用规范》,建立了“重大疾病”分级体系、增加了规范定义疾病数量(包含 28 种重度疾病、3 种轻度疾病)、优化疾病定义内容表述。

能给双方所生的子女带来不幸的后果。美国威斯康星州最高法院指出，如果婚姻导致健康或生命面临危险，婚姻则可以被撤销。在美国纽约州，隐瞒“癫痫病”已恶化等这样的身体状况可能等于欺诈。《瑞士民法典》特别规定，隐瞒家族遗传性疾病（如精神病）构成撤销理由。同时规定，隐瞒精神病构成基于欺诈的撤销事由。英国《1973 年婚姻诉讼法》第 12 条第 1 款规定："1971 年 7 月 31 日之后缔结的婚姻只能基于以下理由被撤销……（e）结婚时被告正在患有传染性的性病。"冰岛《婚姻缔结和终止法》第 12 条列举的疾病是“癫痫、麻风病、传染性的肺结核”。《德国民法典》规定，依据判例法，患有某些传染性或遗传性疾病（艾滋病、性病）的，婚姻可被撤销。[①] 一些国家将隐瞒视为欺诈的规定值得借鉴。司法实践中，每位法官法律、医学认知理念不同，对“重大疾病”的定义会有所差异。在笔者梳理的 16 件可撤销婚姻案件中，法院处理案件没有一例依据保险行业界定的“重大疾病”种类进行处理。

（四）实践应用视角下“重大疾病”的认定

在司法实践中，对“重大疾病”婚姻撤销之诉的争议焦点通常集中在何谓“重大疾病”、如何证明“重大疾病”、何谓“如实告之”、何谓“隐瞒”。这提醒我们事事都要依法判断与认定，并要有充分证据。因《民法典》第 1053 条规定的“重大疾病”属于不确定法律概念，具有高度抽象、开放及模糊性等特征，亟须司法实践对其进行法律解释和具体化处理。

有鉴于此，笔者立足于“重大疾病”的基本规定，并从司法实践视角，对“重大疾病”进行法律释义及法律适用思考，并通过 16 个实践案例进行分析归纳，以期为司法实践中处理该类案件提供一些初步建议。分析 16 个判例，法官具体认定“重大疾病”时会聚焦以下问题：（1）法律依据。目前法官处理此类案件主要参考《母婴保健法》和《传染病防治法》等，如严格分析一方所患疾病是否属于指定传染病、严重遗传性疾病、严重精神疾病等。（2）婚前患病一方是否向对方如实说明。法官会让双方举证证明患病方是否如实说

---

① 参见张学军：《民法典隐瞒“重大疾病”制度解释论》，载《甘肃政法学院学报》2020 年第 5 期。

明病情。如果说得含糊,或不是全部告之,或未说明是“重大疾病”等,需要法官行使自由裁量权。(3)看是否影响夫妻与家庭正常生活。如果婚前隐瞒重大疾病,但婚后经治疗患病者能正常生活与工作,法官也会酌情考虑“重大疾病”婚姻是否撤销。(4)综合权衡与评估夫妻、子女等利益作出判决。法官会考量夫妻关系质量,夫妻生活、家庭生活及其他利益。如患病方所患疾病系上述所列“重大疾病”的范畴,且婚前未如实告诉对方,法院通常会支持主张撤销婚姻一方的诉求。①

在具体案件处理时,许多法官会综合考量各种因素,审慎处理。某些法官会认为有些当事人认为的“重大疾病”并不是《民法典》意义上的“重大疾病”。因此,当事人以“重大疾病”主张撤销婚姻难以得到法院支持。上海首例适用《民法典》撤销婚姻关系案中,李某与江某经人介绍确定恋爱关系,订婚后双方开始同居。2020年,李某怀孕,双方登记结婚。婚后不久,江某向妻子坦白,其身患艾滋病数年且长期服药。江某坚称其所罹患的艾滋病已不在传染期内,最终证明李某确实并未被传染,但李某无法接受,决定终止妊娠并向上海市闵行区人民法院起诉要求撤销婚姻。由于案件极为特殊,立案后法官进行了大量细致充分论证,从保护无过错方利益出发,根据《民法典》第1053条的规定,法院认为被告在结婚登记之前未如实告知原告其患艾滋病的事实,原告在知情后一年内向法院起诉要求撤销婚姻,应予以支持。但原告结婚后怀孕,被告虽然患有艾滋病,但经过长期药物控制,已不在传染期内;若原告起诉要求撤销婚姻,不符合法律规定可撤销的情形;原告作为无过错方,也无法得到有效的救济。② 因此法官在具体认定“重大疾病”是否属可撤销婚姻情形时,既要充分尊重当事人意思自治与个人在婚姻问题上的自主选择权,又有法官自由裁量权的适度介入,进而使“重大疾病”案件处理在充满挑战的同时,更彰显人性关怀,更符合家事审判的理念及家风建设的倡导。

---

① 参见蒋月:《准配偶重疾告知义务与无过错方撤销婚姻和赔偿请求权——以〈《民法典》〉第1053条和第1054条为中心》,载《法治研究》2020年第4期。

② 《案例分析——撤销婚姻关系》,载上海中医药大学网,https://xb. shutcm. edu. cn/2021/0407/c1028a132767/page. htm。

（五）建构与完善知情权与忠实义务制度

将隐瞒重大疾病视为违背知情权与忠实义务行为纳入损害赔偿制度范畴与现代立法精神相符。在笔者梳理的16件离婚案中，法院认为虽然某疾病等会对夫妻一方造成物质、精神的损害，但只能严格适用当下既定法律规定，不能突破法条本义进行人为造法。在因“重大疾病”可撤销婚姻中，法院认为感情是婚姻的基础与前提，夫妻双方应当互相忠实、互相尊重，以维护文明、平等、和睦的婚姻家庭关系。维护夫妻之间的相互忠诚，不仅是道德义务，更是法律义务。如果夫妻双方婚姻关系存续期间存在隐瞒“重大疾病”的问题，应认定在导致婚姻被撤销的问题上，法院会支持无过错方主张过错方承担其精神损害赔偿的请求。笔者认为，夫妻一方违反忠实义务，隐瞒疾病，无过错方有权在撤销诉讼中提出损害赔偿请求。夫妻一方在婚前隐瞒疾病，会破坏夫妻感情和家庭和谐、违背夫妻忠实义务、损害配偶合法权益，有悖于社会主义核心价值观。夫妻一方违反忠实义务，隐瞒疾病，不仅给对方身体、精神健康造成重大伤害，同时对家庭财富产生巨大威胁，既消耗了家庭财产，严重影响夫妻互相扶养义务的履行，又使夫妻在感情生活上出现严重障碍。因此，该类行为是严重危害婚姻幸福、家庭和谐的违法行为，应属《民法典》第1054条规定的其他重大过错情形，无过错方有权请求损害赔偿。笔者认为，夫妻一方故意隐瞒“重大疾病”，婚后不愈或传染给对方，并严重损害配偶身体和心理健康的，在撤销婚姻之诉中无过错方有权请求损害赔偿。

“重大疾病”的认定需要法治，更需要公正与人文关怀。笔者认为，法律适用的相对稳定性决定了法律不可避免的强势与滞后性。为实现法律追求的公平与正义，国家赋予法官法律适用的一定自由裁量权，基于多方利益价值平衡，尽可能考虑公民正当需求，让当事人在个案处理中感受到公正与公平。在司法实务中，面对“重大疾病”认定多做研究，适当采取多元、规范等的方法，在法条释义上采取更积极、更专业的态度与视角，精准界定“重大疾病”的内涵与外延，建立“重大疾病”相对可量化、客观、公平的标准，减少主观臆断，保障案件处理更具公平性、公正性、一致性、透明性、规范性与权威性。

准配偶重疾告知义务与无过错方撤销婚姻和赔偿请求权

——以《民法典》第1053条和第1054条为中心*

蒋　月**

摘　要　《民法典》第1053条和第1054条规定确立的准配偶重大疾病告知义务，是基于健康是人的基本利益，是实现个人自治和人类繁衍的基本前提。重疾患者不如实告知，是不尊重另一方人格，将损害对方结婚自由权，使其健康面临风险。但是，立法未明确哪些疾病属于"重大疾病"。从结婚目的、婚姻功能并参考现行禁止患"医学上认为不应该结婚的疾病"者结婚制度的实践经验，"重大疾病"应包括严重的精神类疾病、严重的传染性疾病、显著影响生育的疾病和严重影响本人健康的重大疾病，并应适时公布相关疾病种类指南。准配偶的知情权和无过错配偶的撤销婚姻请求权，是源于健康与人格紧密相连，关乎自然人享有的健康权、结婚自由权，故允许无过错配偶就可能错误的结婚决定重新作一次选择。损害赔偿包括物质损害和精神损害。然而，该请求权制度将配偶的健康权保障寄托于重疾患者的"道德自觉"，是否正当

* 该文发表于《法治研究》2020年第4期。

** 蒋月，厦门大学法学院教授、博士生导师，中国法学会婚姻家庭法学研究会副会长。研究方向：婚姻家庭法与继承法、劳动法与社会保障法。

合理？请求权人范围偏小，内容过于简略，有必要增设消灭时效等予以完善。从法律适用看，似开放无行为能力或限制行为能力人经法定代理人同意而结婚。重大疾病的举证难等问题值得关注。结婚诚信，诚信结婚，才是避免争议的最好选择。

关键词 准配偶 重大疾病 告知义务 撤销婚姻请求权 赔偿请求权

《民法典》第1053条和第1054条确立了一项新制度，即准配偶负有重大疾病告知义务；假若准配偶未及时履行该告知义务导致另一方未知情而结婚的，无过错配偶方有权请求撤销婚姻，并向过错方主张损害赔偿，该权利应当自知道或者应当知道撤销事由之日起一年内行使。准配偶的重大疾病告知义务取代了2001年《婚姻法》第7条第2项规定禁止"患有医学上认为不应当结婚的疾病"患者结婚制度。将不准结婚情形修改为重疾告知义务，保障另一方当事人知情后的自主选择权和决定权，把禁止规范降格为由当事人意思自治，2001年《婚姻法》中的刚性干预在《民法典》中被降为弱干预，显著地扩大了结婚自由度。本文讨论设立该制度的法理和依据、三项权利义务适用的条件和范围，梳理相关争议和可能存在的不足问题，并就立法完善提出建议，以利于该制度的完善与实施。

一、准配偶的重大疾病告知义务

（一）准配偶的重大疾病告知义务

健康之于人类，一如生命，极其珍贵。[①] 健康是人的生理、心理和社会适应的良好状态。身体、生命、健康是人的自然构成和物质载体，是人的肉体和精神得以存在和发展的基础，是人的完好状态和人的尊严的核心。保有健康的身体，是个体实现自主地享受生活、自主地工作劳动和社会交往的依靠。健康，是一种基本利益，是实现个人自治和人类繁衍发展不可或缺的基

---

① 参见刘海年：《维护健康：政府的义务》，载网络指导委员会编：《中国人权年刊》（第3卷），社会科学文献出版社2007年版，第3页。

本前提。若人的身体功能不完整,人身权利的载体可能遇到重大障碍。健康权被视为生命权、自由权和追求幸福权利的基础,是行使其他人权不可或缺的一项基本人权。自然人的生命权、健康权是基本人权。《宪法》第33条第3款规定:“国家尊重和保障人权。”原《民法总则》第110条第1款规定,自然人享有生命权、身体权、健康权、姓名权、肖像权、名誉权、荣誉权、隐私权、婚姻自主权等权利。健康一旦受损,虽有可能修复,但其恢复将不得不支付相应代价;有些情形下,将永久地不可恢复,部分健康损害还会危及生命。尽管健康不同于生命,但是,健康也具有不可替代性。当事人应将重大疾病或者健康信息告知相关利益关系人的法定义务,早在我国《艾滋病防治条例》[①]就有明文规定。例如,该条例第38条规定,“艾滋病病毒感染者和艾滋病病人应当履行下列义务:……(二)将感染或者发病的事实及时告知与其有性关系者;(三)就医时,将感染或者发病的事实如实告知接诊医生;(四)采取必要的防护措施,防止感染他人。艾滋病病毒感染者和艾滋病病人不得以任何方式故意传播艾滋病”。该条规定是2006年通过《艾滋病防治条例》时就已确定的。配偶是共同生活伴侣,如果患有重疾一方当事人不如实告知,对方将无法知晓其患病事实,却将承担相应风险。对于准配偶而言,等于是“剥夺了其选择权”。[②]

(二)《民法典》第1053条规定的“重大疾病”包括哪些疾病

《民法典》除了第1053条之外,第1066条也明文使用了“重大疾病”概念。第1066条规定,婚姻关系存续期间,夫妻“一方负有法定扶养义务的人患重大疾病需要医治,另一方不同意支付相关医疗费用”,该方可以向人民法院请求分割夫妻共同财产。该两条均未明确哪些疾病属于“重大疾病”。第1053条是撤销婚姻的事由之一,而第1066条是夫妻财产制中的一个事项内容。这两条规定承担的功能和任务不同,故该两条中的“重大疾病”概念

---

① 《艾滋病防治条例》于2006年1月18日国务院第122次常务会议通过,自同年3月1日起施行。现行条例是2019年3月2日颁布的修改后《艾滋病防治条例》,增加脐带血等造血干细胞应用价值。

② 参见唐义红、杨荣平:《论HIV感染者家属权利保护的正当性——以知情权、生命健康权为视角》,载《医学与哲学(A)》2017年第10期。

之外延是有所区别的，此乃显而易见，本文限于篇幅，仅论述对《民法典》第1053条中的“重大疾病”概念的理解与适用。

关于“重大疾病”的理解，应从结婚目的出发，并结合以往相关立法实践进行考虑。1950年《婚姻法》首次涉及禁止结婚的疾病，即该法第5条第2项和第3项规定“有生理缺陷不能发生性行为者”“患花柳病或精神失常未经治愈，患麻风或其他在医学上认为不应结婚之疾病者”，禁止结婚。1980年《婚姻法》基本保留前述规定，其第6条第2项禁止“患麻风病未经治愈或患其他在医学上认为不应当结婚的疾病”患者结婚。禁婚的疾病范围有所缩小。为明确“医学上认为不应当结婚的疾病”包括哪些疾病，原卫生部于1986年7月21日颁布《异常情况的分类指导标准（试行）》（本文以下简称《异常分类指导标准》），分别规定了四类情形，即不许结婚；暂缓结婚；可以结婚，但不许生育；可以结婚，但需限制生育者；并以附件3说明了“有关影响婚育的几种疾病的诊断要点”。法学界曾经有观点认为“患有医学上认为不应当结婚疾病”是个不明确的概念，且医学对不应该结婚疾病的认识也存在意见分歧。但是，比较而言，“重大疾病”概念则比较模糊。从法律逻辑上判断，作为撤销婚姻事由的“重大疾病”，其外延应等于或宽于禁止结婚的疾病范围。曾经被列入禁止结婚、暂缓结婚的疾病应当是重大疾病。《母婴保健法》第8条明文规定，“婚前医学检查包括对下列疾病的检查：（一）严重遗传性疾病；（二）指定传染病；（三）有关精神病。经婚前医学检查，医疗保健机构应当出具婚前医学检查证明”。基于保护母婴健康而被列入指定医学检查范围的疾病，无疑应是重大疾病。因此，《民法典》第1053条规定的“重大疾病”应该包括以下四类。

1. 严重的精神类疾病

严重的精神类疾病可以区分成下列三种类型：[①]（1）精神发育迟滞或称精神发育不全，迟滞或智力低下，是指出生前或出生后导致中枢神经系统发育障碍，表现为以智力低下为主的征候群，包括三个类型，即重度智力低下（白痴）、中度智力低下（痴愚）、轻度智力低下（愚鲁）。（2）精神分裂症。它“是常见的病因不明的重症精神病，多发生于青壮年，有思维、情感和行为障

---

① 参见国家卫生部《异常分类指导标准》。

碍,常导致精神活动不协调,病程多为迁延性,遗传有主要影响,为多基因遗传”。(3)躁狂抑郁症,情感性精神病。它“以情感高涨和低落时为主要特征,并伴相应思维和行为改变,不导致人格缺陷,呈间歇性发作,与遗传的关系大于精神分裂症,可能为显性伴性或多基因遗传”。智力低下患者,无论是何种程度的,普通人一眼就能够识别;即使是愚鲁者,他人与之交往一定时日,也完全能够辨别。但是,精神分裂症、情感性精神病,若未达严重程度或者是间歇性发作患者处于非发作期间,他人难以辨明和知晓。在 2001 年《婚姻法》施行期间,精神分裂症、情感性精神病患者患病期间,被列入暂缓结婚的情形,故《民法典》第 1053 条适用中,其无疑应被纳入婚前应当告知结婚对象的重大疾病。

2. 严重的传染性疾病

根据《传染病防治法》第 3 条的规定,法定的传染病划分为甲类、乙类和丙类,三类共计 39 种疾病。甲类传染病是指鼠疫、霍乱。乙类传染病是指传染性非典型肺炎、艾滋病、病毒性肝炎、脊髓灰质炎、人感染高致病性禽流感、麻疹、流行性出血热、狂犬病、流行性乙型脑炎、登革热、炭疽、细菌性和阿米巴性痢疾、肺结核、伤寒和副伤寒、流行性脑脊髓膜炎、白喉、猩红热、布鲁氏菌病、淋病、梅毒等 26 种疾病。丙类传染病是指流行性感冒、流行性腮腺炎、风疹、急性出血性结膜炎、麻风病、流行性和地方性斑疹伤寒、黑热病、包虫病、丝虫病等 11 种疾病。国务院卫生行政部门根据传染病暴发、流行情况和危害程度,可以决定增加、减少或者调整乙类、丙类传染病病种并予以公布。各种法定报告传染病的患者在规定的隔离期内,依据《异常分类指导标准》第 2 条的规定,属于暂缓结婚的情形;按照《传染病防治法》和《母婴保健法》的规定,同样是暂不宜结婚。《民法典》施行后,这类疾病患者隔离期结束但尚未治愈的,应在婚前告知义务范围内。

3. 显著地影响生育的疾病

该类疾病包括不得生育和限制生育两种类型。根据《异常分类指导标准》第 3 条的规定,下列疾病患者不许生育:(1)男女任何一方患有严重的常染色体显性遗传病,包括强直性肌营养不良、软骨发育不全、成骨发育不全、遗传性致盲眼病(双侧性视网膜母细胞瘤、先天性无虹膜、显性遗传的视网膜色素变性,显性遗传的双侧性先天性小眼球)。(2)婚配双方均患有相同的严重常染色体隐性遗传病，如先天性听障。（3）婚配的任何一方下列为多基因病的高发家系患者：精神分裂症、躁狂抑郁症和其他精神病病情稳定者，先天性心脏病。除患者本人外，其父母或兄弟姐妹中有1人或更多人患同样遗传疾病者，即属于高发家系。（4）不属上述范围的罕见严重遗传病，凡能致死或造成生活不能自理，且子女能直接发病，又不能治疗者的，可提供专家组会诊决定，如结节性硬化、遗传性共济失调、马凡氏综合症等。《母婴保健法》第10条规定，“经婚前医学检查，对诊断患医学上认为不宜生育的严重遗传性疾病的，医师应当向男女双方说明情况，提出医学意见；经男女双方同意，采取长效避孕措施或者施行结扎手术后不生育的，可以结婚……”这说明前述四类遗传性疾病对后代先天素质影响大。此外，根据《异常分类指导标准》第4条的规定，严重的性链锁隐性遗传病，包括血友病、进行性肌营养不良，属于限制生育的疾病。鉴于该类疾病将严重地影响当事人行使生育权，将其归入婚前应当告知对方的“重大疾病”信息，当具有正当性的。

4. 严重影响本人健康的重大疾病

在《异常分类指导标准》的附注中，凡属下列疾病，婚姻保健工作者应对当事人进行“劝导宣教，使之充分理解婚育后果，并采取必要的防治措施”的情形：患有危害生命的脏器严重代偿功能不全的；可矫治的影响性功能的生殖器官畸形的；患有将直接影响子女健康的一些遗传病，如原发性癫痫、成年多囊肾、男女双方均为白化病、β－地中海贫血携带者（华南地区），以及高原地区的动脉导管未闭等；结婚或生育将足以使患病者病症加重甚至恶化的。在重大疾病、人寿康宁等类型的人寿保险合同中，常见约定的“重大疾病”包括心脏病（心肌梗塞）、接受过冠状动脉旁路手术的、脑中风后遗症、慢性肾衰竭（尿毒症）、癌症、接受过重大器官移植手术的、接受过主动脉手术的、曾患暴发性肝炎的等。无论是将要直接影响后代健康素质的疾病，还是将要严重影响本人健康的疾病，从婚姻作为终身利益的角度考察，无疑应该属于婚前当告知对方的“重大疾病”。

关于“重大”一词，从字面看，既可以指疾病的种类，又可以指疾病的严重程度。不过，综合以上疾病分类看，当主要是指向哪些疾病，但也不排除特定情形下指向病症程度。

(三)人民法院对“医学上认为不应当结婚的疾病”争议的判定

人民法院审理涉及“医学上认为不应当结婚的疾病”争议,聚焦于下列三方面:一是当事人患禁止结婚疾病事实是否发生于婚前;二是结婚登记时该方当事人所患禁止结婚疾病是否处于发病期间;三是诉讼期间当事人所患疾病是否仍未治愈。根据2001年《婚姻法》第7条的规定,当事人一方应是婚前患有该疾病。国务院于2003年公布的《婚姻登记条例》第6条规定,办理结婚登记的当事人“患有医学上认为不应当结婚的疾病的”,婚姻登记机关不予登记。按常理,如果当事人一方申请结婚登记时已知对方患有医学上认为不应当结婚的疾病,一般情形下,就不会愿意与对方共同到婚姻登记机关申办结婚登记。按照该条规定,申请结婚登记的当事人一方或双方患此类禁止结婚疾病的,一旦婚姻登记机关知悉,将不会批准结婚。实际上,患有禁止结婚疾病者获准结婚登记情况并非没有。“中国裁判文书网”显示,尽管案件数量极少,但确有夫妻一方以对方“患有医学上认为不应当结婚的疾病”为由,请求宣告婚姻无效的案件。笔者分别于2019年12月31日和2020年6月2日,在“中国裁判文书网”上,以“婚姻法第七条”“患有医学上认为不应当结婚的疾病”为关键词进行搜索,检索得到的裁判文书显示的相关案情中,婚姻无效申请人指称对方当事人所患疾病和人民法院查证、否认或者确认的疾病均是精神疾病,没有出现其他种类疾病。

1. 法院确认当事人一方“患有医学上认为不应当结婚的疾病”而宣告婚姻无效

人民法院判决因夫妻一方患有医学上认为不应当结婚的疾病而宣告婚姻无效的案件极其罕见,因为2001年12月25日公布的《最高人民法院关于适用〈中华人民共和国婚姻法〉若干问题的解释(一)》(以下简称《适用婚姻法解释一》)(已失效)第7条第4项、第8条规定,因夫妻一方婚前患有医学上认为不应当结婚的疾病,“向人民法院申请宣告婚姻无效,申请时,法定的无效婚姻情形已消失的,人民法院不予支持”。例如,在周某与曾某甲婚姻无效纠纷中,浙江省瑞安市人民法院认为,“被告曾某甲婚前患有痴呆症,属医学上认为不应该结婚的疾病,婚后未能治愈,双方对此均无异议。原、被告的婚姻属于《中华人民共和国婚姻法》第七条第(二)项,‘患有医学上认为不应当结婚的疾病’禁止结婚的情形，为此，原告申请原、被告的婚姻无效，本院予以支持”。法院于2011年2月27日宣告该婚姻无效。[①] 该案原告能够完成举证责任，在于被告曾某甲的父亲曾乙承认曾某甲自幼因病脑子烧坏而患痴呆症，婚后并未好转；对原告诉称被告患有医学上认为不应当结婚的疾病的事实无异议，而且诉讼中经司法鉴定被告曾某甲无民事行为能力。

2. 法院认定不符合患有“医学上认为不应当结婚的疾病”而驳回婚姻无效请求

人民法院判决不支持宣告婚姻无效请求的，主要是原告或申请人未能完成举证责任或者被告或被申请人的疾病病症未达到法定要求。在河北省张家口市中级人民法院审结的张某、王某婚姻无效纠纷再审案件中，再审申请人以被申请人患有禁止结婚的疾病为由，请求宣布婚姻无效，并由医疗机构出具证明证实被申请人处于“抑郁状态，于2017年11月19日就诊于我院门诊，目前仍在服药治疗中”。申请人认为，如果患者用药物控制病情，不长期深度交往，他人很难发现患者症状。“申请人与被申请人处对象期间，被申请人到点就回家，双方并未共同生活，因此根本无法发现被申请人的行为异常”，因此，不服河北省怀来县人民法院于2018年5月29日作出的驳回其婚姻无效请求的(2018)冀0730民初628号民事判决。但是，河北省张家口市中级人民法院认为，“抑郁状态属于精神类疾病，但并不等同于精神分裂症。王某是否患有精神分裂症，是否属于限制民事行为能力人，需要到有资质的医院进行医学鉴定”。“对一方或双方为患者的婚姻是否属无效婚姻，应以双方在结婚登记时是否处于患病期为衡量标准，如果在结婚登记时当事人没有处于精神疾病的发病期间，行为能力没有受到限制，其结婚的意思表示真实，该婚姻缔结行为不宜认定为无效。本案中，张某没有提交证据证明王某婚前患有医学上认为不应当结婚的疾病，婚后尚未治愈；也没有提交证据证明王某在登记结婚时处于精神类疾病的发病期，不属于《中华人民共和国婚姻法》规定的无效婚姻的情形”。故法院裁定驳回了张某的再审申请。[②] 在柯某、蔡某1婚姻无效纠纷案中，福建省石狮市人民法院在一审中

① 浙江省瑞安市人民法院民事判决书，(2010)温瑞民初字第2145号。
② 参见河北省张家口市中级人民法院民事裁定书，(2018)冀07民申155号。

认定,“蔡某1在17岁时因受惊吓而出现精神异常,曾于2008年、2010年两度被送入泉州市第三医院治疗,诊断为青春型分裂症,2010年11月29日住院治疗44天后经诊断为精神症状消失,自知力恢复,于2011年1月12日治愈出院。柯某与蔡某1于2014年2月经人介绍认识并交往,于××××年××月××日登记结婚。婚后双方未生育子女。2016年3月30日、2016年9月4日、2016年10月8日蔡某1的父母三次将蔡某1送至泉州市第三医院治疗。2016年12月7日蔡某2、李某向一审法院申请确认蔡某1为限制民事行为能力人,一审法院于2017年4月28日作出(2016)闽0581民特54号民事判决,宣告蔡某1为限制民事行为能力人,并指定蔡某2、李某为其监护人。柯某以蔡某1在结婚登记时隐瞒××史领取结婚证为由”,诉请宣告婚姻关系无效及返还彩礼及赔偿精神损失等。一审法院认为,柯某未提供证据证明蔡某1在登记结婚时仍处于发病状态,亦未提供证据证明蔡某1所患精神分裂症属于医学上认为不应当结婚的疾病的法律依据,故双方的结婚登记行为意思表示真实、有效,柯某请求确认婚姻无效,缺乏事实和法律依据,不予支持。在该案二审中,福建省泉州市中级人民法院认为,蔡某1虽于婚前患有青春型分裂症,但在经住院治疗后于2011年1月12日出院,在蔡某1的住院病案首页的出院情况中体现“已治愈”,出院小结中体现:“精神症状消失,自知力恢复”。此后,柯某在与蔡某1交往近一年后,双方办理结婚登记手续,柯某未提供证据证明蔡某1在与其办理结婚登记手续时婚前所患的疾病尚未治愈,故柯某请求确认其与蔡某1的婚姻无效的上诉请求不能成立,不予采纳。[①] 在王某与吴某婚姻无效纠纷案中,王某指称吴某患有精神病,属于法定的婚姻无效情形,但是,重庆市第三中级人民法院认为,“综合上述证据分析,只能证明垫江县残疾人联合会于2011年以吴某患有适应行为重度障碍为精神残疾贰级而办理了残疾证,以及婚后吴某存在用打火机点火烧毁草堆的行为,且患有左膝关节结核、癫痫、痴呆,而不足以证明吴某患有医学上不应当结婚的有关精神病即精神分裂症、躁狂抑郁型精神病以及其他重型精神病等,且婚后尚未治愈,故上诉人王某主张婚姻无效

① 参见福建省泉州市中级人民法院民事判决书,(2017)闽05民终6965号。

的理由不能成立,本院不予支持”。[①] 从上述案例看,申请人以配偶“患有医学上认为不应当结婚的疾病”为由请求宣告婚姻无效时,不仅要证明该方在诉讼时仍处于无民事行为能力状态,而且应证明办理结婚登记时处于发病状态,该举证责任的完成可谓极端困难。

二、准配偶的知情权和无过错配偶的撤销婚姻请求权

(一)准配偶为什么有权知晓另一方是否身患有重大疾病

《民法典》既然对准配偶课以了重大疾病告知义务,就意味着赋予了任何一方对他方重大疾病的知情权,尽管《民法典》第 1053 条和第 1054 条均没有明文规定或使用“知情权”一词。健康、健康权的定义在国际上存在广泛争议。例如:英国有观点认为,“(人的)健康是个体能够长时期适应环境的身体、情绪、精神及社交方面的能力”[②]。美国有观点主张,健康是“人在体力、感情、智力和社交能力等方面可持续地适应其所处环境的程度”。[③] 布莱克法律词典则将健康定义为身体、心理或精神的强壮、健全或者完整状态,良好状态;无病痛。[④]目前医学界和法学界关于健康定义的通说观点是世界卫生组织于 1946 年提出的,即健康是生理、心理和社会的良好状态,而非仅限于无病和虚弱。准配偶有权知晓结婚对象的重大疾病信息,其法理依据源于健康与人格紧密相连,既涉及自然人享有的健康权,又源于结婚自由权,还是基于对结婚行为后果预期的考虑。

首先,健康与人格紧密相关。法学范畴中的健康,是健康权的客体,与法律上的人格要素联系在一起。[⑤] 准确地说,准配偶有权了解行将与自己缔结婚姻关系的对象的基本健康状况,与其作为独立人的人格尊严相关。人格独立的自然人有权知悉将与自己结为人生伴侣者的健康状况,以便合理

---

① 重庆市第三中级人民法院民事判决书,(2015)渝三中法民终字第 01486 号。

② 《简明不列颠百科全书》编辑部译编:《简明不列颠百科全书(七)》,中国大百科全书出版社 1986 年版,第 32 页。

③ 《不列颠百科全书》编辑部编译:《不列颠百科全书》,中国大百科全书出版社 1999 年版,第 515 页。

④ Henry Campbell Black, *Black's Law Dictionary*, West Publishing Co., 1979, p. 179.

⑤ 参见林志强:《健康权研究》,中国法制出版社 2010 年版,第 16 页。

判断自己面对对方时是否有安全感。因此,准配偶是否如实告知重大健康信息,是否尊重。其次,基于个体对可能损害其健康权的危险源享有知情权。如前所述,对一个人而言,健康是如此重要,其应有权知晓一切可能危害其健康权的危险和危害源。结婚对象患有重大疾病,无疑可能直接威胁到另一方的安全和健康。再次,基于个体享有的结婚自由权。根据婚姻自由原则,男女双方有权根据本人意志选择婚姻对象,任何单位或个人都不得干涉。从主流道德提倡和法律价值观看,要求男女以感情(尤其是互爱)为基础缔结婚姻。不过,当事人选择结婚对象时,基于结婚是重大身份行为,婚姻事关本人重大利益,在考虑感情的同时,还会考虑健康、品德、性格等因素。准配偶的健康,不仅关系到夫妻另一方本人健康权维护,关系到婚姻能否长久稳定,而且有些情形还直接影响后代健康。最后,基于对结婚行为后果预期的考虑,尊重当事人的重大利益。凡契约,都与风险负担有关,当事人在缔结契约前,定当仔细考虑可能发生或面临的风险及其后果,考虑该风险负担分配的种种可能性及其公平程度。结婚对象身患重大疾病,既可能损害另一方短期、中期利益,又可能威胁到婚姻长久存续,损害另一方长远利益,故另一方有权知晓。

在患者隐私权与准配偶的知情权冲突中,立法选择了优先保护准配偶的知情权。隐私权、健康权都受到法律保护,但是,健康权排位高于隐私权,优先受到保护。在准配偶相互关系中,一方对另一方健康状况特别是重大疾病事实的知情,是其健康权乃至生命权得到保护的前提和基础。

(二)为什么要赋予无过错配偶婚姻撤销请求权?

立法赋予无过错配偶撤销婚姻请求权,是考虑到准配偶对他方重大疾病的知情权未受充分尊重,可能导致其所作结婚决定存在错误。《民法典》第147条规定,“基于重大误解实施的民事法律行为,行为人有权请求人民法院或者仲裁机构予以撤销”。第148条也规定,“一方以欺诈手段,使对方在违背真实意思的情况下实施的民事法律行为,受欺诈方有权请求人民法院或者仲裁机构予以撤销”。当事人一方患有重大疾病却不告知对方,导致享有对准配偶重大疾病知情权的他方因不能知晓真实情况而可能就结婚与否问题作出与本人内心真实意愿不相吻合的决定,甚至是错误决定。立法为保护该方结婚自由权、健康权而赋予其撤销婚姻的请求权。为救济权利受损害一方，法律将解决此问题的选择权交给不明真相的当事人一方，赋予其是否与同一个对象保持婚姻关系再做一次选择的权利，以弥补此前其行使权利时的欠缺；同时，该制度又为无过错方当事人“改主意”预留了空间，不仅尊重当事人结婚时的意愿，而且尊重其获知真相后对婚姻命运的决定。一方面，无过错配偶的知情权受到侵害后，却可能因为种种原因，如结婚时间较长、已生育子女或者双方感情深厚等而愿意继续维持婚姻关系。若强制宣布该类婚姻无效，虽能矫正失衡的公正，但可能并不符合受损者的期望和利益。另一方面，如果无过错配偶知道真相后，坚决不愿意维持婚姻关系，理当提供一个制度路径解决争议。虽然离婚是一个解决办法，但对于无过错配偶而言，此途径不够公平，因为他或者她若知晓结婚对象有此类疾病，将不会与之结婚。但是，离婚是指合法婚姻的终止，在逻辑上与之不匹配。

三、无过错配偶一方的损害赔偿请求权

夫妻一方负有如实告知重大疾病的法定义务却拒不履行，另一方享有撤销婚姻请求权的同时，有权请求过错方赔偿损害，是《民法典》创设的一项新权利。该请求权的基础是过错方的过错行为侵害了无过错方的人格尊严、健康权和结婚自由权。“一切因过错致他人损害的行为均应当承担赔偿责任。”①从该制度整体的宗旨和功能定位看，损害赔偿范围应包括物质损害和精神损害。《民法典》第 1054 条第 2 款使用了“损害赔偿”一词，而非表述为“赔偿损失”，也反映出该制度指向范围不限于物质损害。

（一）无过错配偶有权请求过错配偶赔偿物质损害

物质损害的范围，既包括人身损害产生的费用支出和收入减少，又包括直接财产损失。人身损害赔偿可以参照《最高人民法院关于审理人身损害赔偿案件适用法律若干问题的解释》第 17 条、第 19 条至第 32 条等有关规定。首先，请求权人为准备该结婚而开支或负债所负的物质损害，有权要求

① ［法］雅克 · 盖斯旦、［法］吉勒 · 古博：《法国民法总论》，陈鹏等译，法律出版社 2004 年版，第 705 页。

过错方赔偿。该损害赔偿,以费用支出、债务负担之情形,作适当赔偿为限,而不宜以全额赔偿为妥。其次,无过错配偶因被对方疾病传染或遭受其他人身损害,产生医疗费用、误工费、护理费、交通费、住宿费、住院伙食补助费、必要的营养费,过错配偶应予以全部赔偿。再次,受害人因伤或因病致残的,过错方应赔偿受害人丧失劳动能力导致的收入损失,包括残疾赔偿金、残疾器具费、被扶养人生活费、康复费等。最后,无过错配偶死亡的,过错方应赔偿丧葬费、死亡赔偿金等。

(二)无过错配偶有权请求过错方赔偿精神损害

该类精神损害赔偿可以参照《最高人民法院关于确定民事侵权精神损害赔偿责任若干问题的解释》(以下简称《精神损害赔偿责任解释》)的有关规定确定。该司法解释第 1 条规定,自然人因生命权、健康权、身体权、名誉权、人格尊严权、人身自由权等人格利益受到非法侵害,向人民法院起诉请求赔偿精神损害的,人民法院应当受理。违反公共利益、社会公德侵害他人隐私或者其他人格利益,受害人也有权请求精神损害赔偿。但是,该解释第 9 条确定的精神损害抚慰金仅列明了残疾赔偿金、死亡赔偿金和其他精神抚慰金三类。对于涉及重大疾病的撤销婚姻请求权人而言,其承受的精神损害赔偿,应包括下列三类:首先,婚姻机会成本损失。当事人一方如未与过错配偶结婚,可以有机会与其他适当之人结婚,但因为过错配偶隐瞒重大疾病的事实,导致无过错配偶作出了与之结婚的不适当决定,导致其失去与他人缔结婚姻的机会。其次,名誉损失。尽管无过错方可以行使婚姻撤销权,结婚被撤销而恢复单身,而且"当事人不具有夫妻的权利和义务",如同其未曾结婚,但是,这是法律评判,并非社会生活事实全部。在婚姻市场上,无过错当事人一方重新投身婚姻市场择偶时,所有潜在的对象依然会将其视为"有婚史"者,特别是寻找伴侣的男性群体评价女性时更是如此,因此会导致其受欢迎程度下降。最后,精神损失。"心理健康是精神损害赔偿的依据",[①]对精神痛苦的抚慰是修复、弥补受损害的心理健康,是指向心理健康需求的。过错配偶一方的隐瞒、欺骗必然会给无过错配偶另一方造成委屈、

---

① 林志强:《健康权研究》,中国法制出版社 2010 年版,第 19 页。

精神痛苦。诚然,如果无过错方因对方行为而不幸致残、致死的,过错方当然应当赔偿伤残金或死亡赔偿金。

确定精神损害赔偿金额或水平,可参照《精神损害赔偿责任解释》第10条规定,主要考虑过错方的过错程度、侵害行为具体情节、侵权行为所造成的后果、侵权人承担责任的经济能力以及受诉法院所在地平均生活水平等因素而确定。

四、关于该制度的问题争鸣与完善建议

《民法典》第1053条和第1054条关于基于隐瞒重大疾病事实而导致撤销婚姻请求权制度,内容十分简略,无论是从制度构成事项看,还是从司法适用角度考虑,都存在明显不足,确有进一步完善的空间。

(一)该项立法存在的问题与完善建议

《民法典》第1053条和第1054条的立法宗旨,是把是否与重大疾病患者结婚的决定权交给当事人,是尊重当事人意思自治,相信当事人的理性和诚信,也是尊重当事人之间已建立的感情。不过,作为一项法律制度,内容应该更完备,而不能"一撤了之"。建议下列几方面的欠缺和问题,未来应尽可能考虑予以完善。

1. 将配偶的健康权保障寄托于疾病患者的"道德自觉",[①]是否合理

除了欠缺民事行为能力的疾病外,无论是重大的遗传性疾病还是传染性疾病,准配偶另一方不具有识别能力。特别是一方患有传染性疾病的,患病方拒不履行如实告知义务的,不知情的准配偶另一方将被迫承担被感染的风险。

2. 为什么把法定应告知的"重大情形"仅限于"重大疾病"

有人认为,准配偶一方曾经有刑事犯罪记录,特别是刑事重罪前科,对于另一方而言,同样是十分重要的问题,甚至与其性命攸关。如果立法规定重大情形告知义务,其告知范围可以包括重大疾病,但不应当仅限于此,而

---

① 参见唐义红、杨荣平:《论HIV感染者家属权利保护的正当性——以知情权、生命健康权为视角》,载《医学与哲学(A)》2017年第10期。

应当把同等级的其他种类的重大情形也涵盖其中,否则,该条立法考虑欠周全或者有歧视疾病患者之嫌。

3. 该请求权行使是否应当设置消失时效

此处涉及两个问题:一是无过错配偶获悉对方隐瞒重大疾病事实后,经过相当一段时间但未超过一年而未行使撤销权的,是否应导致撤销权归于消灭?二是婚姻存续五年或者更长时间后,无过错一方才知道结婚时对方隐瞒重大疾病事实而主张行使撤销权,是否应允许?《民法典》第 1053 条第 2 款规定,该项撤销婚姻的请求权行使期间是"自知道或者应当知道撤销事由之日起一年内"。首先,根据《民法典》第 152 条第 1 款第 3 项规定,"当事人知道撤销事由后明确表示或者以自己的行为表明放弃撤销权"的,撤销权消灭。这是因为权利人以自己行为表明了其选择决定。那么,《民法典》第 152 条是否适用于撤销婚姻请求权呢?作为《民法典》总则编的条文当然管得着婚姻家庭编中的法律行为。不过,从民法典立法习惯看,婚姻家庭编调整的人身关系和财产关系具有特殊性,将总则编该条规定适用于撤销婚姻争议,并非最合理,而是有必要在撤销婚姻制度中设立基于此事由的消灭时效。其次,该婚姻实际存续期间可以超过一年,那么,最长可以存续多少年呢?立法没有明文限定。这就可能发生婚姻存续超过五年甚至更长时间后,夫妻一方以对方婚前隐瞒重大疾病信息为由,请求宣布该婚姻无效。倘若指控属实,配偶另一方果真隐瞒重大病情的,按照《民法典》第 1053 条的规定,将依法宣布该婚姻无效。然而,这对于隐瞒病情当事人一方、对于相关利害关系第三人将是不公平的,因为毕竟事情已经过去五年,婚姻共同体已存续五年或者更长时间,婚姻无效对于已经因该婚姻而缔结的各种民事法律关系当事人而言,有所不公。《民法典》第 152 条规定的撤销权消灭事由之一就是"当事人自民事法律行为发生之日起五年内没有行使撤销权的,撤销权消灭"。由于该条是否当然适用于撤销婚姻请求权的消灭恐会有争议,婚姻家庭编规定婚姻存续达一定期间撤销婚姻请求权消灭,将更妥当。建议针对该撤销婚姻请求权,将来增设消灭时效规定。建议在《民法典》第 1053 条第 2 款之后,增加一款,规定"自知道撤销事由后,无过错方明确表示或者以自己的行为表明放弃撤销的,或者婚姻存续超过五年的,该撤销权消灭"。如此,以公平保护当事人各方合法权益,稳定民事法律关系。

4. 请求权人范围是否适当扩大

《民法典》第1053条和第1054条仅把请求权赋予配偶本人，未考虑无过错配偶方的其他家庭成员。实际上，无过错配偶一方因为疾病或意外事故而丧失部分或者全部行为能力的情形可能发生，无论其是否事先获知了另一方隐瞒重大疾病之事由，因已无法独立行使撤销婚姻请求权，可能导致该婚姻的维系不符合该无过错配偶方内心真实意愿之情形发生。无过错方因过错方行为导致死亡的或者因配偶对方隐瞒重大疾病而导致感染重大疾病或者获知真相后身心受到重创而意外死亡的，死亡配偶方的父母等家庭成员要求确认婚姻无效是完全有可能的，也有其合理性。是否应考虑赋予其家庭成员代为行使撤销婚姻请求权？如果立法不明确，司法适用该制度时，无疑不可能考虑配偶以外的利害关系第三人要求行使撤销婚姻请求权。所以，从保护无过错配偶方利益和维护公平考虑，立法应当考虑允许无过错配偶方丧失行为能力时或者因过错方配偶的过错导致死亡时，无过错配偶的家庭成员有权行使撤销婚姻请求权，以避免无过错配偶方陷入“二次伤害”困境。

撤销婚姻请求权人包括但不限于婚姻当事人双方，是现行法律实践做法。在2001年《婚姻法》第11条关于以受胁迫为由请求撤销婚姻规定适用中，有关于无过错配偶丧失行为能力或者死亡的，其法定代理人或者家庭成员、法定继承人是否有权代为请求撤销婚姻及请求损害赔偿？2005年10月8日《最高人民法院行政审判庭关于婚姻登记行政案件原告资格及判决方式有关问题的答复》第1条指明，“依据《中华人民共和国行政诉讼法》第二十四条第二款[①]之规定，有权起诉婚姻登记行为的婚姻关系当事人死亡的，其近亲属可以提起行政诉讼”。[②]《行政诉讼法》赋予已故自然人的近亲属原告资格并以其自己名义提起行政诉讼的权利。近亲属提起行政诉讼可能是出于本人利益的考虑，如涉及遗产继承，也可能是为维护已故自然人生前的合法权益。但是，原告必须以被诉行政行为侵犯死者生前合法权益为由，才能提起行政诉讼。《最高人民法院关于适用〈中华人民共和国婚姻法〉若干问

① 现行《行政诉讼法》第25条第3款。

② 1989年《行政诉讼法》已分别于2014年、2017年完成二次修正。

题的解释(二)》(以下简称《适用婚姻法解释二》)第5条规定,"夫妻一方或者双方死亡后一年内,生存一方或者利害关系人依据婚姻法第十条的规定申请宣告婚姻无效的,人民法院应当受理"。《适用婚姻法解释二》第6条还规定,"利害关系人依据婚姻法第十条的规定,申请人民法院宣告婚姻无效的,利害关系人为申请人,婚姻关系当事人双方为被申请人。夫妻一方死亡的,生存一方为被申请人。夫妻双方均已死亡的,不列被申请人"。为此,笔者建议,《民法典》撤销婚姻请求权人的范围应适当扩大,除了夫妻双方,至少应当包括夫妻双方的家庭成员,如有必要,也可以赋权近亲属或利益关系人,以便及时纠正拒不履行法定义务行为,保护相关主体的合法权益。

5. 法律后果配置不够周全,有必要进一步予以完善

首先,从法律规则应具备假定条件、行为模式、法律后果三个构成要素看,该制度配置的法律后果是"撤销婚姻"和过错方承担损害赔偿责任。但是,婚姻关系是人身结合,不同于其他民事法律关系,按照现有规定的法律后果,无论赔偿多少金钱都不足以弥补无过错配偶方的损失,也不足以打消患重病方的侥幸心理而与另一方坦诚相见。因此,有必要考虑增设惩罚性赔偿的法律后果,以加重故意隐瞒病情且情节严重的行为人的法律责任。其次,当事人所生子女身份不够明晰。依据《民法典》第1054条第1款规定,"无效的或者被撤销的婚姻自始没有法律约束力,当事人不具有夫妻的权利和义务……当事人所生的子女,适用本法关于父母子女的规定"。鉴于当事人双方无夫妻身份,其所生子女是婚生子女还是非婚生子女?《民法典》婚姻家庭编继续使用了婚生子女、非婚生子女等子女类型区分,从法律逻辑上推论,无婚姻男女所生子女是非婚生子女。然而,这类被撤销婚姻所生子女毕竟不同于已婚者在婚外与他人生育的子女或者单身者在无婚姻时生育的子女。为避免当事人所生子女遭受歧视,更是基于儿童利益最大化原则,建议未来立法直接规定该类子女为婚生子女为妥。

(二)该制度未来适用中可能遇到的问题与对策建议

1. 未明确哪些疾病属于"重大疾病",是该制度施行将遇到的第一大障碍

结婚不是恋爱交往,绝大多数夫妻有生育计划并且实际生育子女,故准

配偶患重大疾病不仅关乎另一方重大利益,而且涉及后代先天素质。为此,首先,应当在结婚登记中把好关,让结婚申请人明白哪些疾病属于法定“重大疾病”,让当事人在结婚程序中签署知情同意书。其次,婚后夫妻一方向人民法院起诉,以对方隐瞒重大疾病为由请求撤销婚姻时,法院应有统一认定“重大疾病”的裁判标准,避免“同案不同判”。为规范结婚登记行为,为民众行为提供指南,为司法裁判争议提供统一明确标准,最高人民法院和民政部有必要联合制定相关意见,规定重大疾病的种类和病名,供婚姻登记机关和人民法院适用。

2. 是否不再要求申请结婚当事人具备完全民事行为能力

结婚是重大身份行为,其后果重,责任大,当然不是纯获利益的民事法律行为。按理,结婚当事人应当具备完全民事行为能力,不具备完全民事行为能力者不得结婚。2001 年《婚姻法》禁止患有医学上认为不应当结婚的疾病者结婚,首先就是禁止痴呆者、精神疾病导致行为能力丧失者结婚。然而,《民法典》第 1053 条删除了禁止特定疾病患者结婚,允许在告知重大疾病信息的情况下,可与自愿与之结婚者结婚,这是否意味着立法不再要求结婚申请人具备完全民事行为能力?根据《民法典》第 144 条及第 145 条第 1 款的规定:无民事行为能力人实施的民事法律行为无效。限制民事行为能力人实施的纯获利益的民事法律行为或者与其年龄、智力、精神健康状况相适应的民事法律行为有效;实施的其他民事法律行为经法定代理人同意或者追认后有效。例如,无民事行为能力者或者轻度智力低下(愚鲁)者本人表示愿意结婚的意思,法定代理人同意(或者事后追认),并且把重大疾病事实告知了准备结婚当事人另一方,另一方自愿与之结婚的,按照《民法典》第 1053 条的规定,应是可以结婚的。因为结婚是缔结共同生活伴侣关系,如果有人愿意承担起对无民事行为能力人或限制民事行为能力人的扶养责任,在立法上或者道德上均应受到肯定而非被排斥。

3. 关于重大疾病的举证责任及其分配

配偶一方能否证明患病方配偶是婚前患病而非婚后得病,且在结婚登记日该方当事人所患重大疾病处于发病期间?许多疾病不仅普通人不能识别,即使是专业医师也得依靠仪器设备检验后才能作出判断。关于该类重大疾病争议,当事人的举证责任负担是沉重的。《最高人民法院关于适用

〈中华人民共和国民事诉讼法〉的解释》第 90 条规定,当事人对自己的诉讼请求所依据的事实或者反驳对方诉讼请求所依据的事实,应当提供证据加以证明,但法律另有规定的除外。在作出判决前,当事人未能提供证据或者证据不足以证明其事实主张的,由负有举证责任的当事人承担不利后果。夫妻一方因另一方婚后表现出相关病症而怀疑另一方结婚时隐瞒患有重大疾病的事实,另一方拒不承认,虽然该方可以向人民法院起诉,请求撤销婚姻,然而,举证将难倒绝大多数申请人,因为疾病证明不是一般证据,而必须是专业医疗机构或鉴定机构出具的专业意见。没有另一方的同意或协助,该方配偶如何能够获得相关证据?当然,无过错配偶方或原告可以向人民法院申请对配偶另一方进行医学鉴定,但是,另一方不接受医疗检查的,是否将承担举证不能后果呢?例如,在赵某、胡某离婚纠纷二审中,河北省邢台市中级人民法院认为,“具体哪些疾病属于医学上认为不应当结婚的疾病,最终要由医学鉴定确定。根据《中华人民共和国民事诉讼法》第七十六条第一款的规定,赵某就自己主张可以向人民法院申请医学鉴定。在一、二审审理过程中,赵某均未提出医学鉴定,由其承担举证不能的不利后果。对赵某主张自己与胡某系无效婚姻的主张,不予支持”①。即使医学鉴定证明配偶一方在诉讼期间确实处于重大疾病期间,医学上能否鉴定出其发病时间是婚前还是婚后,特别是鉴定出结婚登记日该当事人处于发病中,还不十分确定。涉及“医学上认为不应当结婚的疾病”争议的婚姻无效诉讼案例显示,原告胜诉极少见,败诉原因主要是举证不能或被法院判定疾病本身不符合“医学上认为不应当结婚的疾病”。所以,该请求权制度适用中,举证责任的合理分配是个值得关注的问题。原告应当援引事实以支持其诉讼请求。如果被告通过简单否认表示反对,原告应当证明其主张。如果原告提出了他或她应当举证的证据,被告有权表示异议;如果原告否认了该异议,则被告应当证明他或她主张的异议所依据的事实。如此,“诉讼过程中举证责任由当事人交替地承担”②以利于渐渐查明事实真相。如果请求权人举证达到

---

① 河北省邢台市中级人民法院民事判决书,(2017)冀 05 民终 1489 号。

② [法]雅克·盖斯旦、[法]吉勒·古博:《法国民法总论》,陈鹏等译,法律出版社 2004 年版,第 582 页。

一定程度,可以适当考虑由被告方提供证据自证清白。

4. 婚前患有重大疾病,婚后已治愈的,配偶他方是否依然有权请求撤销婚姻

《民法典》第 1053 条仅规定婚前应当告知重大疾病,并未明确婚后该重大疾病已治愈的事实是否会导致请求权归于消灭。2001 年《婚姻法》第 7 条仅规定"患有医学上认为不应当结婚的疾病"者,禁止结婚,并未强调申请宣告婚姻无效时,该疾病尚未治愈。然而,《适用婚姻法解释一》第 7 条规定适用"医学上认为不应当结婚的疾病"条款,应是申请婚姻无效时仍未治愈的。按照该条司法解释的精神,适用《民法典》第 1053 条时要求该疾病在行使撤销请求权时尚未治愈,是大概率的事。

5. 患病配偶方无过错情形下,配偶另一方是否有权请求撤销婚姻并要求损害赔偿

有些情形下,准配偶一方确已身患重大疾病,但是,由于该病情尚处于早期或中期,或者是个人体质差异等,患者本人可能并不自知。如果患者本人不知晓疾病,结婚后病情快速发展或者经过不长时间,该病情显现出来或者经检查确诊患有某种重大疾病的,夫妻另一方能否依据《民法典》第 1053 条规定请求撤销婚姻?是否有权依据第 1054 条规定请求损害赔偿?从这两条立法的本意看,告知义务负担者当是知晓其疾病事实,若其本人也一无所知或者虽有所知晓,但并未确诊,则不构成该告知而故意隐瞒不告知,因此,即使婚后确诊身患重大疾病,明显是不符合该请求权适用条件的,也就不具备适用损害赔偿请求权的条件。

6. 过错配偶死亡的,另一方是否仍然可以行使撤销婚姻请求权

患有重大疾病的准配偶婚前未告知对方,婚后病情暴露让另一方获知,或者主动告诉另一方,但因病情急剧恶化(如夫妻生活加剧病情发展),无过错配偶来不及行使撤销婚姻请求权,或者不忍心在对方病重期间提起撤销之诉,过错配偶死亡后,无过错一方在知道或者应当知道撤销事由之日起一年内,是否可以行使撤销权?基于人道主义,一方病重时,另一方急切地发动诉讼做切割,当然不值得肯定。但从无过错配偶方立场考虑,其知情权被剥夺,其结婚自由权被冒犯,甚至健康权受到伤害,允其行使撤销权,虽来不及完全矫正公正,但至少显示立法和司法积极纠偏的价值取向。笔者认为,

应允许未超过法定行使期间的无过错方行使撤销婚姻请求权。

7. 婚姻存续五年以上,配偶一方发现另一方婚前患有重大疾病的,是否有权请求撤销婚姻

婚姻存续已满五年或者更长时间,配偶一方才发现另一方婚前隐瞒患有重大疾病事实,愤而要求撤销婚姻,是否符合该制度适用条件?《民法典》第1053条规定未设立除外条款或消灭时效,应该理解为无论婚姻存续多久,只要符合"知道或应当知道撤销事由之日起一年内提出",就可以行使请求权。但是,从婚姻的社会效果考虑,双方共同生活超过五年,才行使撤销权,若因此导致婚姻被宣告撤销,其合理性令人生疑。

8. 请求撤销婚姻的诉求可否适用调解

这里是指夫妻一方起诉,以对方婚前隐瞒重大疾病为由而请求撤销婚姻,另一方表示接受或者同意原告的诉讼请求,如果允许家庭成员或利害关系第三人起诉的,情形也相同。该问题的焦点是人民法院是否应查明被告或婚姻当事人一方或双方是否患法定的"重大疾病"之事实。为防止当事人滥用撤销婚姻请求权,就撤销婚姻与否问题,不宜适用调解息讼,但关于损害赔偿诉求可以适用调解。因为撤销婚姻请求权是一项民事权利,但婚姻制度是社会公共利益,婚姻关系体现的是强制性法律规范效果。为避免当事人双方串通利用该请求权而违背该制度宗旨的情形发生,也为了严肃慎重起见,人民法院应当查明疾病事实的真相,下达民事判决,但原告撤诉的除外。

总而言之,以准配偶负担如实告知重大疾病事实的法定义务和另一方以该方未履行告知义务而享有撤销婚姻请求权和赔偿请求权来替代因患法定疾病而禁止结婚制度,这项私权保护的"加减法"意味着立法对个人意志和个人自由的尊重多了一分。双方当事人利益争议和冲突,不仅关系到当事人双方婚姻是否被撤销之私益,而且关系到子女及当事人的其他家庭成员和近亲属关系与利益,而且关系到当事人参与的其他民事法律关系。尽管这类争议数量不会多,但其涉及社会公序良俗,一旦发生,必然受到周围人关注,社会影响将比较大。该项立法的全面精准解释尚需时日,所存在问题的克服也非短期内能够达成,故更有赖于精准适用该法律规定,以救济无过错方,惩治过错行为,促进结婚诚信,诚信结婚。

第二专题

夫妻共同经营之债研究

夫妻共同生产经营债务规则研究*

李洪祥　曹思雨**

摘　要　《民法典》婚姻家庭编提出了由债权人举证用于夫妻共同生产经营的债务为夫妻共同债务,其在认定与清偿规则上还不够具体明确。针对《民法典》第1064条规定,结合司法实践判例,分析学界关于夫妻共同生产经营债务的认定与清偿的理论观点。在法律行为理论下,对夫妻共同生产经营债务的认定与清偿规则进行完善。

关键词　夫妻共同生产经营债务　清偿责任性质　责任财产范围　清偿顺序

一、夫妻共同生产经营债务规则的缘起

(一)夫妻共同生产经营债务规则的立法、司法解释和指导意见

夫妻共同生产经营债务规则在《最高人民法院关于审理涉及夫妻债务

* 该文系李洪祥在2021年12月12日中国法学会婚姻家庭法学研究会2021年会暨习近平法治思想指引下民法典婚姻家庭编适用研讨会上,作为"夫妻共同经营之债的认定与清偿"专题与谈人的发言稿,后经吉林大学法学院民商法学2019级博士研究生曹思雨进行了完善。

** 李洪祥,吉林大学法学院教授、博士生导师,兼任中国法学会婚姻家庭法学研究会副会长。研究方向:民法学。曹思雨,吉林大学法学院民商法学2019级博士研究生。研究方向:民法学。

纠纷案件适用法律有关问题的解释》(以下简称《法释〔2018〕2号》)(已失效)中,就已经明确规定用于夫妻共同生产经营的债务属于夫妻共同债务。浙江省作为民营经济大省,民营经济活动创造的税收占全省税收收入的73.9%,[①]2018年5月,浙江省高级人民法院率先出台《关于妥善审理涉夫妻债务纠纷案件的通知》(以下简称《浙高法〔2018〕89号》)对夫妻共同经营债务也作出了回应,规定"夫妻共同生产经营"包括夫妻双方共同决定生产经营事项、一方授权另一方决定生产经营事项等情形。此外,有证据证明"负债期间购置大宗资产等形成夫妻共同财产的""举债用于夫妻双方共同从事的工商业或共同投资""举债用于举债人单方从事的生产经营活动,但配偶一方分享经营收益的"可以认定为夫妻共同债务。《浙高法〔2018〕89号》规定,如果负债用于夫妻一方以单方名义经商办企业,或进行股票、期货、基金、私募等高风险投资,不宜一律以"不能排除收益用于共同生活"为由,认定为夫妻共同债务。尤其是夫妻长期分居、矛盾激烈等情况下,如果有独立收入来源的配偶一方抗辩对举债人的经营或投资行为完全不知情,且未分享经营或投资所得的,应谨慎认定债务性质为夫妻共同债务。《民法典》大体延续了《法释〔2018〕2号》关于夫妻共同经营债务的规定。《最高人民法院关于适用〈中华人民共和国民法典〉婚姻家庭编的解释(一)》(以下简称《婚姻家庭编解释(一)》)中并没有对"夫妻共同生产经营"范围加以阐释。

(二)最高人民法院关于夫妻共同生产经营债务规则的解读

2018年,最高人民法院法官发表《〈关于审理涉及夫妻债务纠纷案件适用法律有关问题的解释〉的理解与适用》一文[②],其中有关于夫妻共同生产经营债务范围的阐释。夫妻共同生产经营主要是指由夫妻双方共同决定生产经营事项,或者虽由一方决定但另一方进行了授权的情形。判断生产经营活动是否属于夫妻共同生产经营,要根据经营活动的性质,以及夫妻双方在其中的地位、作用等综合认定。

---

① 参见《2020年浙江省国民经济和社会发展统计公报公布》,载浙江日报网2021年2月28日,https://baijiahao.baidu.com/s?id=1692919075737776079&wfr=spider&for=pc。

② 参见程新文、刘敏、方芳、沈丹丹:《〈关于审理涉及夫妻债务纠纷案件适用法律有关问题的解释〉的理解与适用》,载《人民司法(应用)》2018年第4期。

夫妻共同生产经营债务一般包括夫妻双方共同从事工商业、共同投资，以及共同购买生产资料等所负的债务。《民法典》第1064条第2款是认定规则还是推定规则方面有不同观点。其一，认为是认定规则。根据民事诉讼法及其司法解释有关“谁主张、谁举证”的规定，对于夫妻一方以个人名义超出家庭日常生活需要所负的债务，债权人主张该债务为夫妻共同债务的，应当由债权人举证证明债务用于了夫妻共同生活、共同生产经营或者基于夫妻双方共同意思表示，才能确定构成夫妻共同债务。其二，认为是推定规则。参照《民法典》合同编有关表见代理的规定，夫妻一方在婚姻关系存续期间以个人名义超出家庭日常生活需要所负的债务，如果债权人有理由相信债务用于夫妻共同生活、共同生产经营或者基于夫妻双方共同意思表示的，就应当推定该债务为夫妻共同债务。笔者认为，根据合同相对性原理，强调债权人的举证证明责任，能够促进债权人尽到谨慎注意义务，引导主体对于大额债权债务实行“共债共签”，体现从源头控制纠纷、更加注重交易安全的价值取向，也有利于强化公众的市场风险意识，从而平衡保护债权人和举债方配偶的利益。在2018年1月17日《妥善审理涉及夫妻债务纠纷案件依法平等保护各方当事人合法权益——最高人民法院民一庭负责人就〈最高人民法院关于审理涉及夫妻债务纠纷案件适用法律有关问题的解释〉答记者问》中，对于夫妻共同生产经营债务范围作了相同解释。

二、《民法典》背景下夫妻共同生产经营债务规则适用逻辑

根据《民法典》第1064条第2款的规定，夫妻一方在婚姻关系存续期间以个人名义超出家庭日常生活需要所负的债务，推定不属于夫妻共同债务。但又规定债权人能够证明该债务用于夫妻共同生活、共同生产经营或者基于夫妻双方共同意思表示的，可以认定为夫妻共同债务。以“聚法案例”为平台，以“共同经营”为关键词在“本院认为”项下，对“婚姻家庭纠纷”案由下近两年的裁判文书进行检索，可以发现在司法裁判中，法院的裁判认定夫妻共同经营债务的依据通常是夫妻身份或者夫妻共同生产经营收益范围。在“马宗申、王瑞兰、张凯等被继承人债务清偿纠纷案”[1]中，法院认为，举债

---

① 河北省高邑县人民法院民事判决书，(2021)冀0127民初16号。

方配偶与举债方是夫妻关系,虽公司的法定代表人为举债方,但公司仍是夫妻共同经营,所借债务应为夫妻共同经营之债,属于夫妻共同债务。在"潘某 2、张某等与潘某被继承人债务清偿纠纷案"[①]中,法院也采用了类似的规则逻辑,虽然营业执照载明系举债方个人经营,但是工厂为夫妻共同经营,且举债时间为夫妻关系存续期间,所以债务属于夫妻共同债务。"韩某与上海 × × 有限公司其他婚姻家庭纠纷案"[②]中,法院综合借款时间在婚姻关系存续期间、夫妻二人婚后经济不独立、夫妻均为公司股东且举债方配偶为公司法定代表人等条件判断夫妻是共同经营,债务为夫妻共同债务。在司法裁判中也有少数法院通过双方聊天记录等证据力求还原双方真实意思表示,来判断双方是否有共同经营的意思,债务是否为共同债务。"陈某与张某婚约财产纠纷案"中,法院认为,"从聊天内容可看出给付财产一方是积极追求与另一方结婚,并无共同投资、共同经营店铺的意愿。由此,短时间内转账的款项,是以缔结婚姻为目的的财产给付行为,因维持恋爱关系给付财产而产生的纠纷应为婚约财产纠纷"。给付财产一方只有共同生活意思表示而没有共同生产经营的意思表示,所以双方不存在共同经营。[③] "滕某与钱某其他婚姻家庭纠纷案"[④]中,法院认为,"但未提供证据证明钱某参与该公司经营活动以及公司经营所得用于家庭共同生活,钱某对此亦予以否认,因此对于该项上诉理由,本院不予采信"。

综上,可以看出法院在认定债务是否属于夫妻共同生产经营债务时,主要考虑两个因素:一是举债方配偶是否参与了公司生产经营;二是经营所得是否用于家庭共同生活。在夫妻身份和生产经营者身份混同时,法院往往认为夫妻双方同为经营者或者股东,就当然成立夫妻共同债务。在家庭共同生产经营时,夫妻或家庭成员往往存在以权谋私的行为,并且是共同过错,夫妻双方要承担连带责任。[⑤] 在以收益是否用于夫妻共同生活或举债方

---

① 河北省赵县人民法院民事判决书,(2020)冀 0133 民初 1556 号。

② 上海市第一中级人民法院民事判决书,(2020)沪 01 民终 12396 号。

③ 该案件为婚约财产纠纷,不存在第三人作为债权人,在此处引用是为了说明法院对于共同经营的认定条件。

④ 上海市第一中级人民法院民事判决书,(2021)沪 01 民终 4568 号。

⑤ 参见陈凌云:《夫妻共同债务认定该规则中的伪命题:共同生产经营》,载《当代法学》2020 年第 2 期。

配偶是否参与了共同经营的认定上,法院以经营者身份推定举债方配偶知情或经营利益用于家庭生活,或者以经营收益与夫妻共同生活收入开支混同来判断夫妻是否享有生产经营利益。法院以经营者身份推定经营举债合意是值得探讨的。在这种推定之下,即使加上经营利益这一判断因素,经营者身份依然对经营利益判断有影响。故共同生产经营债务认定的核心是身份关系,还是经营利益,抑或夫妻共同经营意思,是司法实践中必须要解决的问题。①

三、夫妻共同生产经营债务规则的法理基础及其拓展

(一)夫妻共同生产经营债务规则的法理基础

《民法典》相较于《法释〔2018〕2 号》未对夫妻共同债务规则做修改,只是夫妻债务认定规则的理论依据已经从物权法理论转向法律行为理论,在夫妻债务制度统一逻辑下,即使夫妻共同债务规则条款未作修改,其理论依据亦并非必然不可发生改变。在采用共同财产制为法定财产制的国家,其夫妻共同债务规则理论基础仍无法避免使用财产法理论。《法国民法典》第 1413 条明确共同财产制下,清偿的责任财产范围为夫妻共同财产。其溯源清偿责任时,考虑核心要素并非夫妻为一定法律行为的意思而是夫妻采取的财产制度,是典型的"财产共有、债务共担"理论。《意大利民法典》的清偿规则也是以夫妻财产制为依据划分清偿责任,分为共同财产清偿的债务与个人财产清偿的债务,债务清偿的分类也是以夫妻财产制为依据的。采用分别财产制的国家原则上债务归夫妻各自清偿,其理论基础仍是夫妻财产制。虽然这些国家都不同程度地吸收了法律行为理论或"用途论"的理论对夫妻共同债务规则进行解释,但都是建立在物权理论基础上的,是对夫妻共同债务规则的理论补充。

《最高人民法院关于适用〈中华人民共和国婚姻法〉若干问题的解释(二)》第 24 条夫妻共同债务推定规则是依据财产共有理论建立的,表征的推定标准是时间,婚姻关系内的债务为夫妻共同债务。推定的根据在于我

① 参见陈凌云:《夫妻共同债务认定该规则中的伪命题:共同生产经营》,载《当代法学》2020 年第 2 期。

国法定财产制为婚后所得共同制,当夫妻财产共有时,债务作为消极财产也应共有。该规定已经被《婚姻家庭编解释(一)》废止,以财产共有为理论基础,改变夫妻共同债务规则的方法只有一个即改变法定财产制。但从《民法典》规定来看,我国法定夫妻共同财产制依旧为婚后所得共同制,但不能一概将婚后债务归为夫妻共同债务,而是以夫妻是否有举债合意为核心进行认定,说明我国夫妻共同债务规则在立法层面的理论基础由财产制决定转向了由双方合意决定。此外,《民法典》在夫妻共同债务的认定规则上并没有像《意大利民法典》等那样对共同债务进行不同财产制下的分类,若仅在清偿部分依据财产共有理论将不同类型的共同债务进行类型划分,将导致同一认定标准下的债务清偿责任差异巨大,这差异又不符合夫妻双方在举债时的真实意思。夫妻共同债务规则的理论依据应当与确定规则的理论依据统一为法律行为理论。

(二)夫妻共同生产经营债务规则的法理基础的拓展

"共同生产经营"举债意思表示的认定,不同于夫妻"共同生活"。在夫妻共同债务认定中,判断举债行为是否出于夫妻共同意思表示,而夫妻举债的共同意思表示是法律事实构成意义上的意思表示。夫妻身份给了夫妻之间的日常家事代理权,所以可以推定夫妻在家庭日常生活需要范围内的举债,可以不经配偶同意就由夫妻双方承担债务责任;但是,生产经营活动则要复杂得多。在生产经营范围内,夫妻不再拥有日常家事代理权限,任何一方的行为不能当然代表另一方,在这方面共同生产经营债务规则就与共同生活规则有很大的区别。从法院裁判观点看,共同生活债务意思表示包括如共同居住、夫妻财产没有约定独立、债务发生于夫妻关系存续期间等要素,符合这些特点,法院会推定夫妻存在举债的共同意思;在共同生产经营中,这些条件都不能当然确定夫妻存在共同生产经营行为,甚至有时夫妻进行共同生产经营,但夫妻一方隐瞒另一方进行举债,此时债务是否属于夫妻共同生产经营债务恐怕就不能一概而定。判断夫妻共同生产经营举债是否属于共同债务还是要以举债意思为准,不能仅因为夫妻有共同经营行为就认为所有共同生产经营债务都为夫妻共同债务。夫妻共同生活债务与夫妻身份息息相关,对用于家庭日常生活需要范围的债务,夫妻身份的存在对债务目的的推定影响巨大,由于夫妻身份带来的日常家事代理权的存在,只要认定夫妻双方是共同生活的目的且没有特殊的除外情形,则债务就可以确定为共同债务。而夫妻共同生产经营则不同,认定夫妻存在共同生产经营行为,与认定夫妻共同生产经营债务为共同债务并没有直接联系。夫妻双方不能在生产经营方面代替对方,所以即使夫妻是共同经营的,也存在夫妻一方举债且举债方配偶不知情的情况。我们在此衡量的意思表示是有无为生产经营举债的意思表示而不是有无共同生产经营的意思表示。

四、夫妻共同生产经营债务规则的完善建议

在上述法律背景、司法裁判实践下,共同生产经营债务规则不仅不应删去反而应该进行更为明确的规定。在《民法典》以法律行为理论为基础认定规则下,夫妻共同生产经营债务的认定也应当以夫妻是否有为共同生产经营举债的意思表示,不应以夫妻身份直接推定夫妻有共同生产经营的意思或者有举债合意。应该综合考虑经营者身份、是否实际参与生产经营、是否享受了举债行为带来的利益,来判断夫妻是否构成夫妻共同生产经营债务、是否承担清偿责任。此外,一些学者认为,夫妻共同生产经营债务甚至是夫妻共同债务都不可脱离夫妻共同财产制进行讨论。[①] 从《民法典》规定看,夫妻共同生产经营债务的认定、清偿与夫妻间采用何种财产制并没有直接联系。与夫妻财产制有联系的是夫妻共同生产经营债务的清偿,在不同夫妻财产制下,夫妻共同生产经营债务的清偿责任财产范围应当有不同。

(一)夫妻共同生产经营债务的认定规则的完善建议

1. 不应对共同生产经营主体和类型进行额外限缩

有观点认为共同生产经营的主体应该限于特定类型。主要包括常见的个体工商户、个体承包经营户,夫妻双方为股东的公司和夫妻双方为合伙人的合伙企业或夫妻为隐名控制人的公司,以及举债一方为项目负责人,配偶也参与经营的情形。其他主体情况下,如果举债方配偶没有参与经营则可

---

① 参见关淑芬、郭子圣:《夫妻共同债务清偿规则辨析》,载《华东政法大学学报》2021 年第 1 期。

能对借款情况不知情,就不能要求举债方配偶承担共同责任。[①] 首先,该观点目的是以共同生产经营类型区分债务是否属于夫妻共同债务,但这种区分放大了身份关系带来的共同意思范围,忽略了生产经营中的家庭成员个人意思。默认个体工商户与承包经营户是夫妻共同经营,但实际上,个体工商户以及承包经营户仍然要区分夫妻一方独立经营、夫妻双方共同经营还是整个家庭共同经营,不同的情形对夫妻共同生产经营债务的认定有影响。其次,该学说主张夫妻双方都参与经营活动才构成夫妻双方共同生产经营,形成的债务才是"用于共同生产经营"。但以法律行为理论为基础,夫妻共同生产经营债务的认定应该主要考察夫妻举债意思表示,该学说排除了举债方配偶不参与经营但举债方举债行为获得配偶授权的情形。在该学说下该种情形形成的债务只能构成《民法典》第1064条规定的第一种共同债务。这样在后续清偿规则中就不能适用夫妻共同生产经营债务的清偿规则,只能适用一般夫妻共同债务的清偿规则,那么责任财产和清偿责任性质就会有所区别。

还有学者认为,共同生产经营的债权应该排除"借贷与担保合同"的适用。[②] 因为在实务中,夫妻单方生产经营产生的买卖合同带来的债务认定为共同债务的情形远远多于借款合同被认定为共同债务的情形。在对法条进行解释时,可以借鉴《法国民法典》的规定,借款和担保是共债推定的例外。[③] 但是实务中的裁判结果不能成为立法中共同生产经营债务应该排除"借贷与担保合同"的论证理由,从逻辑上二者没有因果联系,更不能用合理性尚存疑的结果去证明立法应该排除"借贷与担保合同"的适用,否则是本末倒置的错误。此外,《法国民法典》将借贷与担保作为共债推定的除外规则,并不是为了在夫妻共同生产经营债务认定上进行除外规定,而是为了限制责

---

① 参见张学军:《"用于"夫妻"共同生产经营"之债研究——以现有学说述评为路径》,载《学习论坛》2020年第12期。

② 参见李贝:《夫妻共同债务的立法困局与出路:以"新解释"为考察对象》,载《东方法学》2019年第1期。

③ 参见张学军:《"用于"夫妻"共同生产经营"之债研究——以现有学说述评为路径》,载《学习论坛》2020年第12期。

任财产。[①] 正如前述必须区分夫妻共同生产经营认定与清偿，比如夫妻财产制在夫妻共同债务问题上不影响夫妻共同生产经营债务的认定，仅影响夫妻共同债务的清偿。所以要明确《法国民法典》在规定共债推定除外规则时的立法目的是什么，《法国民法典》第 1415 条规定，“在借款和保证情况下，债权人的求偿权受到特别的限制。夫妻任何一方在设立保证和借款时，只能以个人财产或收入清偿，但是得到另一方配偶同意的除外。即使征得同意也不能以个人财产清偿”[②]。可见，比较法上的共债推定除外规则，并不能佐证夫妻共同生产经营债务在认定上应该将“借贷与担保”排除在外。

2. 明确共享债务利益构成夫妻共同债务

应当严格区分债务利益和经营收益。个人行为形成的用于共同生产经营的债务由举债方配偶清偿的前提是举债方配偶享有债务利益，而不是享有经营利益。若仅因一方享有经营利益而认定债务为共同债务，债务理论基础又将落入财产共同共有理论。夫妻共同享有债务利益应该夫妻共同从事生产经营行为或能证明债务由夫妻共同使用，或者一方举债经过另一方的授权形成了共同意思表示。用于生产经营的债务之所以成立夫妻共同债务不在于生产经营收益为共同财产，而在于双方共享举债利益，[③]这正是《民法典》第 1064 条强调“共同”生产经营的原因。若仅因生产经营收益为共同财产就判断债务性质为夫妻共同债务，单方经营的收益在婚后也为共同财产，那就没有必要强调“共同”二字了。可以看出《民法典》认定共同债务的基础是夫妻共享举债行为的财产利益，债权人要举证证明债务用途，不同于以个人名义举债在法律上推定为个人债务。

3. 以债务实际用途为认定依据

有学者认为，债务用于夫妻共同生产经营中的“用于”必须是事实上的“用于”。该学说要求债权人必须证明债务用途是实际用于共同生产经营活动，若该举债并非实际用于夫妻共同生产经营，则不能认定为夫妻共同债

---

① 参见张学军：《“用于”夫妻“共同生产经营”之债研究——以现有学说述评为路径》，载《学习论坛》2020 年第 12 期。

② 《法国民法典》，罗结珍译，中国法制出版社 2005 年版，第 1140 页。

③ 参见李洪祥：《夫妻共同债务制度》，社会科学文献出版社 · 集刊分社 2021 年版，第 230 页。

务。[①] 只达到可能共同受益或者推定共同受益都不能达到该学说主张的证明标准。该学说的优点在于考虑到了共同生产经营并不一定有共同经营实体或者共同生产经营明示登记。在该情况下,由于共同生产经营失去了外观,只能考察夫妻双方是否参与共同经营。该学说认为如果举债方配偶参与了共同经营,该债务为共同生产经营债务;如果举债方配偶没有参与实际生产经营,只享受了共同经营的利益,那么债务不是共同生产经营债务而是共同生活债务。[②]

反对该学说的观点认为,此情况下债权人承担了过高的证明责任,要求债权人证明债务实际用于共同生产经营,虽然起到督促债权人践行注意义务的作用,但是证明标准过高会导致债务不易被认定为共同债务,不能起到维护债权人利益的作用。所以有学者认为,考虑到夫妻共同生产经营活动具有相对隐秘的特点,经营意思、参与程度等都不公开,所以债权人范围也应该进行限缩,债权人限于近亲属。[③] 如果债权人不是近亲属范围的,则举证责任应由举债方和举债方配偶承担,并且将举债方配偶的个人财产排除出责任财产范围。[④] 但《民法典》让债权人承担一定的证明责任目的是督促债权人承担应有的注意义务,让债权人从借贷行为源头就必须考虑举债方配偶是否知情,并在借贷行为之后对债务流向有所关注。如果将债权人主体限于近亲属范围,那么上述立法目的显然不能实现。对于共同生产经营没有实体外观方面,如果仅因为举债方配偶没有参与经营,就把该债务排除在共同生产经营债务外,认定为共同生活债务有可能模糊共同生产经营债务与共同生活债务的界限。并且在清偿方面,由于共同生产经营债务认定依据与共同生活债务认定标准不同,共同生产经营债务的清偿可以根据夫妻举债意思表示、夫妻参与共同生产经营的程度、夫妻双方在共同生产经营中的受益范围的不同有不同的清偿方式,但是如果仅认定为共同生活债务

① 参见李洪祥:《夫妻共同债务制度》,社会科学文献出版社·集刊分社 2021 年版,第 57 页。

② 参见叶名怡:《"共债共签"原则应写入〈民法典〉》,载《东方法学》2019 年第 1 期。

③ 参见张学军:《"用于"夫妻"共同生产经营"之债研究——以现有学说述评为路径》,载《学习论坛》2020 年第 12 期。

④ 参见汪洋:《夫妻债务的基本类型、责任基础与责任财产:最高人民法院〈夫妻债务解释〉实体法评析》,载《当代法学》2019 年第 3 期。

则清偿方式较为单一。

综合上述学者观点以及《民法典》第1064条的规定,“用于夫妻共同生产经营”的认定标准可以从以下三个方面理解。其一,“共同”是指夫妻有共同意思进行生产经营行为。其二,“经营”是指任何合法、不违背公序良俗的营利性行为,只要是从事法律允许的正当经营行为,均可以认定是经营性行为。其三,“用于”根据《法释〔2018〕2号》的规定是以实际用途作为衡量债务是否属于夫妻共同债务的而不是以约定用途为标准。[①]《法释〔2018〕2号》规定是根据实际用途作为衡量举债是否属于夫妻共同债务的判断依据,因此不能以约定用途为标准。对实际用途的理解也应按照常理常情进行理解,若该举债并非实际用于夫妻共同生产经营,则不能认定为夫妻共同债务。

(二)夫妻共同生产经营债务清偿规则的完善建议

从《民法典》的规定可以看出,夫妻共同生产经营债务清偿规则属于一个“除外”规则,其适用前提是夫妻一方以个人名义举债且债务超出家庭日常生活需要范围,如果是双方共同签名或者夫妻一方事后追认等共同意思表示形成的共同生产经营债务,则其债务认定范围与清偿规则应与《民法典》第1064条第1款的规定一致。对夫妻共同生产经营债务清偿规则进行完善时,应考虑到夫妻共同举债行为构成生产经营债务的清偿规则和夫妻一方举债行为构成的生产经营债务的清偿规则。

在《民法典》的学者建议稿中,有学者将共同债务的清偿责任性质与清偿责任财产都进行了规定。比如梁慧星教授主张:共同债务在离婚时应当用共同财产清偿;共同财产不足以清偿的则以双方个人财产均等清偿。[②] 陈甦教授主张:原则上共同债务以共同财产清偿;双方共同约定的债务和因共同生活所负债务,夫妻双方承担连带清偿责任;其他共同债务不足部分由举

---

① 参见李洪祥:《夫妻共同债务制度》,社会科学文献出版社·集刊分社2021年版,第56、57页。

② 参见梁慧星主编:《中国民法典草案建议稿附理由:亲属编》,法律出版社2013年版,第210页。

债方清偿。[①] 而在《民法典》中并没有规定清偿责任财产与清偿责任性质。这就为夫妻共同债务清偿规则不明确埋下隐患。即使按照学者建议稿共同债务以共同财产清偿的原则进行清偿也依然存在问题。从清偿顺序上看,如果是夫妻共同约定的债务,共同财产优先于个人财产进行清偿没有充足的理论支撑。从执行上看,在夫妻双方名下的财产不一定是夫妻双方共同财产或夫妻双方各占一半财产份额,而夫妻一方名下的财产也有可能是夫妻共同财产。如果按照财产形式上的归属对债务进行清偿,很有可能造成债权人和举债方配偶的利益不平衡,对双方的保护有失偏颇。[②]

1. 夫妻双方共同举债构成的夫妻共同债务的清偿规则

夫妻双方共同进行生产经营的举债行为包括夫妻双方代表自己共同进行举债行为,也包括夫妻一方授权另一方可以代理自己进行生产经营的举债行为。我们有时关注的是夫妻对共同生产经营举债的共同意思,而不是夫妻双方共同生产经营的意思或夫妻双方是否真正参与生产经营。此时的共同生产经营债务是共同意思表示之债。在清偿主体方面,夫妻共同生产经营债务的清偿的主体当然是夫妻,在有共同经营行为时,法律认定即使以一方名义举债,举债方配偶由于其身份不仅是家庭关系成员,还是合伙组织成员、商事组织成员,共同生产经营行为说明举债方配偶对于举债行为带来的财产利益在使用和享有上与举债方居于相同地位,不应将举债方配偶排除于债务之外。夫妻共同生产经营债务的清偿责任形式应为连带责任。由于夫妻双方同为家庭成员、商事组织成员,具有身份上的连带性,且共同生产经营行为和举债行为的财产利益在夫妻间很难进行按份分割。该债务在我国债体系下,仍属连带债务。根据《民法典》的规定,共同意思表示和一方事后追认形成共同意思表示的债务应当认定是夫妻共同债务的,此时不需要债权人举证债务用于了夫妻共同生产经营。由于双方都有为共同生产经营举债的意思表示,双方就都应该承担举债行为后果,夫妻共同财产以及夫妻双方个人财产都属于责任财产范围。该债务不需要先以共同财产清偿,

---

① 参见陈甦主编:《中国社会科学院民法典分则草案建议稿》,法律出版社2019年版,第351页。转引自薛宁兰、谢鸿飞主编:《民法典评注:婚姻家庭编》,中国法制出版社2020年版,第224页。

② 参见赵大伟、张兴美:《民事执行视域下夫妻个人债务清偿规则重塑》,载《兰州大学学报(社会科学版)》2021年第6期。

不足部分再以个人财产清偿,债权人可以向夫妻任何一方主张实现其债权。夫妻任何一方承担超过自己责任份额的清偿责任,有权向另一方追偿。

2. 夫妻一方举债构成的夫妻共同债务的清偿规则

个人行为形成的用于共同生产经营的债务由举债方配偶清偿,应当具有前提条件,即要求举债方配偶享有债务带来的利益而不是享有经营利益。若仅因一方享有经营利益而认定债务为共同债务,债务理论基础又将落入财产共同共有理论。夫妻共同享有债务利益应该是夫妻共同从事生产经营行为或能明确债务夫妻共享。用于生产经营的债务之所以成立夫妻共同债务,不在于生产经营收益为共同财产,而在于双方共享举债行为带来财产,这正是《民法典》第 1064 条强调“共同”生产经营的原因。若仅因生产经营收益为共同财产就判断债务性质,单方经营的收益在婚后也为共同财产,那就没有必要强调共同性。可以看出《民法典》认定共同债务的基础是夫妻共享举债行为带来的财产利益,债权人要举证证明债务用途,不同于以个人名义举债在法律上推定为个人债务。同样,由于夫妻双方同为家庭成员、商事组织成员具有身份上的连带性,且共同生产经营行为和举债行为的财产利益在夫妻间很难进行按份分割,该债务在我国债体系下,仍属连带债务。在清偿责任财产方面,首先,生产经营尤其要强调家庭成员的相对独立性,商事组织与家庭组织相对独立,进行商事活动的财产与家庭财产相对独立。与日常家庭生活所负债务相比,夫妻的身份具有的双重性,使夫妻在生产经营方面更具独立性,用于生产经营的财产在形式和内容上都相对独立,即使该财产在用于生产经营之前并未独立于共同财产和个人财产,一旦被决定用于生产经营就会与共同财产和个人财产相对分离。用于生产经营的财产来源于夫妻共同财产或个人财产,但夫妻共同财产、个人财产与生产经营财产有较大的可区分性,为夫妻承担有限的连带责任提供了可能性。其次,债权人在出借债务用于共同生产经营时,债权人的信任基础由婚姻家庭关系变为商事组织的生产经营情况,相较于举债方配偶的身份,生产经营活动共同参与者这一身份更为重要,生产经营活动带来的身份和财产上的利益联系比婚姻带来的利益联系更为紧密。从债权人的信任基础角度出发,其责任财产范围应该限制于双方使用债务的经营行为,即该行为使举债方及举债方配偶的受益范围或以具有相对独立性的生产经营财产为限。再次,用于生产经营的债务由于其举债人意思表示独立性的区别以及主体身份的双重性,责任财产的范围也应与基于法律行为理论共同意思表示的认定规则有所区别。最后,用于共同生产经营所负债务一般数额较大,债权人对于用于生产经营的大额借贷也应有较强风险意识,不能一味地保护债权人债权实现而不顾债权人应尽的注意义务,债权人不问债务人资产、债务用途等情况就对其借款,虽然看似促进了经济的流通,但是却容易造成不良债权债务关系,对债权人债务人都不利。不能无条件地让举债方与举债方配偶对债务承担连带责任,必须界定一个相较于其他债务认定标准更为严格的责任财产范围。

共同财产中应以举债方及举债方配偶生产经营行为产生的婚姻关系存续期间的财产范围为限,以及举债方的个人财产为责任财产范围。在清偿顺序方面,用于共同生产经营的债务归责基础仍是法律行为理论。从行为的意思表示角度看,举债人应当首先承担责任,但由于共同生产经营的特殊用途,举债方配偶也为债务承担一定程度的连带责任。出于生产经营的相对独立性、大额借贷中债权人应尽的较多的注意义务,以及借贷信赖基础的变化,举债方配偶在此情形下应该较其他单方举债形成的共同债务受到更多的保护,不应让其陷入与举债方同等的不利地位。在清偿顺序上举债方个人财产与共同财产中的受益财产不分先后,使举债方承担起以个人名义举债应尽的清偿责任,不可让以个人名义进行大额举债的一方抱有以共同财产清偿的侥幸心理。以婚姻关系存续期间形成的共同财产为限对债权人承担清偿责任则能更好地实现债权人的债权,又能保护举债方配偶尽量避免落入“被负债”情境。一方所负生产经营债务为夫妻共同债务的情形下,其责任财产应当以夫妻共同财产为限,同时包括有举债意思的举债方个人财产。在该类债务中举债方配偶个人财产不应归入清偿责任财产范围,债权人可以向举债方请求偿还债务但责任范围以婚姻关系存续期间产生的夫妻共同财产为限。

“用于”夫妻“共同经营之债”研究

——以现有学说述评为路径*

张学军**

摘　要　目前，一些学者针对《最高人民法院关于审理涉及夫妻债务纠纷案件适用法律有关问题的解释》（法释〔2018〕2号）第3条（后被我国《民法典》第1064条第2款吸收）但书所称“用于”夫妻“共同生产经营”作出学理解释，形成了不同学说。主要包括债权人只限于近亲属说、债权排除借贷与担保合同的债权说、共同生产经营的主体受限说、确实用于共同生产经营兼新共同生产经营的主体受限说。上述学说虽然有一定的合理性，但也存在不妥之处。

关键词　用于夫妻　共同生产经营　《婚姻法解释（二）》第24条

一、问题的提出

改革开放以来，关于夫妻共同债务的司法解释被反复修订。它们可被

* 该文为2019年中国法学会部级课题“中华传统法律文化精华的创造性转化和创新性发展研究——以《唐律疏议·户婚律为例》”［CLS（2019）C01］的阶段性成果，该文发表于《学习论坛》2020年第12期。

** 张学军，苏州大学王健法学院教授、博士生导师，中国法学会婚姻法学研究会副会长。研究方向：民法总则、婚姻家庭法学。

分为以下三个历史阶段。

一是早期。1980年《婚姻法》第32条规定,“离婚时,原为夫妻共同生活所负的债务,以共同财产偿还。如该项财产不足清偿时,由双方协议清偿;协议不成时,由人民法院判决。男女一方单独所负债务,由本人偿还”。针对这一规定,《最高人民法院关于人民法院审理离婚案件处理财产分割问题的若干具体意见》(法发〔1993〕32号)第17条第1款规定,“夫妻为共同生活或为履行抚养、赡养义务等所负债务,应认定为夫妻共同债务,离婚时应当以夫妻共同财产清偿”。

二是中期。2001年《婚姻法》第41条规定,“离婚时,原为夫妻共同生活所负的债务,应当共同偿还。共同财产不足清偿的,或财产归各自所有的,由双方协议清偿;协议不成时,由人民法院判决”。针对这一规定,《最高人民法院关于适用〈中华人民共和国婚姻法〉若干问题的解释(二)》(法释〔2003〕19号)[以下简称《婚姻法解释(二)》]第24条规定,“债权人就婚姻关系存续期间夫妻一方以个人名义所负债务主张权利的,应当按夫妻共同债务处理。但夫妻一方能够证明债权人与债务人明确约定为个人债务,或者能够证明属于婚姻法第十九条第三款规定情形的除外”。

《婚姻法解释(二)》第24条后来逐步受到限制。首先,最高人民法院民一庭《关于婚姻关系存续期间夫妻一方以个人名义所负债务性质如何认定的答复》[(2014)民一他字第10号]规定,“……如果举债人的配偶举证证明所借债务并非用于夫妻共同生活,则其不承担偿还责任”。其次,最高人民法院民一庭《关于夫妻一方对外担保之债能否认定为夫妻共同债务的复函》[(2015)民一他字第9号]规定,“夫妻一方对外担保之债不应当适用《最高人民法院关于适用〈中华人民共和国婚姻法〉若干问题的解释(二)》第二十四条的规定认定为夫妻共同债务”。最后,《最高人民法院关于适用〈中华人民共和国婚姻法〉若干问题的解释(二)的补充规定》(法释〔2017〕6号)规定,“在《最高人民法院关于适用〈中华人民共和国婚姻法〉若干问题的解释(二)》第二十四条的基础上增加两款,分别作为该条第二款和第三款:夫妻一方与第三人串通,虚构债务,第三人主张权利的,人民法院不予支持。夫妻一方在从事赌博、吸毒等违法犯罪活动中所负债务,第三人主张权利的,人民法院不予支持”。应该指出,该司法解释并未全盘接受《民法典》第144

条、第153条、第154条所确立的民事法律行为无效的原因。就立法论而言，它要么全部借鉴，要么全部废除，从而适用一般法。

三是近期。《最高人民法院关于审理涉及夫妻债务纠纷案件适用法律有关问题的解释》(法释〔2018〕2号)(以下简称2018年《夫妻债务解释》)第1条规定，"夫妻双方共同签字或者夫妻一方事后追认等共同意思表示所负的债务，应当认定为夫妻共同债务"。《美国路易斯安那州民法典》规定的合同相对性制度可以适用于夫妻共同财产的管理。该法规定，只有作为合同当事人的夫妻一方才能撤销合同、延长合同的履行期、强制执行合同、取得违约赔偿金。管理合同权利适用相对性制度与保护第三人的政策是一致的，第三人不应受到作为非合同当事人的配偶一方的支配。例如，妻子从经销商处订购一台汽车，如果丈夫可以撤销合同，丈夫的行为就会影响妻子和汽车经销商之间的法律关系，经销商不应遵守丈夫的要求；如果遵守，妻子就可以因经销商违约起诉。如果妻子受领汽车之后没有付款，妻子才是"强制执行合同义务之诉的适当被告"。这对我国理解夫妻共同债务和合同相对性之间的关系提供了参考。2018年《夫妻债务解释》第2条规定，"夫妻一方在婚姻关系存续期间以个人名义为家庭日常生活需要所负的债务，债权人以属于夫妻共同债务为由主张权利的，人民法院应予支持"；第3条规定，"夫妻一方在婚姻关系存续期间以个人名义超出家庭日常生活需要所负的债务，债权人以属于夫妻共同债务为由主张权利的，人民法院不予支持，但债权人能够证明该债务用于夫妻共同生活、共同生产经营或者基于夫妻双方共同意思表示的除外"。这些内容被《民法典》第1064条继受。

在学理上，以个人名义引起债务发生的配偶一方可被称为债务方配偶或缔约方配偶，其配偶可被称为非债务方配偶或非缔约方配偶，与债务方配偶或缔约方配偶缔结契约的当事人可被称为合同相对人或合同债权人，夫妻一方在婚姻关系存续期间以个人名义超出家庭日常生活需要所负的债务以下称为此类债务。

针对2018年《夫妻债务解释》第3条规定的"债权人能够证明该债务用于""共同生产经营"之规定，一些学者对此从不同角度予以解释，形成了不同的学说。为了深化学术认识、正确适用法律，本文对当前各类学说予以总结，并依据相关司法解释及其赖以依据的理由(它们自身的科学性或妥当性暂不探讨)和以所得共同制作为法定财产制的国家或地区(比利时、法国、意大利、葡萄牙、西班牙、美国九个州[①])的相关法律制度予以评价。

二、债权人只限于近亲属说

有的学者认为,用于“夫妻共同生产经营”的债务具有相对公开性,债权人证明应考虑经济组织的性质及举债方配偶的实际参与状况等因素,即赞同后文所称的共同生产经营的主体受限说(后文详述);同时认为,2018 年《夫妻债务解释》第 3 条但书所称债权人只限于债务方配偶的近亲属。这一学说可被称为债权人只限于近亲属说(共同生产经营的主体受限兼债权人只限于近亲属说)。该学说具有合理性,但并不完全科学。

(一)债权人只限于近亲属说之主要内容

1. 债权人承担举证责任

该学说主张,如果合同相对人和债务方配偶是近亲属,则由合同相对人承担举证责任。其理由是:若债权债务合同在近亲属之间缔结,基于双方日常生活交往的频繁以及债权人对夫妻双方家庭各方面境况的熟稔程度,对负债所得是否基于家庭利益或用于家庭生活应有比社会一般人更清晰的认知,因此应当适当加重债权人的证明责任。

2. 债务方配偶和非债务方配偶承担举证责任

该学说主张,如果合同相对人和债务方配偶不是近亲属,则由债务方配偶和非债务方配偶承担举证责任。其理由是若债权人为一般的交易第三人,对夫妻内部关系证明的客观难度太大,合理的做法是将证明责任分配给负债方及其配偶,以保护债权人利益,但同时将负债方配偶的个人财产排除出责任财产,以保护负债方配偶的利益。[②]

---

① 参见张学军:《中国夫妻一方“个人债务”的责任财产之立法研究》,载《当代法学》2019 年第 6 期。

② 参见汪洋:《夫妻债务的基本类型、责任基础与责任财产——最高人民法院〈夫妻债务解释〉实体法评析》,载《当代法学》2019 年第 3 期。

(二)债权人只限于近亲属说之评价

1. 债权人承担举证责任之评价

如果合同相对人和债务方配偶是近亲属,则由合同相对人承担举证责任并不完全科学。其理由如下:

一是它赖以依据的理由与司法解释赖以依据的理由不符。最高人民法院针对《婚姻法解释(二)》第24条明确指出,"因配偶一方超出家庭日常生活需要大额举债,造成配偶另一方在毫不知情的情况下背上沉重债务负担的问题日益凸显"[①],因此,2018年《夫妻债务解释》第3条但书转而规定,由债权人承担举证责任。很显然,责令包括债务方配偶近亲属在内的债权人承担举证责任,并非因为债务方配偶的近亲属熟悉其生产经营状况。

二是它有厚此薄彼之嫌。依据该学说,合同相对人如果是近亲属,则承担举证责任;如果不是近亲属,则不承担举证责任。虽然两者均是合同之债的债权人,但是在承担举证责任上存在根本区别。

三是它有违常人情感。依据常理推测,债务方配偶和非债务方配偶的财产若不足以清偿全部债务,则会希望优先清偿近亲属的债务。然而,依据该学说,近亲属必须承担举证责任不能全面、及时履行的风险,而非近亲属则无须承担这一风险,前者获得清偿的可能性更小。

2. "债务方配偶和非债务方配偶承担举证责任"之评价

如果合同相对人和债务方配偶不是近亲属,则由债务方配偶和非债务方配偶承担举证责任并不完全科学。其理由如下:

一是它赖以依据的理由与司法解释赖以依据的理由不符。依据《婚姻法解释(二)》第24条规定,首先,推定债务方配偶以个人名义所负的债务系共同债务;其次,由夫妻一方承担举证责任,来证明两项但书规定的法律事实。对此,最高人民法院指出,"将夫妻在婚姻关系存续期间以一方名义所负的债务推定为共同债务,对于保护交易安全,促进财产流转具有十分重要

① 参见程新文等:《〈关于审理涉及夫妻债务纠纷案件适用法律有关问题的解释〉的理解与适用》,载《人民司法》2018年第4期。

的意义,而且符合日常家事代理的基本法理”[①]。很显然,责令债务方配偶和非债务方配偶承担举证责任,并非因为合同相对人难以知情。

二是司法解释的目的难以实现。最高人民法院针对2018年《夫妻债务解释》第3条但书指出,“强调债权人的举证证明责任,能够促进债权人尽到谨慎注意义务,引导相关主体对于大额债权债务实行‘共债共签’,体现从源头控制纠纷、更加注重交易安全的价值取向,也有利于强化公众的市场风险意识,从而平衡保护债权人和未举债夫妻一方的利益”[②]。如果责令债务方配偶和非债务方配偶承担举证责任,上述目的则无法实现。

三是清偿夫妻共同债务不以共同财产为限。依据1980年《婚姻法》第32条、2001年《婚姻法》第41条、《民法典》第1089条的规定,在共同财产不足以清偿共同债务时,个人财产仍应承担补充责任。夫妻一方个人财产承担补充责任甚或首要责任在国际上具有普遍性。在比利时,“原则上,共同债务可被夫妻任何一方的个人财产和夫妻共同财产清偿。债权人不必考虑财产的清偿顺序(《比利时民法典》第1414条第1款)。共同债务可被三类财产清偿的理由是,共同体并不具有公司的人格从而独自承担责任、夫妻双方必须以全部财产担保共同债务得到清偿”[③]。在法国,就债务的清偿而言,法律并未区分共同债务和个人债务。《法国民法典》第1413条规定:“夫妻一方在婚姻关系存续期间所负的债务,无论债务发生的原因如何,均可向共同财产求偿。这意味着,债权人原则上可就共同债务(或个人债务)向债务方配偶的全部财产(债务方配偶的个人财产和共同财产)求偿。”[④]在意大利,“共同债务即可被在取得时的共同财产清偿。它包括夫妻一方或双方为了家庭利益缔结合同引起的债务,债权人可以请求以共同财产清偿。因此,不得在请求动用共同财产之前请求以个人财产清偿。如果共同财产不足以清

① 参见最高人民法院民事审判第一庭编著:《最高人民法院婚姻法司法解释(二)的理解与适用》,人民法院出版社2004年版,第110、217页。

② 程新文等:《〈关于审理涉及夫妻债务纠纷案件适用法律有关问题的解释〉的理解与适用》,载《人民司法》2018年第4期。

③ Katharina Boele - Woelki, Bente Braat and Ian Curry - Sumner, eds., *European Family Law in Action: Property Relations Between Spouses*, Intersentia Publishers, 2009, p. 419.

④ Katharina Boele - Woelki, Bente Braat and Ian Curry - Sumner, eds., *European Family Law in Action: Property Relations Between Spouses*, Intersentia Publishers, 2009, p. 420.

偿债务，债权人可以请求以各自的个人财产清偿剩余债务的一半……如果共同债务的债权人与个人债务的债权人发生冲突，在强制执行程序中，前者具有优先地位”[①]。在葡萄牙，“共同债务以共同财产清偿。如果没有共同财产或者共同财产不足以清偿，则以彼此承担连带责任的夫妻的任何一方的个人财产清偿”（《葡萄牙民法典》第1695条第1款）[②]。在西班牙，“共同债务以共同财产和引起债务发生的夫妻一方或双方的个人财产清偿”（《西班牙民法典》第1369条）[③]。在美国亚利桑那州、华盛顿州、新墨西哥州、威斯康星州，“首先，共同债务以共同财产清偿；其次，若有不足，则以引起债务发生的配偶一方的个人财产清偿”[④]。在美国加利福尼亚州、路易斯安那州、得克萨斯州、爱达荷州、内华达州，施行“债务管理制”（The Managerial System of liability）。据此，“无论债务是夫妻双方的共同债务还是债务方配偶的债务，债务方配偶的个人财产和全部夫妻共同财产均可以用于清偿债务……在交易时，债权人不必关心债务是共同债务还是个人债务或者债务人的婚姻状况”[⑤]。

三、债权排除借贷与担保合同的债权说

有的学者认为，2018年《夫妻债务解释》第3条但书所称“债权”，是排除“借贷与担保合同”的债权。换言之，只有征得夫妻双方同意，借贷与担保合同之债才构成共同债务。这一学说可被称为债权排除借贷与担保合同的债权说。该学说具有合理性，但并不完全科学。

---

① Katharina Boele - Woelki, Bente Braat and Ian Curry - Sumner, eds., *European Family Law in Action: Property Relations Between Spouses*, Intersentia Publishers, 2009, p. 422.

② Katharina Boele - Woelki, Bente Braat and Ian Curry - Sumner, eds., *European Family Law in Action: Property Relations Between Spouses*, Intersentia Publishers, 2009, p. 423.

③ Katharina Boele - Woelki, Bente Braat and Ian Curry - Sumner, eds., *European Family Law in Action: Property Relations Between Spouses*, Intersentia Publishers, 2009, p. 424.

④ James. Ratner. *But from Where Will the Money Come Community Property Liability for Child Support and Other Premarital Obligations*, 9 Whittier Journal of Child and Family Advocacy, 2009, p. 32.

⑤ James. Ratner. *But from Where Will the Money Come Community Property Liability for Child Support and Other Premarital Obligations*, 9 Whittier Journal of Child and Family Advocacy, 2009, p. 27 - 28.

(一)债权排除借贷与担保合同的债权说之主要内容

该学说认为,2018 年《夫妻债务解释》第 3 条但书的规定,“与其说针对所有类型的夫妻债务,毋宁说是针对个别债务类型(借贷、对外担保)的特殊规定”①。其理由如下:

一是 2018 年《夫妻债务解释》第 3 条并不具有“普适性”。据笔者查询,北大法宝上 2018 年 3 月涉及夫妻买卖合同债务认定的判决共有 74 件,认定为共同债务的案件为 49 件,占总数的 66.2%。其中,25 件判决直接适用了《婚姻法解释(二)》第 24 条的规定,以债务发生在婚姻存续期间为由推定其为共同债务;21 件判决因为债务用于夫妻共同经营、共同生活而被定性为共同债务。同时,笔者发现,在实务中,与借款纠纷不同,夫妻一方因缔结买卖合同产生的单方经营性债务更容易被认定为共同债务;在买卖合同债务案件中被认定为个人债务的案件所占比例,远远低于在借款合同中的比例。它暗示着,借款债务更难被认定为共同债务。

二是在比较法上存在依据。《法国民法典》第 1415 条作为夫妻债务认定的例外规范,必须结合其第 1413 条的原则性规定加以理解。后一条文规定:“在婚姻关系存续期间,一方配偶无论何种原因所负担的债务都可以用共同财产进行清偿,举债一方存在欺诈且相对方恶意的情形除外。在一些场合下共同财产享有获得补偿的权利。”这一条文确立了婚姻关系存续期间夫妻的对外债务承担规则:原则上一方订立的债务均可用共同财产部分进行清偿。这类似于我国法上的“共债推定”。借款和对外担保产生的债务则构成前述“共债推定”的例外规则:对于这些类型的债务,除非取得配偶一方的同意,否则,不构成夫妻的共同债务。这一例外规定是基于上述行为法律后果的严重性而设立的:贷款行为和为第三方提供的担保很可能是使家庭负担超出其承受能力的债务负担。②

① 参见李贝:《夫妻共同债务的立法困局与出路——以“新解释”为考察对象》,载《东方法学》2019 年第 1 期。

② 参见李贝:《夫妻共同债务的立法困境与出路——以“新解释”为考察对象》,载《东方法学》2019 年第 1 期。

（二）债权排除借贷与担保合同的债权说之评价

2018 年《夫妻债务解释》第 3 条但书所称"债权"排除"借贷与担保合同"的债权说并不完全科学。其理由如下：

一是基于实证研究得出的结论并不成立。首先，2017 年修改的《民事诉讼法》第 7 条规定，"人民法院审理民事案件，必须以事实为根据，以法律为准绳"。案件如何判决应取决于事实。即使在某一时期夫妻买卖合同债务被认定为共同债务的判决所占比例较高，也无非因为更多的案件事实符合其构成要件而已；即使某一时期借款债务被认定为共同债务的判决所占比例较低，也无非因为更少的案件事实符合其构成要件而已。这具有偶然性而非必然性。其次，实证研究表明，在夫妻买卖合同债务案件的统计数据中，被认定为共同债务的案件占总数的 66.2%，这表明认定为个人债务的案件占总数的 33.8%，法院依据 2018 年《夫妻债务解释》第 3 条但书认定为共同债务的案件所占比例只有 42.85%。再次，该学说并未披露在借款案件中被认定为共同债务的案件所占的比例并予以对比。最后，尽管在借款案件中被认定为个人债务的案件所占的比例更高，但是认定为共同债务的案件应该并未根除。

二是《法国民法典》第 1415 条只是限制责任财产。《法国民法典》第 1416 条是关于共同债务推定的法律制度。"这是因为除了为了夫妻一方个人利益缔结合同而产生的债务之外，均被认为是共同债务。"[①]。在法国，就夫妻一方所负债务而言，债权人的求偿权受到以下限制：首先，一般限制。如果债务方配偶存在欺诈、债权人存在恶意（欺诈和恶意必须同时具备），则不能对共同财产求偿。其次，特别限制。它包括两个方面：一方面，"只有夫妻一方缔结合同而产生的债务，是为了根据《法国民法典》第 220 条维持家庭生活或子女教育，非债务方配偶的收益和工资才能被债务方配偶的债权人追偿"（《法国民法典》第 1414 条）；另一方面，"在借款和保证情况下，债权人的求偿权受到特别的限制。夫妻任何一方在设立保证和借款时，只

---

① Katharina Boele - Woelki, Bente Braat and Ian Curry - Sumner, eds., *European Family Law in Action: Property Relations Between Spouses*, Intersentia Publishers, 2009, p. 404.

能以他/她的个人财产或收入清偿,但是得到另一方配偶同意的除外。即使征得同意,也不能以他/她的个人财产清偿”[①]（《法国民法典》第 1415 条）。很显然,《法国民法典》第 1415 条并未将夫妻一方的借款债务排除在共同债务之外,而是仅仅限制责任财产。

夫妻一方所负的借款之债,可被认定为夫妻共同债务在国际上具有一定的普遍性。在美国加利福尼亚州,上诉法院指出,“在婚姻关系存续期间,夫妻一方取得的借款被推定为夫妻共同财产;然而,如果证据表明出借人希望仅仅依靠夫妻一方的个人财产清偿且在实际上如此行事,那么推定可被推翻。如果缺乏关于出借人意志之符合要求的证据,那么一般的推定获胜”[②]。简言之,“借款的性质根据出借人的主观意图决定”[③]。这一制度被称为“出借人意志标准”。其立法理由是:“在借款开始时,出借人可以期待首先求偿的财产,与借款的属性一致。只要出借人依靠借款人的收入,出借人就是在期待借款人违约时从共同财产中得到清偿”[④]。在得克萨斯州,任何信用财产均是共同财产,除非存在能够证明债权人同意仅仅依靠缔约方配偶的个人财产求偿之清晰的、符合要求的证据;如果共同财产不负责清偿,借款则属夫妻一方所有、以其个人财产清偿。[⑤] 在华盛顿州,“早期的判例法规定,借款的性质取决于借款人的意志”[⑥]。上诉法院主张,“确定借款是共同财产还是个人财产的标准是进行借款的目的。如果借款人为了夫妻双方借款,债务则属共同债务;如果为了夫妻一方借款,债务则属个人债务。依据这一理论,如果夫妻一方借款 1000 美元,希望将一半用于购买住房、家

① Katharina Boele - Woelki, Bente Braat and Ian Curry - Sumner, eds., *European Family Law in Action: Property Relations Between Spouses*, Intersentia Publishers, 2009, p. 420 - 421.

② Grinius v. Grinius, 166 Cal. App. 3d 1179, Court of Appeal of California, April 16, 1985, p. 1187.

③ Catherine Perlman, *A Reappraisal of California's Intent of the Lender Rule*, 37 UCLA Law Review, 1989, p. 414.

④ Jo Carrillo, *Cases and Materials on California Community Property Law*, West publishing Co., 2017, p. 139.

⑤ William A. Reppy, Cynthia A. Samuel and Sally Brown Richardson, *Community Prop - erty in the United States*, Carolina Academic Press, 2015, p. 138.

⑥ Catherine Perlman, *A Reappraisal of California's Intent of the Lender Rule*, 37 UCLA Law Review, 1989, p. 415.

具,另一半用于给自己所有的山中小屋铺设屋顶。那么,借款则分为共同财产和个人财产两个部分。法院指出,如果必须在借款方配偶花费之前确定借款的属性,则必须指望夫妻借款方的主观状态,即确定借款方'希望如何……使用'借款"[①]。1999年,华盛顿州已经采用出借人意志标准制度。但是,早期的判例法并未被宣告无效[②]。在亚利桑那州,华盛顿州早期的法律判例法被采用[③]。目前,在美国,依据当代的成文法和判例法,"夫妻任何一方在婚姻关系存续期间为了共同体利益引起的债务,被推定为夫妻共同债务。如果证据表明夫妻双方希望它是个人债务,推定则可被推翻。夫妻双方对共同债务承担连带责任。首先,以共同财产清偿;其次,若有不足,则以缔约方配偶的个人财产清偿"[④]。在路易斯安那州,"借款是夫妻共同财产,但是证据表明借款方配偶希望以个人财产清偿且拥有清偿的财力的除外…… 借款后来以共同财产清偿只能引起补偿的问题"[⑤]。在美国以上这些州,既然借款属于夫妻共同财产,借款债务就无疑属于共同债务。在爱达荷州,"夫妻共同财产制并不影响关于借款合同效力的基本制度和债权人求偿需要遵循的程序。反之,夫妻共同财产制只影响债权人可以就未清偿债务向哪些类型或种类的财产求偿…… 实质上,夫妻共同财产制只是向就未清偿债务求偿的债权人提供额外的财产(共同财产)。因此,根据爱达荷州夫妻共同财产制和《爱达荷州法典》(它确立夫妻双方对共同财产的平等管理制),如果夫妻一方为了共同体的利益引起债务,夫妻共同财产则对此负责,债权人则可就尚未清偿的债务向共同财产求偿"[⑥]。

三是最高人民法院无意排除借款之债。首先,它指出,"近年来因民间

---

① William A. Reppy, Cynthia A. Samuel and Sally Brown Richardson, *Community Prop - erty in the United States*, Carolina Academic Press, 2015, p. 140.

② William A. Reppy, Cynthia A. Samuel and Sally Brown Richardson, *Community Prop - erty in the United States*, Carolina Academic Press, 2015, p. 140.

③ William A. Reppy, Cynthia A. Samuel and Sally Brown Richardson, *Community Prop - erty in the United States*, Carolina Academic Press, 2015, p. 140.

④ Charlotte K. Goldberg, *Community Property*, Wolters Kluwer, 2014, p. 400.

⑤ William A. Reppy, Cynthia A. Samuel and Sally Brown Richardson, *Community Prop - erty in the United States*, Carolina Academic Press, 2015, p. 140.

⑥ Twin Falls Bank & Trust Company v. Holley, 111 Idaho 349, Supreme Court of Idaho, July 29, 1986, p. 352 - 353.

借贷案件高发,有关夫妻债的认定出现了一系列新情况新问题……因配偶一方超出家庭日常生活需要大额举债,造成配偶另一方在毫不知情的情况下背上沉重债务负担的问题日益凸显,人民群众进一步规范和细化夫妻共同债务认定标准的呼声也日益强烈。很多妇联组织、婚姻法学界专家学者也纷纷呼吁,希望最高人民法院尽快细化完善夫妻债务司法解释,合理分配举证责任,平衡保护债权人利益和未举债夫妻一方利益"①。很显然,夫妻一方所负借款之债在法定条件下可被认定为夫妻共同债务这一制度,并未被呼吁,甚至被希望废除。其次,它还指出,2018 年《夫妻债务解释》"进一步细化和完善夫妻共同债务认定标准,合理分配举证证明责任,引导民事商事主体规范交易行为,加强事前风险防范,平衡保护各方当事人的合法权益"②。很显然,最高人民法院并未废除夫妻一方所负借款之债在法定条件下可被认定为夫妻共同债务这一制度,而是只对举证责任人、待证事实予以修改。

从国际视角来看,确有国家要求借款必须由夫妻双方共同进行。在比利时,"需要征得夫妻双方同意的与共同财产相关的具体行为"包括"借款"③。在西班牙,"紧急需要的费用债务可被夫妻一方单独引起,这一规定适用于特殊情况,即夫妻任何一方为了满足家庭普通需要均可单独行动。特殊情况包括与紧急医疗有关的费用 "④。它似乎在暗示,若筹措其他费用,则必须征得夫妻双方同意。

四、共同生产经营的主体受限说

有的学者认为,2018 年《夫妻债务解释》第 3 条但书所称共同生产经营的主体通常只限于特定类型。这一学说可被称为共同生产经营的主体受限

---

① 程新文等:《〈关于审理涉及夫妻债务纠纷案件适用法律有关问题的解释〉的理解与适用》,载《人民司法》2018 年第 4 期。

② 程新文等:《〈关于审理涉及夫妻债务纠纷案件适用法律有关问题的解释〉的理解与适用》,载《人民司法》2018 年第 4 期。

③ Katharina Boele - Woelki, Bente Braat and Ian Curry - Sumner, eds., *European Family Law in Action: Property Relations Between Spouses*, Intersentia Publishers, 2009, p. 448.

④ Katharina Boele - Woelki, Bente Braat and Ian Curry - Sumner, eds., *European Family Law in Action: Property Relations Between Spouses*, Intersentia Publishers, 2009, p. 448.

说。该学说并不完全科学。

(一)共同生产经营的主体受限说之主要内容

1. 原则上限于三类特定的主体

通常夫妻共同生产经营包括如下三种情形：

(1)“两户”。“两户”是指个体工商户和农村承包经营户。虽然《民法总则》(已失效)第56条区分个体工商户的个人经营与家庭经营，但是，《最高人民法院关于贯彻执行〈中华人民共和国民法通则〉若干问题的意见(试行)》第43条有例外规定，即如果夫妻一方从事个体经营或者承包经营的，其收入为夫妻共有财产，则以夫妻共有财产清偿。由于个体工商户与农村土地承包经营户通常是夫妻共同生产经营，这使得“两户”的夫妻共同债务与承包方的个人债务之间的界限比较模糊。债权人举证证明夫妻一方所负债务用于农村土地承包经营或者个体工商经营的，即可认定该负债为夫妻共同债务。

(2)特定的公司或合伙。特定的公司或合伙是指公司股东或者企业合伙人为夫妻二人(夫妻企业)，或者夫妻双方均系公司控股股东或担任公司董事、总经理或监事等重要职位(包括担任隐名控制人的情形)。在此类企业经营活动中，由于夫妻双方共同经营或参与经营，若举债一方将以个人名义所负债务而获得的资金投资或者转借给公司或合伙企业，举债方配偶作为参与企业共同经营的重要成员，应当知晓该负债的用途，除非夫妻实行分别财产制，该获益必然属于家庭利益。因此，此种情形所负债务应当属于夫妻共同债务。

(3)特定的“负责人”。特定的“负责人”是指举债一方作为建设项目工程部门的负责人，其配偶参与经营的，若该负责人将对外所负之债用于工程建设，也应推定另一方配偶知晓该负债所获利益属于家庭利益，此种所负债务亦属于夫妻共同债务。

概言之，在夫妻共同财产制之下，若夫妻团体被嵌入企业经营组织的框架内，夫妻双方具有共同经营管理、参与经营管理或者具有相应的外观表象，一方对外所负之债用于投资该企业，相对方基于经营管理的意愿对此明知或应当知道，可以推定该负债所获利益系家庭利益，该方配偶所负债务属于夫妻共同债务。

2. 其他特定的主体

夫妻共同生产经营的主体还包括其他特定的主体,即举债方配偶并不实际参与企业经营管理,如夫妻一方将其所借之款实际用于自己作为小股东的公司,或者用于金融投资或转借他人以谋取利息,或者用于自己或与他人共同经营的公司等。理由是,另一方配偶对此可能完全不知情,在强调人格独立的社会背景下,该借款或投资是否真正为家庭利益显非理所当然。此际,债权人应要求债务人实行"共债共签",否则,只能请求债务人承担清偿责任,而不能请求其配偶承担连带责任,除非债权人能够证明债务人所负债务的确是为家庭利益。①

(二)共同生产经营的主体受限说之评价

1. 原则上限于三类特定的主体之评价

(1)"两户"之评价。"夫妻共同生产经营"的主体包括全部"两户"并不完全科学。其理由如下:

其一,实施家庭经营的农户之部分债务被视为家庭日常生活需要所负债务。最高人民法院指出,"农村承包经营户一般以家庭为单位,家庭日常生活与承包经营行为经常交织在一起,二者难以严格区分,故根据当地一般标准判断为正常承包经营所负的债务,也可以认定为家庭日常生活需要所负债务"②。

其二,"两户"的债务(上述农户所负债务不包括在内)既有共同债务,也有个人债务。"个体工商户和农村承包经营户的债务性质认定十分重要,也很复杂……要根据民法通则或者民法总则的规定,在区分个体工商户属于个人经营还是家庭经营,以及农村承包经营户属于农户全体成员经营还是农户部分成员经营的基础上,再来判断相应的债务属于夫妻共同债务还是

---

① 参见冉克平:《论夫妻共同债务的类型与清偿——兼析法释〔2018〕2号》,载《法学》2018年第6期。

② 程新文等:《〈关于审理涉及夫妻债务纠纷案件适用法律有关问题的解释〉的理解与适用》,载《人民司法》2018年第4期。

个人债务。"[①]

其三,夫妻一方经营共同财产引起的债务被有限地认定为共同债务具有普遍性。夫妻一方在法定授权范围内引起的合同债务才能构成共同债务。这是当代发达国家或地区所得共同制的一般规律。在比利时,"从事经营活动的夫妻一方,可以独立进行经营业务所需的一切管理活动。对于在雇佣合同范围之外从事经营活动的夫妻一方而言,这一规定十分重要。立法者希望,从事经营活动的夫妻一方在经营业务过程中应该拥有尽可能多的自由;立法者认为,与夫妻一方经营业务有关的行为可由另一方进行或需要征得对方同意是不能接受的,因为这会危害经营自由。无论如何,从事经营活动的夫妻一方必须有权对共同财产引起债务(in any case, the professional spouse must be able to bind the community property),因为夫妻双方共同享有营业收入,如果不能起诉共同财产则会损害其商业信用"[②]。在法国,"夫妻一方未经对方同意,不得对……属于共同财产的商业营业财产和经营财产……进行转让或设立物权。夫妻一方未经对方同意不得受领基于转让取得的资金"[③](《法国民法典》第1424条)。"经营财产"(exploitations),即"农场、手工业企业、自由的企业"[④]。《法国民法典》第1424条的立法目的是"保护贵重的财产"[⑤]。在葡萄牙,夫妻一方"对于夫妻一方个人所有或者夫妻双方共同所有的商业机构进行转让"或者"设立负担或出租,必须征得对方同意"[⑥]。在西班牙,"夫妻一方实施与共同财产有关的行为,一直需要

---

① 程新文等:《〈关于审理涉及夫妻债务纠纷案件适用法律有关问题的解释〉的理解与适用》,载《人民司法》2018年第4期。

② Katharina Boele - Woelki, Bente Braat and Ian Curry - Sumner, eds., *European Family Law in Action: Property Relations Between Spouses*, Intersentia Publishers, 2009, p. 455.

③ Katharina Boele - Woelki, Bente Braat and Ian Curry - Sumner, eds., *European Family Law in Action: Property Relations Between Spouses*, Intersentia Publishers, 2009, p. 433.

④ Katharina Boele - Woelki, Bente Braat and Ian Curry - Sumner, eds., *European Family Law in Action: Property Relations Between Spouses*, Intersentia Publishers, 2009, p. 450.

⑤ Katharina Boele - Woelki, Bente Braat and Ian Curry - Sumner, eds., *European Family Law in Action: Property Relations Between Spouses*, Intersentia Publishers, 2009, p. 450.

⑥ Katharina Boele - Woelki, Bente Braat and Ian Curry - Sumner, eds., *European Family Law in Action: Property Relations Between Spouses*, Intersentia Publishers, 2009, p. 453.

征得对方的同意”[①](《西班牙民法典》第 1377 条)。在美国加利福尼亚州、路易斯安那州、内华达州、华盛顿州,独资企业的“管理方”,排他地享有对企业财产实施各种管理行为之权。作为一种补偿,为了保护非管理方配偶(因此也是婚姻共同体)免受管理方对“蓝筹股”(blue chip)的共同财产做出轻率的、专横的决定之害,它们设立程序保障制度。加利福尼亚州要求管理方配偶在对全部或绝大部分共同共有的动产实施出卖、出租、交换、设立负担、其他处分行为时,必须以书面形式提前通知对方;路易斯安那州要求,在对全部或绝大部分共同共有企业的财产实施转让、设立负担、出租行为时,必须由夫妻双方共同进行;内华达州和华盛顿州则要求,夫妻一方在实施正常商业范围之外的交易时,必须征得非管理方配偶的同意。[②]

(2)特定的公司或合伙之评价。夫妻共同生产经营的主体包括特定的公司或合伙并不完全科学。其理由如下:

其一,夫妻共同生产经营的多元性被忽视。首先,最高人民法院明确指出,“夫妻共同生产经营的情形非常复杂,主要是指由夫妻双方共同决定生产经营事项,或者虽由一方决定但另一方进行了授权的情形”[③]。该学说主张,只有夫妻双方共同经营或参与经营,才能构成夫妻共同生产经营,很显然忽视了虽由一方决定但另一方进行了授权的情形。其次,暂且假定夫妻双方共同决定生产经营事项限于公司股东或合伙企业的合伙人只有夫妻双方的情形,然而“主要”一词暗示,“夫妻共同生产经营”除了此两种情形之外,尚有其他形式。

其二,准立法理由受到忽视。此类债务若用于(夫妻)共同生产经营则属夫妻共同债务的准立法理由其实是夫妻共享生产经营收入。这是因为,首先,最高人民法院明确指出,“‘共签的债务’与用于夫妻共同生活的债务

---

① Katharina Boele – Woelki, Bente Braat and Ian Curry – Sumner, eds., *European Family Law in Action: Property Relations Between Spouses*, Intersentia Publishers, 2009, p. 454.

② Elizabeth R. Carter, *The Illusion of Equality: The Failure of the Community Property Reform to Achieve Management Equality*, 48 The Indiana Law Review, 2015, p. 879 – 880.

③ 程新文等:《〈关于审理涉及夫妻债务纠纷案件适用法律有关问题的解释〉的理解与适用》,载《人民司法》2018 年第 4 期。

均认定为夫妻共同债务……也充分体现夫妻财产权利义务一致的基本原则”[①]；“夫妻财产权利义务一致”，即“在财产共有制下，因夫妻所得的财产属于夫妻共有，根据权利义务对等原则，一方具名所负债务原则上应当认定为夫妻共同债务”[②]。其次，针对《婚姻法解释（二）》第11条第1项，最高人民法院解释指出，“有的家庭男方用自己的婚前财产去办公司，女方在家操持家务、照顾孩子，离婚时男方经营公司所赚的钱与女方无关，这显然不利于保护妇女的权益，同时也是不公平的”[③]。然而，该学说暗示，此类债务被认定为夫妻共同债务的真正理由是，非债务方配偶借助职务之便知情，即“基于经营管理的原因对此明知或应当知道”。

其三，基于“用于共同生产经营”认定夫妻共同债务和基于“夫妻双方共同意思表示”认定夫妻共同债务相混淆。依据2018年《夫妻债务解释》第3条规定，“债权人能够证明该债务用于夫妻共同生活、共同生产经营或者基于夫妻双方共同意思表示的除外”。基于“用于共同生产经营”认定夫妻共同债务根本无须非债务方配偶知情。这是因为，最高人民法院明确指出，“只要为夫妻双方共同生活所负债务，不论是夫妻双方共同举债还是一方个人举债，都应认定为夫妻共同债务。这里所指的夫妻共同生活……也包括夫妻共同生产经营支出”[④]。在美国华盛顿州，“无论是非债务方配偶对于债务的明智性持有异议，还是债务方配偶在同意债务时缺乏良好的判断，还是非债务方配偶不知债务，均不影响债务的属性”[⑤]。然而，该学说暗示，基于“用于共同生产经营”认定夫妻共同债务，需要非债务方配偶“知晓该负债的用途”，如果非举债方配偶知情而未表示反对，则属于“事后追认”。在此情况下，认定夫妻共同债务的基础应是“夫妻双方共同意思表示”。

---

① 程新文等：《〈关于审理涉及夫妻债务纠纷案件适用法律有关问题的解释〉的理解与适用》，载《人民司法》2018年第4期。

② 程新文等：《〈关于审理涉及夫妻债务纠纷案件适用法律有关问题的解释〉的理解与适用》，载《人民司法》2018年第4期。

③ 最高人民法院民事审判第一庭编著：《最高人民法院婚姻法司法解释（二）的理解与适用》，人民法院出版社2004年版，第110、217页。

④ 程新文等：《〈关于审理涉及夫妻债务纠纷案件适用法律有关问题的解释〉的理解与适用》，载《人民司法》2018年第4期。

⑤ Harry M. Corss, *The Community Property Law in Washington*, 61 Washington Law Review 13, 1986, p. 118.

其四,知情的渠道受到严格限制不妥。首先,探讨此类债务用于公司的情形。企业所有权和经营权可以分离,这是常识。依据 2018 年修正的《公司法》,夫妻双方共同经营或参与经营的公司以股东人数为标准,可以分为以下三种类型:一是一人有限责任公司。其又可分为股东是夫妻一方和夫妻之外的人两类。二是二人股东有限责任公司和股份有限公司(《公司法》第 24 条、第 78 条)。其又可分为股东是夫妻双方、股东是夫妻一方和第三人、股东均是夫妻之外的人三类。三是三人和三人以上股东有限责任公司和股份有限公司(《公司法》第 24 条、第 78 条)。其又可分为夫妻一方或双方是股东和夫妻一方或双方均不是股东两类。其中,二人股东有限责任公司和股份有限公司或三人和三人以上股东有限责任公司和股份有限公司以股东出资所占比例为标准,可以分为以下两类:一是无控股股东的有限责任公司和股份有限公司(没有出资额占有限责任公司资本总额 50% 以上的股东,或者出资额的比例虽然不足百分之五十,但依其出资额所享有的表决权已足以对股东会的决议产生重大影响的股东之有限责任公司)(《公司法》第 216 条);二是有控股股东的有限责任公司和股份有限公司,又可分为夫妻双方均为控股股东、夫妻一方为控股股东、其他人为控股股东三类。夫妻双方共同经营或参与经营的公司以夫妻担任组织机构的职务为标准,可以分为以下四类:一是夫妻双方均……担任公司董事、总经理或监事等重要职位("总经理"一词并未被《公司法》第 13 条等使用,可能指代的是"经理")的公司;二是夫妻一方担任公司董事、总经理或监事等重要职位的公司;三是夫妻一方或双方担任经理之外的其他高级管理人员职位的公司("高级管理人员"包括"公司的经理、副经理、财务负责人,上市公司董事会秘书和公司章程规定的其他人员")(《公司法》第 216 条);四是其他人担任公司董事、总经理或监事等重要职位的公司。

依据常理推测,对于债务方配偶一方对外所负之债用于投资的事实,在只有夫妻双方为公司股东或者夫妻双方均系公司控股股东或担任公司董事、总经理或监事等重要职位(包括担任隐名控制人的情形)的情况下,非债务方配偶可以借助职务之便予以知悉。然而,在其他情况下,非债务方配偶也有可能借助职务之便或非职务之便予以知悉。既然主张以非债务方配偶知情作为认定夫妻共同债务的条件,从逻辑上说,就应得出无论非债务方配偶通过何种渠道知情,此类债务均应被认定为夫妻共同债务。

其次,探讨此类债务用于投资合伙企业的情形。暂且假定合伙事务执行人只限于合伙人(2006 年修订的《合伙企业法》第 26 条第 1 款)。夫妻双方共同经营或参与经营的合伙企业,以合伙人(只限于自然人)的地位为标准,可以分为以下两类:一是只有夫妻双方为合伙人的合伙企业,二是夫妻双方与其他人为合伙人的合伙企业。依据常理推测,对于债务方配偶"一方对外所负之债""用于投资"的事实,在只有夫妻双方为合伙人的情况下,非债务方配偶可以借助职务之便予以知悉。然而,在其他情况下,非债务方配偶也有可能借助职务之便予以知悉。既然主张以非债务方配偶知情作为认定夫妻共同债务的条件,从逻辑上说,就应得出无论非债务方配偶通过何种渠道知情,此类债务均应被认定为夫妻共同债务。

其五,此类债务用于投资其他法律实体则是否能够产生夫妻共同债务受到忽视。《民法典》第 76 条第 2 款明确规定,"营利法人包括有限责任公司、股份有限公司和其他企业法人等"。此外,《民法典》第 102 条第 2 款明确规定,"非法人组织包括个人独资企业、合伙企业、不具有法人资格的专业服务机构等"。共同生产经营的主体受限说,对于此类债务若用于投资其他法律实体是否产生夫妻共同债务,未予以关注。

(3)特定的负责人之评价。夫妻共同生产经营的主体包括特定的负责人并不完全科学。其理由如下:一是准立法理由被忽视。如前所述,不再赘述。二是基于用于共同生产经营认定夫妻共同债务和基于夫妻双方共同意思表示认定夫妻共同债务被混淆。已如前述,不再赘述。三是投资项目的多元性受到忽视。投资项目的种类繁多。例如,《政府投资条例》(国务院令第 712 号)第 3 条第 1 款规定,"政府投资资金应当投向市场不能有效配置资源的社会公益服务、公共基础设施、农业农村、生态环境保护、重大科技进步、社会管理、国家安全等公共领域的项目,以非经营性项目为主"。因此,法院认定夫妻共同债务不应局限于工程建设项目领域。四是夫妻一方在建设工程项目中任职的多元性被忽视。夫妻一方可能担任其他重要职务。《建筑与市政工程施工现场专业人员职业标准》(JGJ/T 250—2011)规定了建筑施工企业关键技术岗位"八大员",即施工员、质量员、安全员、标准员、材料员、机械员、劳务员、资料员。这些人员也有可能为了工程建设引起此类债务。

2. 其他特定的主体之评价

若举债方配偶并不实际参与企业经营管理,则此类债务原则上不是夫妻共同债务并不完全科学。理由如下:一是举债方配偶并不实际参与企业经营管理并未被明确排除。最高人民法院采用的“主要”一词暗示,夫妻共同生产经营除了前述两种情形之外,尚有其他形式。二是非债务方配偶可能知情。该学说只排除举债方配偶并不实际参与企业经营管理,并未排除非债务方配偶实际参与企业管理;如果实际参与,对于债务方配偶用于企业经营管理的此类负债则可能知情,而且即使并未实际参与,也有可能知情。三是除非债权人能够证明债务人所负债务确是为家庭利益的内涵和外延并未得到明确阐述,而且 2018 年《夫妻债务解释》第 3 条但书只限于三类情况(该债务用于夫妻共同生活、共同生产经营或者基于夫妻双方共同意思表示),债务人所负债务的确是为家庭利益并未被包括在内,若想增加一项,就必须予以充分的准立法论证。四是准立法理由被忽视。已如上述,不再赘述。五是基于用于共同生产经营认定夫妻共同债务和基于夫妻双方共同意思表示认定夫妻共同债务被混淆。已如上述,不再赘述。

五、确实用于共同生产经营兼新共同生产经营的主体受限说

有的学者认为,2018 年《夫妻债务解释》第 3 条但书所称用于是指确实用于(在实际上用于),所称“共同生产经营”也只限于特定的组织形式。这一学说可被称为确实用于共同生产经营兼新共同生产经营的主体受限说。该学说具有一定合理性,但并不完全科学。

(一)确实用于共同生产经营兼新共同生产经营的主体受限说之主要内容

1. 此类债务确实用于夫妻共同生产经营

需要强调的是,证明举债人夫妻存在共同生产经营活动,并不等于证明了系争债务一定用于夫妻共同生产经营,即可能共同受益不等于确定共同受益。只要夫妻二人存在共同生产经营的企业,则夫妻任何一方的婚内个人举债都是夫妻共同债务,这种观点显然是荒谬的。债权人必须证明系争

债务与该企业的生产经营有关。2018 年《夫妻债务解释》第 3 条但书部分明文规定的是,"但债权人能够证明该债务用于夫妻共同……"其中的"用于"指的正是可以用证据来证明的"确实用于",而非"可能用于"。因此,任何"可能共同受益"来取代"确定共同受益"的做法都是违反法律的。①

2. 共同生产经营的主体受到限制

(1)"两户"被排除在外。夫妻共同生产经营排除"两户"。其理由是,由于涉及商事活动,所以,夫妻共同经营通常会采取注册企业的形式来实现。对于农村承包经营户和个体工商户的债务清偿,原《民法总则》第 56 条有专门规定。

(2)特定的公司或合伙。对于存在公司、合伙企业等形式的生产经营,在判定夫妻是否属于"共同从事"时,应作如下理解:夫妻共同投资或者一方投资而另一方参与经营。所谓共同投资是指夫妻两人均为公司控股股东(或实际控制人),或者合伙(企业)的合伙人;一方投资另一方参与经营是指夫妻一方为企业的(相对意义上)控股股东或实际控制人,而另一方参与经营。倘若债权人能够证明系争债务属于这两种情形之一背景下的一方配偶个人举债,则可以推定该债务为夫妻共同债务。至于夫妻一方作为企业小股东而存在,另一方作为企业雇员而存在,由于两者均对企业的经营发展没有实质上的影响力,所以也不构成夫妻共同生产经营。

(3)共同经营的非实体。较难判断的是在不存在企业或者生产经营实体的场合,如何判断夫妻共同生产经营。在这种情况下,由于不存在经营实体,所以共同投资关系失去了外在的可检验标准,只能诉诸共同经营的判断。例如,夫妻一方承包一项工程,因购买原材料、支付工人工资而发生的债务,只有当另一方也参与该工程的建设管理时,才能作为夫妻共同生产经营而发生的债务;如果另一方没有参与经营,但分享了工程建设的利益(项目盈利用于购买夫妻共有房产),则属于债务用于夫妻共同生活,不属于债务用于夫妻共同生产经营的情形。②

---

① 参见叶名怡:《"共债共签"原则应写入〈民法典〉》,载《东方法学》2019 年第 1 期。

② 参见叶名怡:《"共债共签"原则应写入〈民法典〉》,载《东方法学》2019 年第 1 期。

(二)确实用于共同生产经营兼新共同生产经营的主体受限说之评价

1. 此类债务确实用于夫妻共同生产经营之评价

认为只有此类负债“确实用于”夫妻共同生活经营,才是夫妻共同债务该学说并不完全科学。理由如下:

(1)债务的属性应在成立时确定。首先,在客观上,夫妻一方的此类负债既有为了夫妻双方利益的债务,又有为了纯粹个人利益的债务。[①] 依据《婚姻法解释(二)》第24条的规定,如果“夫妻一方能够证明债权人与债务人明确约定为个人债务”,则属个人债务。因此,即使夫妻一方所得的借款最终实际用于“夫妻共同生活”(主观上希望用于“夫妻共同生活”自不待言),只要合同成立时债务方配偶和合同相对人另行约定,也属夫妻一方的个人债务。其次,最高人民法院指出,“债权人主张该债务属于夫妻共同债务的,应当承担举证证明责任,以此引导债权人在债务形成时尽到充分的谨慎注意义务”[②]。它暗示,此类债务的属性应在债务形成时确定。这是因为如果基于最终的实际用途确定,“在债务形成时”予以引导就多此一举。再次,2015年修正的《商业银行法》第35条规定,“商业银行贷款,应当对借款人的借款用途、偿还能力、还款方式等情况进行严格审查。商业银行贷款,应当实行审贷分离、分级审批的制度”。很显然,商业银行根据借款的目的决定是否贷款。最后,如果此类债务基于最终的实际用途确定,那么即使“共债共签”或非债务方配偶事后追认,也不能认定为夫妻共同债务,而且,这也有可行性,因为“合同一般是更有计划的和深思熟虑的交易之结果”[③]。

(2)此类债务的属性将具有不确定性。如果根据最终的实际用途确定此类债务的属性,那么债务方配偶在实际花费借款之前就无法确定它的

---

① Alan Pedlar, *The Implications of the New community Property Law for Creditors' Remedies and Bank - ruptcy*, 63 Californiar Law Review, 1975, p. 1617.

② 程新文等:《〈关于审理涉及夫妻债务纠纷案件适用法律有关问题的解释〉的理解与适用》,载《人民司法》2018年第4期。

③ Alan Pedlar, *The Implications of the New community Property Law for Creditors' Remedies and Bank - ruptcy*, 63 Californiar Law Review, 1975, p. 1625.

属性。

(3)此类债务的属性基于举债方配偶的目的确定具有普遍性。在比利时,"《比利时民法典》第1408条列举了以下共同债务……夫妻一方为了共同财产的目的引起的合同债务(for the purpose of the community property)……"。[①] 在法国,共同债务分为"基于性质的共同债务(community debts due to their nature)"和"基于目的的共同债务(community debts due to their purpose)"两类。[②] 在葡萄牙,"夫妻双方共同负责的债务包括……(3)管理方配偶在婚姻关系存续期间,为了夫妻双方的利益(for the common benefit of the couple),且在管理权限范围之内(within the limits of their administrative powers)引起的债务[《葡萄牙民法典》第1691条第1款(C)项]……"。[③] 在西班牙,"为了取得、管理、使用(enjoyment)共同财产引起的合同债务,被认定为共同债务(《西班牙民法典》第1362条第2项)"。[④] 在美国亚利桑那州、华盛顿州、新墨西哥州、威斯康星州已经放弃债务管理制,而施行共同债务/个人债务制。依据后者,"夫妻共同财产(尤其是非债务方配偶对共同财产享有的利益)只应对夫妻任何一方'在为了共同体利益或目的而行动的过程中'产生的债务负责"[⑤]。在华盛顿州,"依据判例法,如果能够证明共同财产直接或间接受益,共同债务的推定则无法推翻。例如,尽管公司破产,但是为了使得雇佣丈夫或丈夫系管理人员或经理的公司受益的目的,即足以构成间接受益;为公司提供保证的夫妻一方系公司股东,即足以证明共同财产受益,尽管如果公司股份是个人财产,间接受益及其附属义务均属夫妻一方;同

---

① Katharina Boele - Woelki, Bente Braat and Ian Curry - Sumner, eds., *European Family Law in Action: Property Relations between Spouses*, Intersentia Publishers, 2009, p. 403.

② Katharina Boele - Woelki, Bente Braat and Ian Curry - Sumner, eds., *European Family Law in Action: Property Relations between Spouses*, Intersentia Publishers, 2009, p. 404.

③ Katharina Boele - Woelki, Bente Braat and Ian Curry - Sumner, eds., *European Family Law in Action: Property Relations between Spouses*, Intersentia Publishers, 2009, p. 407.

④ Katharina Boele - Woelki, Bente Braat and Ian Curry - Sumner, eds., *European Family Law in Action: Property Relations between Spouses*, Intersentia Publishers, 2009, p. 408.

⑤ Andrea B. Carroll, *The Superior Position of the Creditor in the Community Property Regime: Has the Com - munity Property Become a Mere Creditor Collection Device*, 47 Santa Clara Law Review, 2007, p. 17.

样,期待就业即足以证明夫妻共同受益”①。“债务被划分为共同债务或个人债务在爱达荷州、内华达州、得克萨斯州,依然十分重要,但只限于夫妻之间相互补偿的目的。对债权人而言,划分并不重要”。② 在美国,“家庭目的限制可能技术价值大于实践价值。法律并未要求夫妻双方实际受益。法律最多要求,行为方曾经希望以某种方式(它无须主要)使得夫妻双方受益。只有除了为了夫妻一方受益之外再也没有其他的想象,夫妻一方在婚姻关系存续期间引起的债务才不能认定为系为了夫妻双方的利益,而且当前的成文法表明,增进夫妻双方利益这一概念如此模糊,以致它几乎无法构成认定共同债务的障碍”③。

2. 共同生产经营的主体受到限制之评价

(1)“两户”被排除在外之评价。夫妻共同生产经营的主体完全排除“两户”并不完全科学。其理由,一是实施家庭经营的农户之部分债务被视为家庭日常生活需要所负债务。已如前述,不再赘述。二是“两户”的债务既有共同债务也有个人债务。已如前述,不再赘述。三是夫妻一方经营共同财产引起的债务被有限地认定为共同债务具有普遍性。已如前述,不再赘述。

(2)特定的公司或合伙之评价。夫妻共同生产经营的主体包括特定的公司或合伙(夫妻共同投资或者一方投资人另一方参与经营)并不完全科学。其理由:一是最高人民法院强调的因素是经营决策权。它明确指出,“夫妻共同生产经营的情形非常复杂,主要是指由夫妻双方共同决定生产经营事项,或者虽由一方决定但另一方进行了授权的情形”④。它并未强调投资因素。二是准立法理由被忽视。已如前述,不再赘述。三是此类债务用于投资其他法律实体则是否能够产生夫妻共同债务被忽视。已如前述,不

---

① Harry M. Corss, *The Community Property Law in Washington*, 61 Washington Law Review 13, 1986, p. 120.

② James Ratner, *But from Where Will the Money Come Community Property Liability for Child Support and Other Premarital Obligations*, 9 Whittier Journal of Child and Family Advocacy, 2009, p. 27 – 28.

③ Keith D. Ross, *Sharing Debts: Creditors and Debtors Under the Uniform Marital Property Act*, 69 Minne – sota Law Review, 1984, p. 121.

④ 程新文等:《〈关于审理涉及夫妻债务纠纷案件适用法律有关问题的解释〉的理解与适用》,载《人民司法》2018年第4期。

再赘述。

(3)共同经营的非实体之评价。夫妻共同生产经营的主体包括共同经营的非实体并不完全科学。其理由:一是夫妻共同生产经营的多元性也受到忽视。最高人民法院明确指出,“夫妻共同生产经营的情形非常复杂,主要是指由夫妻双方共同决定生产经营事项,或者虽由一方决定但另一方进行了授权的情形”①。二是准立法理由被忽视。已如前述,不再赘述。三是基于用于夫妻共同生活认定夫妻共同债务和基于用于(夫妻)共同生产经营认定夫妻共同债务被混淆。最高人民法院指出,夫妻共同生活支出还包括大量超出家庭日常生活范围的支出。这些支出系夫妻双方共同消费支配,或者用于形成夫妻共同财产,或者基于夫妻共同利益管理共同财产产生的支出,性质上均属于夫妻共同生活的范围”②。它还指出,“只要为夫妻共同生活所负债务……都应当认定为夫妻共同债务”③。简而言之,为了形成或管理夫妻共同财产所负债务即属夫妻共同债务。此外,最高人民法院还指出,“关于夫妻共同生产经营的范围……夫妻从事商业活动,视情况适用公司法、合同法、合伙企业法等法律及司法解释的规定。夫妻共同生产经营所负的债务,一般包括夫妻双方共同从事工商业、共同投资以及购买生产资料等所负的债务”④。简而言之,为了夫妻从事商业活动所负债务即属夫妻共同债务。很显然,债务方配偶承包一项工程,因购买原材料、支付工人工资而发生的债务,无论非债务方配偶有没有参与经营,均属于用于共同生产经营所负的债务。

结　论

依据2018年《夫妻债务解释》第3条的规定,夫妻一方在婚姻关系存续

---

① 程新文等:《〈关于审理涉及夫妻债务纠纷案件适用法律有关问题的解释〉的理解与适用》,载《人民司法》2018年第4期。

② 程新文等:《〈关于审理涉及夫妻债务纠纷案件适用法律有关问题的解释〉的理解与适用》,载《人民司法》2018年第4期。

③ 程新文等:《〈关于审理涉及夫妻债务纠纷案件适用法律有关问题的解释〉的理解与适用》,载《人民司法》2018年第4期。

④ 程新文等:《〈关于审理涉及夫妻债务纠纷案件适用法律有关问题的解释〉的理解与适用》,载《人民司法》2018年第4期。

期间以个人名义超出家庭日常生活需要所负的债务,如果债权人能够证明该债务用于夫妻共同生产经营,则属于夫妻共同债务。它得到多种解释。有的学者认为,它所称的债权人,只限于债务方配偶的近亲属;的学者认为,它所称的债权,排除了借贷与担保合同的债权;有的学者认为,它所称的共同生产经营者只限于特定的主体;有的学者认为,它所称的用于是指确实用于,所称的共同生产经营者也只限于特定的主体。这些学说尽管有一定的合理性,但是存在一些缺陷。笔者认为,2018 年《夫妻债务解释》第 3 条但书所称"用于"夫妻"共同生产经营",是指为了夫妻双方生产经营利益的目的,而且"用于夫妻共同生活"和"用于"夫妻"共同生产经营"在分类上并不周延(如为了进修目的即不属它们),二者可统称为为了夫妻双方利益的目的。

论夫妻债务的清偿与执行规则*

冉克平**

摘　要　《民法典》第1064条规定夫或妻单方行为形成的夫妻共同债务，包含夫妻共同生活与夫妻共同生产经营两个类型。《最高人民法院关于适用〈中华人民共和国民法典〉婚姻家庭编解释(一)》[以下简称《婚姻家庭编解释(一)》]关于夫妻共同债务的承担删除"连带"字眼，表明司法立场的重大转变。夫或妻单方行为所形成的夫妻共同债务，均属于"有限连带债务"，责任财产不包括举债方(加害人)配偶的个人财产，但是超出家庭日常生活的应由债权人承担证明责任。为平衡夫妻共同体与债权人利益，夫妻共同债务应当先以债务人的个人财产清偿，不足部分由共同财产清偿。因个人债务而强制执行夫妻共同财产，《民法典》第303条系法院在强制执行过程中"不予追加债务人配偶+直接执行"的规范依据，但是应当在实体法与程序法上充分保护债务人配偶的利益不受损害。

关键词　夫妻共同债务　无限连带债务　有限连带债务　清偿　夫妻共同财产　执行

---

* 该文发表于《法学杂志》2021年第8期。项目基金：司法部国家法治与法学理论研究项目"婚后所得共同制下夫妻债务规范体系研究"(项目编号：19SFB3035)的阶段性成果。

** 冉克平，武汉大学法学院教授、博士生导师。研究方向：物权法、婚姻家庭法。

《民法典》第 1089 条规定:“离婚时,夫妻共同债务应当共同偿还。共同财产不足清偿或者财产归各自所有的,由双方协议清偿;协议不成的,由人民法院判决。”该条是有关离婚时夫妻共同债务清偿的规定,但并未规定夫妻共同债务的清偿方式。依据立法资料的解释,夫妻双方应当对债权人承担连带责任。[①] 学理上亦认为,夫妻共同债务具有连带性质,《民法典》第 1089 条系法律对夫妻离婚时共同债务的清偿安排。[②]

长期以来,我国司法实务对夫妻共同债务采连带债务的立场。在《民法典》颁布之前,2003 年发布的《最高人民法院关于适用〈中华人民共和国婚姻法〉若干问题的解释(二)》[以下简称《婚姻法解释(二)》](已失效)第 25 条、第 26 条即规定夫妻双方应当对共同债务承担连带清偿责任。夫妻共同债务的责任财产不仅包括夫妻共同财产,还包括夫妻各自的个人财产。[③] 然而,在《民法典》颁布之后的《婚姻家庭编解释(一)》第 35 条、第 36 条虽然大体沿袭了《婚姻法解释(二)》第 25 条、第 26 条的相关规定,但是两个“承担清偿责任”之处明显少了“连带”字眼,这似乎预示着相关司法立场的重大转变。[④]

近年来,民法学界陆续有学者提出应当区分夫妻共同债务与连带债务,为前述司法立场的可能变化提供了理论上的支撑。有学者认为,因为举债方配偶并非夫妻共同债务的当事人,若夫妻共同债务的责任财产及于举债方配偶的个人财产,将违背债的相对性原理,超出债权人的合理预期。[⑤] 即使依据夫妻共同财产制,配偶因此获益的范围也仅限于共同财产份额的增

---

① 参见黄薇主编:《中华人民共和国民法典婚姻家庭编释义》,法律出版社 2020 年版,第 178 - 179 页。

② 参见薛宁兰、谢鸿飞主编:《民法典评注:婚姻家庭编》,中国法制出版社 2020 年版,第 441 页。

③ 参见最高人民法院民事审判第一庭编著:《最高人民法院婚姻法司法解释(二)的理解与适用》,人民法院出版社 2015 年版,第 268 页。

④ 最高人民法院认为:“有疑问的是,是否需要将债务性质认定与债务清偿责任分别规定。在夫妻一方对外投资经营的情况下,基于婚后法定共同财产制,另一方受益是常态,而由于生产经营的风险巨大,如果只有较少的受益而连带负担巨额债务的,亦存在权利义务失衡的质疑。”参见最高人民法院民法典贯彻实施工作领导小组主编:《中华人民共和国民法典婚姻家庭编继承编理解与适用》,人民法院出版社 2020 年版,第 168 页。

⑤ 参见贺剑:《论婚姻法回归民法的基本思路以法定夫妻财产制为重点》,载《中外法学》2014 年第 6 期。

加,其个人财产并未因此而增加。因此,应采用“非举债方有限连带责任说”,合意之债与日常家事代理权之外的夫妻共同债务的责任财产应限于“夫妻共同财产与举债方个人财产”,不包括举债方配偶的个人财产。[①] 从民事诉讼法出发,如果债权人并未证明夫或妻单方所负的债务用于夫妻共同生活或者夫妻共同生产经营,那么债权人申请法院强制执行举债方的夫妻共同财产就面临两难困境:一方面,如果认为举债方的个人财产属于责任财产,则可能使举债方的夫妻共同财产成为逃避债务的港湾;另一方面,如果认为举债方的个人财产与夫妻共同财产中的份额均属于责任财产,则会对夫妻共同体的保障产生重大影响。笔者拟从夫妻共同债务的类型和性质出发,结合我国司法审判实务中的典型案例,分析夫妻共同债务的责任财产、夫妻共同债务的清偿顺位以及相应的强制执行规则,以期为《民法典》实施背景下夫妻债务的清偿与执行的体系化解释略尽绵薄之力。

一、夫妻共同债务的类型及其性质分析

(一)《民法典》有关夫妻共同债务的类型阐释

从文义上看,《民法典》第 1064 条规定的夫妻共同债务分为基于夫妻共同意思表示,为家庭日常生活需要以及为夫妻共同生活、共同生产经营所负债务三个类型。夫妻基于共同意思表示所负债务包括夫妻双方共同或者夫或妻一方事后追认等所负的债务,这在体系上属于《民法典》第 518 条所规定的约定连带债务。同理,如果夫妻双方共同实施侵权行为造成他人损害,亦应当承担连带责任(《民法典》第 1168 条),其与夫妻共同意思表示所负债务可以合称为“夫妻共同行为”所负债务。

然而,从婚姻家庭的角度看,夫妻共同债务认定的难点系夫或妻一方单独与第三人所形成的债之关系(合同之债与侵权之债),基于夫妻共同体与债权人合理信赖的考量,是否应当将举债方的配偶纳入共同债务人的范畴?《民法典》第 1064 条实际上包含了夫妻共同债务的两个考量标准:一是夫妻

---

① 参见龙俊:《夫妻共同财产的潜在共有》,载《法学研究》2017 年第 4 期;汪洋:《夫妻债务的基本类型、责任基础与责任财产——最高人民法院〈夫妻债务解释〉实体法评析》,载《当代法学》2019 年第 3 期;朱虎:《夫妻债务的具体类型和责任承担》,载《法学评论》2019 年第 4 期。

共同生活,主要着重于夫妻内部关系,具有一定的私密性,表现的是夫妻团体的伦理价值面向。夫妻共同生活又分为家庭日常生活需要范围内与家庭日常生活需要范围外两个层面:夫或妻以个人名义为家庭日常生活需要所负债务属于夫妻共同债务;夫或妻以个人名义超出家庭日常生活需要所负的债务推定为夫妻个人债务,除非债权人能够证明该债务用于夫妻共同生活。二是夫妻共同生产经营,主要侧重于夫妻外部关系,具有一定的开放性,表达的是夫妻团体的财产价值面向。夫妻共同生产经营亦应由债权人举证证明,否则视为夫或妻的个人债务。对于夫或妻一方因侵权行为所产生的债务是否属于夫妻共同债务,有学者认为,由于《民法典》第1064条仅以契约之债为出发点,并未规定夫或妻一方因侵权行为所产生的夫妻共同债务类型,由此构成法律漏洞。在解释论上应对《民法典》第1064条"债务用于夫妻共同生活、共同生产经营"作目的性扩张,即夫妻一方侵权之债应推定为侵权方个人债务,但若债权人(受害人)能够证明侵权行为令夫妻共同受益,或侵权行为所寄生的基础性活动与夫妻共同生活相关,则相关债务应被认定为夫妻共同债务。[①] 然而,从法解释学上看,鉴于《民法典》第1064条规定的夫妻共同债务系以"夫妻共同生活"与"夫妻共同生产经营"为规范意旨,因夫或妻一方侵害他人合法权益所负之债同样可以被"以个人名义超出家庭日常生活需要所负的债务"所涵摄。此种债务原则上被视为个人债务,但是债权人(受害人)能够证明该侵权行为有利于夫妻共同生活,则属于夫妻共同债务。从保护无辜受害人、夫妻共同体受益与风险一致的角度出发,应当适当降低债权人的证明标准,以此平衡受害人与加害人配偶之间的利益状态。

概言之,《民法典》第1064条涵摄的夫妻共同债务类型包括夫妻"共债共签"所形成的债务属于夫妻共同债务和因夫或妻一方以个人名义所形成的夫妻共同债务。夫妻共同债务可以进一步分为为夫妻共同生活、为夫妻共同生产经营以及因侵权行为所负共同债务三种类型。"夫妻共同行为"所负共同债务属于连带债务理论上并无争议,而且不受婚姻关系存续期间夫

---

① 参见任重:《夫妻债务规范的诉讼实施——兼论民法典与民事诉讼的衔接》,载《法学》2020年第12期;参见叶名怡:《民法典视野下夫妻一方侵权之债的清偿》,载《法商研究》2021年第1期。

妻财产制的影响,但是夫或妻单方行为所负夫妻共同债务的性质则存在很大的分歧。

(二)夫妻共同债务的性质分析

《民法典》第1060条规定的日常家事代理权是维系夫妻共同体的基本制度。夫或者妻一方所负债务如果属于日常家事代理权的范畴,该夫妻共同债务通常被认为属于连带债务。[①] 夫妻双方对共同债务负连带清偿责任,系指夫妻双方中的任何一方对该共同债务都有向债权人全部给付的责任。夫妻承担连带责任的责任财产应当包括夫妻双方各自的个人财产与共同财产。

如果超出家庭日常生活需要,并且债权人能够证明该债务系为夫妻共同生活所负债务,则为夫妻共同债务。《婚姻法解释(二)》第25条第2款将共同债务等同于连带债务,规定夫妻对婚姻关系存续期间的共同债务应当承担连带清偿责任,这种连带清偿责任不因离婚协议或人民法院裁判文书已对夫妻财产作出分割处理而移转。[②] 依据该司法解释第26条,夫或妻对婚姻关系存续期间的共同债务承担连带清偿责任,此责任不因夫妻一方死亡而消灭。因此,夫妻一方死亡后,另一方对婚姻关系存续期间的共同债务仍然要承担连带清偿责任。从我国司法审判实践来看,在《民法典》颁布之前,最高人民法院作出的一系列裁判均认为,非举债方对于超出日常家事代理权为夫妻共同生活所负共同债务应承担连带责任。[③] 最高人民法院曾指出,夫妻二人名下的任何财产均系夫妻共同债务的责任财产。[④] 但是,仍然有法院对此持不同观点。有法院虽然在裁判中使用了"连带清偿责任"一

---

① 参见最高人民法院民法典贯彻实施工作领导小组主编:《〈中华人民共和国民法典〉婚姻家庭编继承编理解与适用》,人民法院出版社2020年版,第167页。

② 参见最高人民法院民事审判第一庭编著:《最高人民法院婚姻法司法解释(二)的理解与适用》,人民法院出版社2015年版,第267页。

③ 参见最高人民法院民事裁定书,(2019)最高法民申1554号;最高人民法院民事裁定书,(2018)最高法民申3785号;最高人民法院民事裁定书,(2018)最高法民申750号;最高人民法院民事裁定书,(2019)最高法民申1432号。

④ 参见最高人民法院民事裁定书,(2018)最高法民申634号。

词,但将其限缩为"以夫妻共同财产为限"的连带责任。[①] 也有法院明确对"共同还款责任"与"连带责任"这两个概念进行了区分,并认为非举债方承担的"共同还款责任"并非"连带责任"。[②] 还有法院在概念上不区分"共同清偿"与"连带偿还",认为二者"在对债务的清偿结果上并无区别,不影响债权人权利的实现"[③]。然而,《婚姻家庭编解释(一)》第 35 条、第 36 条删除了此种类型的夫妻共同债务的"连带"字样,为"夫妻共同债务为连带债务"之外的性质提供了解释空间。在《民法典》及该司法解释实施之后的判决中,仅有少数几个案例中明确出现了夫妻双方承担连带清偿责任的表述。[④]

将夫或妻一方以个人名义为共同生活所负债务认定为夫妻共同债务,实质上是立法者对于举债方的配偶承担额外债务的风险与债权人的合理信赖(交易安全)之间的价值衡量。从债的相对性角度出发,债权人也只是有理由相信共同财产制下的债务人有以夫妻共同财产作为担保的意思,无法推出非举债方以其个人财产为此清偿的承诺。[⑤] 基于交易安全和婚姻保护,所谓夫妻共同债务令"夫妻共同受益"的理由亦不足以使夫妻双方在外部关系上为一方的婚后债务承担连带责任。[⑥]

通常情形下,夫妻共同债务是为家庭共同体利益的目的,但是这只是涉及夫妻共同财产的可能增加,并不会导致举债方配偶个人财产的增加。从债务人责任财产的角度观察,举债方以个人财产与夫妻共同财产承担责任即可保全债权人的合理信赖,而不应该及于举债方配偶的婚前个人财产以及离婚后新获得的财产,只需要保障夫妻共同财产不因婚内不当变更财产

---

① 参见四川省高级人民法院民事裁定书,(2018)川民申 2182 号。

② 参见云南省高级人民法院民事判决书,(2018)云民初 70 号;湖北省高级人民法院民事判决书,(2018)鄂民初 70 号;浙江省高级人民法院民事判决书,(2018)浙民申 2491 号。

③ 参见海南省高级人民法院民事裁定书,(2019)琼民申 975 号。

④ 参见湖南省永州市零陵区人民法院民事判决书,(2021)湘 1102 民初 285 号;河北省新河县人民法院民事判决书,(2021)冀 0530 民初 108 号;江苏省泰州市中级人民法院执行裁定书,(2021)苏 12 执复 43 号;山东省聊城市茌平区人民法院民事判决书,(2021)鲁 1523 民初 984 号;安徽省长丰县人民法院民事判决书,(2021)皖 0121 民初 952 号。

⑤ 参见何丽新:《论非举债方以夫妻共同财产为限清偿夫妻共同债务——从(2014)苏民再提字第 0057 号民事判决书说起》,载《政法论丛》2017 年第 6 期。

⑥ 参见贺剑:《夫妻财产法的精神——民法典夫妻共同债务和财产规则释论》,载《法学》2020 年第 1 期。

权属或者离婚而减少即可。若举债方配偶对于此类夫妻共同债务承担无限连带责任,有违“目的—手段”应当适当的比例原则。[①] 夫妻共同债务属于连带债务表明了立法者以及司法机关过往的价值判断。然而,随着经济与社会发展的变迁,人格独立与个体自由的倾向越来越强,将夫妻共同债务视为连带债务,导致夫妻共同体吸收个人独立人格的法律效果,已不合时宜。在社会发生重大变迁时,新的价值观念便会和法律的既有价值发生冲突,这迫使立法者或裁判者必须适时地作出相应调整。[②]《婚姻家庭编解释(一)》第35条、第36条有关夫妻共同债务并非连带债务的修改,正是司法机关价值取向转变的具体表达。夫或妻一方为超出家庭日常生活需要的夫妻共同生活所形成的夫妻共同债务的责任财产包括债务人的个人财产与夫妻共同财产,不涉及举债方配偶的个人财产[③],这属于“有限连带责任”。

有疑问的是,为何夫或妻一方以个人名义为家庭日常生活需要所形成的夫妻共同债务属于“无限连带责任”,而夫或妻一方以个人名义为超出家庭日常生活需要的夫妻共同生活所形成的夫妻共同债务属于“有限连带责任”?[④] 主张类型区分说的学者认为,两者各自形成夫妻共同债务的正当性基础存在差异。对于日常家事代理形成的夫妻共同债务,法律拟制夫妻一方对其配偶实施的民事法律行为作出了同意的意思表示,因而应与以夫妻双方名义举债形成的夫妻共同债务一体对待。[⑤] 夫妻在日常家事范围内基于身份关系互为代理源自婚姻的“当然效力”,此类债务属于《民法典》第178条第3款中“由法律规定”的连带债务,以贯彻维系家庭存续与保护交易

---

① 参见龙俊:《夫妻共同财产的潜在共有》,载《法学研究》2017年第4期。

② 参见许德风:《论法教义学与价值判断　以民法方法为重点》,载《中外法学》2008年第2期。

③ 参见汪洋:《夫妻债务的基本类型、责任基础与责任财产——最高人民法院〈夫妻债务解释〉实体法评析》,载《当代法学》2019年第3期。

④ 如果夫妻之间实施的不具有任何夫妻共同财产的“分别财产制”(这只是一种理想类型),则一方为夫妻共同生活所负债务即使被认为属于夫妻共同债务,由于不存在夫妻共同财产,也与另一方无涉。对此,《民法典》第1065条第3款明确规定:“夫妻对婚姻关系存续期间所得的财产约定归各自所有,夫或者妻一方对外所负的债务,相对人知道该约定的,以夫或者妻一方的个人财产清偿。”

⑤ 参见朱虎:《夫妻债务的具体类型和责任承担》,载《法学评论》2019年第4期。

安全两方面的价值追求。[①]

夫或妻一方为夫妻共同生活所形成的夫妻共同债务,在性质上均属于“有限连带债务”。具体理由如下:(1)日常家事代理权所负债务与超出日常家事代理权为夫妻共同生活所负债务在本质上均为夫妻共同生活所负的夫妻共同债务,只是存在证明责任上的差异。事物的本质或性质,是指在客观上可以确定的、现实事物在逻辑上的结构,对于法规范的解释与补充具有重要意义。[②] 法律规范的形成、解释以及补充均必须取决于所规范之事物的性质,如此才不会使法律因与人类的社会生活关系脱节而成为经济社会生活的障碍。如果夫妻一方以个人名义超出家庭生活需要所形成的夫妻合同债务属于有限连带债务,那么夫妻一方以个人名义为家庭日常生活需要所形成的夫妻共同债务亦应当属于“有限连带债务”。对本质相同的事物不应规定不同的法律效果,否则构成评价上的矛盾。(2)夫或妻日常家事代理权形成的债务属于连带债务符合比较法上的做法,如《法国民法典》第220条、《德国民法典》第1357条、《瑞士民法典》第162条。然而,我国《民法典》上的日常家事代理权在制度基础与适用范围上与之存在明显的差异。在制度基础上,德国、瑞士以分别财产制为夫妻法定财产制,采取连带责任理所当然。虽然法国采取的是夫妻共同财产制,但是在适用范围上,法国法通常不包括数额较大的借贷。如果债权人向夫妻一方借贷资金并希望享有连带债务之利益,应当证明其给予的借贷是用于家庭生活开支与子女教育,在范围上仅限于对“数额很小,用于家庭日常生活所必需的借贷款项”适用连带债务。[③] 实际上,从尊重夫妻人格独立出发,日常家事的范围在比较法上有受到严格限制的发展趋势。[④] 从司法实践看,我国的日常家事代理权的范围,

---

① 参见薛宁兰:《中国民法典夫妻债务制度研究——基于财产权平等保护的讨论》,载《妇女研究论丛》2018年第3期。

② 参见[德]阿图尔·考夫曼、[德]温弗里德·哈斯默尔主编:《当代法哲学和法律理论导论》,郑永流译,法律出版社2013年版,第250页。

③ 参见《法国民法典》(上册),罗结珍译,法律出版社2005年版,第210页。

④ 参见王战涛:《日常家事代理之批判》,载《法学家》2019年第3期。

远远大于比较法上的范畴。[①] 概言之，夫或妻一方为夫妻共同生活所负债务均属于“有限连带债务”，但是超出日常家事代理权的，应当由债权人证明用于夫妻共同生活，否则属于夫或妻的个人债务。

夫或妻一方以个人名义为夫妻共同生产经营所负债务属于夫妻共同债务。“夫妻共同生产经营”既可以表现为夫妻双方同时作为决策者的“合伙人”关系，也可以表现为一方为决策者、另一方协助决策和执行的“雇主—雇员”关系。[②] 此时夫妻共同体已经转换为经济团体，夫妻双方通过商事组织实施的生产经营活动所负的债务即可认定为夫妻共同债务，在性质上应当属于有限连带债务，不涉及举债方配偶的个人财产。夫或妻一方因实施侵权行为被认定为夫妻共同债务，仅以侵权方的个人财产与夫妻共同财产为限承担责任。侵权方的配偶无须承担无限连带责任，否则，无限连带责任的不确定风险对于无辜的侵权方配偶过于严苛，亦不符合受益—风险一致的原则。

二、夫妻共同债务的清偿顺位及其追偿

（一）夫妻共同债务的清偿顺位

从夫妻共同债务的类型来看，夫妻共同意思表示与共同侵权所负共同债务，属于“无限连带债务”；夫或妻一方为夫妻共同生活、共同生产经营以及侵权行为所负夫妻共同债务属于“有限连带债务”。

“无限连带债务”与“有限连带债务”都属于多数人之债，但两者区别极为明显：就外部关系而言，无限连带债务的债权人可以要求夫或妻任何一方清偿全部债务。但是有限连带债务的债权人只能要求所有债务人以共同共有财产清偿债务，共同共有财产不足以清偿全部债务的，举债方应当承担个人责任。就内部关系而言，无限连带债务人内部可能存在追偿关系，而有限

---

① 例如《浙江省高级人民法院关于妥善审理涉夫妻债务纠纷案件的通知》（浙高法〔2018〕89号）规定，以下情形，可作为各级法院认定“为家庭日常生活需要所负债务”的考量因素：（1）单笔举债或对同一债权人举债金额在20万元（含本数）以下的；（2）举债金额与举债时家庭收入状况、消费形态基本合理匹配的；（3）交易时债权人已尽谨慎注意义务，经审查举债人及其家庭支出需求、借款用途等，有充分理由相信债务确系为家庭日常生活需要所负的。

② 参见申晨：《夫妻债务类型的重构：基于有限责任的引入》，载《清华法学》2019年第5期。

连带债务人以共同财产以及举债方的个人财产负责,债务人之间通常不存在追偿关系。[①] 夫妻双方应当共同清偿夫妻共同债务,不论是夫妻共同协议确定的各自承担的债务份额,还是人民法院判决夫妻双方各自承担的债务份额,都只能约束夫妻双方(包括离婚时的双方当事人),对债权人没有约束力。

夫妻无限连带清偿责任并不因夫妻双方的婚姻关系存续状态的变化而改变。因婚姻而形成的法律关系,除了包含财产内容之外,还具有强烈的人身属性。因夫妻双方离婚导致男女双方间夫妻关系和财产共有关系的消灭,双方按照法律规定确定共同财产的分割方式。但是,为了保护债权人的合法权利不因婚姻关系的变动不受到侵害,不论是双方当事人协商确定,还是人民法院判决确定的清偿方式、清偿比例等内容,仅在离婚的双方当事人之间有效,对债权人是没有法律效力的,债权人可以依照《民法典》第178条第1款"二人以上依法承担连带责任的,权利人有权请求部分或者全部连带责任人承担责任"的规定来要求双方履行其债务。

从我国司法审判实践来看,就夫妻一方个人债务的清偿,债务人个人财产与夫妻共同财产的执行顺位问题存在争议。在"曹××与储甲等案外人执行异议之诉上诉案"中一审和二审法院曾出现观点分歧,一审法院认为"本案的债务性质为范某的个人债务,因此应首先执行范某个人名下的财产","在尚未对范某个人财产执行完毕的前提下,直接执行范某在夫妻共同财产中的份额,确有不当之处"。二审法院却认为,"不管其债务的性质是个人债务还是夫妻共同债务,在债权人曹××申请执行过程中,对于债务人范某的个人财产以及其与他人共有财产中的相应份额,皆可执行"[②],即认为夫妻一方个人债务的清偿不存在个人财产与夫妻共同财产的顺位。在另外一则案例中,法院亦认为债权人可申请执行债务人的个人财产以及夫妻共同财产中的相应份额,债务人配偶提出的债务人仍有其他财产可供执行的意见,不能排除对夫妻共有财产的强制执行。[③] 与之不同的是,《浙江省高级人

---

① 参见缪宇:《走出夫妻共同债务的误区 以〈婚姻法司法解释(二)〉第24条为分析对象》,载《中外法学》2018年第1期。

② 浙江省嘉兴市中级人民法院(2013)浙嘉执异终字第4号执行裁定书。

③ 参见安徽省合肥市中级人民法院(2018)皖01民终6764号民事判决书。

民法院关于执行生效法律文书确定夫妻一方为债务人案件的相关法律问题解答》(浙高法〔2014〕38 号)第 7 条规定:“经判断为夫妻个人债务的案件,应当执行属于被执行人所有或者其个人名下的财产。被执行人所有或者其名下的财产不足清偿的,可执行夫妻共同财产中的一半份额……”因此 2014 年之后浙江省法院的裁判,在该问题上体现出较强的一致性,即认为对于夫妻一方个人债务,应当先执行债务人所有或者其名下的财产,无财产或财产不足以清偿的,才可以执行债务人夫妻共同财产的份额。[①] 其他地区亦有法院认为,应当首先执行债务人个人财产,个人财产不足以清偿时,方可执行夫妻共同财产中属于债务人的那一部分。[②] 从我国司法审判实践来看,在个人债务的清偿顺位问题上,认为应当首先以债务人个人财产进行清偿是当前的主流观点。究其原因,由于夫或妻一方以个人名义为夫妻共同生活与夫妻共同生产经营所负债务系举债方所实施,而夫妻共同财产涉及举债方配偶,在利益衡量上,优先考虑举债方的个人财产,只有在个人财产不足以清偿夫妻共同债务时才以夫妻共同财产清偿,这样的清偿顺位有利于妥当平衡债权人与举债方配偶之间的利益。

就夫妻共同债务的清偿顺位而言,有观点认为,共同债务责任财产的清偿顺序应当由债务人与债权人双方约定,法律对此不应加以特别限定。[③] 然而有学者持不同观点,认为夫妻共同债务的清偿顺序需要妥当平衡债权人与夫妻之间的利益,应当先以夫妻共同财产履行夫妻共同债务。[④] 这并不意味着债权人无权就作为共同债务人的夫妻的个人财产获得清偿,而是赋予

---

① 参见浙江省绍兴市中级人民法院(2020)浙 06 执复 101 号执行裁定书;浙江省衢州市中级人民法院(2017)浙 08 民终 1074 号民事判决书;浙江省绍兴市中级人民法院(2016)浙 06 民终 735 号民事判决书;浙江省金华市中级人民法院(2016)浙 07 执异 14 号执行裁定书。

② 参见江苏省徐州市中级人民法院(2014)徐执复字第 30 号执行裁定书;河北省邢台市中级人民法院(2017)冀 05 民终 2271 号民事判决书;湖北省武汉市中级人民法院(2017)鄂 01 执复 161 号执行裁定书;广东省深圳市中级人民法院(2020)粤 03 民终 8821 号民事判决书。

③ 参见尚志东、张西、王文信:《婚姻法不宜设定以夫妻共同财产清偿共同债务》,载《人民司法》2009 年第 1 期。

④ 参见最高人民法院民法典贯彻实施工作领导小组主编:《〈中华人民共和国民法典〉婚姻家庭编继承编理解与适用》,人民法院出版社 2020 年版,第 319 页。

了作为共同债务人的夫妻在其个人财产执行上的先诉抗辩权。[①] 我国司法审判实践对此认识不一。有判决认为,根据《婚姻法》(已失效)第 41 条的规定,“夫妻共同债务,应当优先以夫妻共同财产进行偿还”[②]。另有法院认为,在夫妻一方向其母亲举债用以购买共同住房的情况下,为避免举债方与债权人通过本案转嫁举债方举债风险,并且不损害债权人的利益,依照《合同法》(已失效)第 5 条“当事人应当遵循公平原则确定各方的权利和义务”之规定,应当首先执行举债方的财产,确实执行不能,再由非举债方以夫妻共同财产为限承担责任。[③] 夫妻共同债务与个人债务不同,其规范目的是为夫妻共同生活与夫妻共同生产经营所负债务,属于“有限连带债务”,范围不仅包括举债方的个人财产,还包括夫妻共同财产。夫妻共同债务交织着有关债权人利益的交易安全价值与维系婚姻共同体的价值,夫妻共同债务清偿规则应当力图实现债权人与作为共同债务人的夫妻共同体之间的利益平衡。[④] 由于我国现行法采用的法定财产制是夫妻婚后所得共同制,夫妻财产与个人财产的划分非常复杂,所遵循的是《民法典》婚姻家庭编而非物权编的逻辑,夫妻关系具有私密性,而且财产形态在不断发生变化。夫妻共同债务的债权人通常难以证明哪些属于举债方的责任财产,哪些属于夫妻共同财产。从平衡夫妻共同体与债权人利益的角度出发,夫妻共同债务在清偿顺位上应当先以债务人的个人财产清偿,不足部分由共同财产清偿。否则,会造成仅仅因为债权人的强制执行,共同财产就会在婚姻存续期间被分割,它使得作为局外人的债权人可以拆散夫妻财产共同体,因而有违婚姻的本质。[⑤]

(二)夫妻债务的相互追偿

在夫妻债务属于个人债务的情形中,债权人对负债一方配偶在夫妻共

---

① 参见关淑芳、郭子圣:《夫妻共同债务清偿规则辨析》,载《华东政法大学学报》2021 年第 1 期。

② 参见陕西省延川县人民法院(2021)陕 0622 执异 5 号执行裁定书。

③ 参见四川省成都市中级人民法院(2021)川 01 民终 579 号民事判决书。

④ 参见田韶华:《论共同财产制下夫妻债务的清偿》,载《法律科学》2019 年第 5 期。

⑤ 参见贺剑:《论婚姻法回归民法的基本思路　以法定夫妻财产制为重点》,载《中外法学》2014 年第 6 期。

同财产中相应份额的执行存在以下三种类型:一是举债方配偶以其个人财产为举债方偿还债务,以避免夫妻共同财产被分割;二是夫妻离婚分割共同财产,债权人向法院申请强制执行属于举债方的个人财产;三是夫妻双方协议在婚内分割共同财产,债权人向法院申请强制执行属于举债方的相应份额。在债务属于夫妻共同债务的情形下,如果夫妻共同债务系无限连带债务,在夫妻双方采婚后所得共同制的背景下,夫妻共同债务的责任财产范围包括夫妻双方的共同财产和夫妻双方各自的全部个人财产;在夫妻双方采分别财产制的背景下,夫妻共同债务的责任财产范围包括夫妻双方的全部个人财产。[①] 如果夫妻共同财产足以清偿夫妻共同债务,则不存在夫妻之间相互追偿的问题。但是,如果夫妻共同财产不足以清偿夫妻共同债务,夫或妻任何一方对债权人的清偿责任超出了应该承担的份额,其有权向另一方追偿。如果夫妻共同债务系"有限连带债务",由于举债方配偶不需要以个人财产承担责任,而且举债方是为夫妻共同生活或夫妻共同生产经营所负债务,因此通常不会产生追偿权。但是,因夫或妻一方基于过错而实施侵权行为产生的夫妻共同债务,尽管行为人在主观上有为夫妻共同利益的目的,但是由于其具有可归责性,无论该侵权责任的归责原则是过错责任还是严格责任,均应当允许举债方配偶在夫妻共同财产清偿后向侵权方追偿。[②]

《婚姻家庭编解释(一)》第 35 条第 2 款规定:"一方就夫妻共同债务承担清偿责任后,主张由另一方按照离婚协议或者人民法院的法律文书承担相应债务的,人民法院应予支持。"结合我国司法实践来看,追偿权的行使主要分为以下三种情形:(1)在夫妻共同债务系"无限连带债务"的情形,有法院认为夫妻双方"作为债务的连带债务人,未能确定份额即视为份额相同"[③],或认为"在夫妻共同债务的份额不能分清或无法分清的情况下,应认

---

① 有法院认为,"夫妻一方向另一方所享有的追偿权应当具备下列条件:一是夫妻一方追偿权必须以连带债务存在为前提。追偿权的目的在于使债权人的债权能够尽快实现,并使债权最终得不到实现的风险转由负有连带责任的债务人之配偶负担;二是夫妻一方所享有的追偿权必须以其行使了使其配偶免除原债务为条件;三是夫妻一方向债权人给付之金额超出了其应当负担的金额"。参见云南省昆明市中级人民法院(2019)云 01 民终 6489 号民事判决书。

② 参见叶名怡:《民法典视野下夫妻一方侵权之债的清偿》,载《法商研究》2021 年第 1 期。

③ 参见安徽省淮南市中级人民法院(2021)皖 04 民终 873 号民事判决书。

定双方的份额均等”[①],另一些法院则在未作说明的情况下,径直认定承担清偿责任的一方应向另一方追偿已清偿数额的50%。[②] 概言之,在无离婚协议且无生效法律文书的情况下,夫妻一方通常只能向另一方追偿已清偿数额的一半。(2)基于离婚协议追偿。在夫妻双方离婚后,一方就夫妻共同债务承担连带清偿责任的,可以向另一方追偿。对此,清偿夫妻共同债务的一方应当举证证明其已经清偿全部夫妻共同债务,并且超过了基于离婚协议或人民法院生效法律文书中应当承担的份额。夫妻双方在离婚协议中对涉案债务的清偿已作出安排,通常约定由夫妻中一方承担全部清偿责任,但该协议约定只是夫妻双方的内部约定,不能对抗债权人,债权人有权向夫妻中的任何一方或双方主张权利,一方承担完偿还义务后可以根据内部约定向另一方追偿全部数额。[③] 此外,亦有法院认为婚姻存续期间对债务清偿作出安排的夫妻协议亦可作为夫妻一方行使追偿权的基础。[④] (3)基于人民法院的法律文书追偿。已存在生效的法律文书对涉案债务的清偿责任作出划分的情况下,夫妻一方可基于已生效的判决书或调解书,向另一方追偿。[⑤]

三、夫妻个人债务的执行规则分析

(一)夫妻个人债务执行的实务分歧

夫妻共同债务与夫妻个人债务是相对的,二者间存在转换关系。如果夫或妻一方所负债务不能被认定为夫妻共同生活或者夫妻共同生产经营所负债务,则属于夫或妻的个人债务,但是在债务的清偿上可能涉及夫妻共同财产,因此仍然与夫妻共同体有关。任何夫妻共同债务同时必然是夫妻一

---

① 参见福建省泉州市中级人民法院(2015)泉民终字第4002号民事判决书。

② 参见云南省玉溪市中级人民法院(2021)云04民终314号民事判决书;广西壮族自治区百色市中级人民法院(2020)桂10民终1089号民事判决书。

③ 参见安徽省合肥市中级人民法院(2020)皖01民终3473号民事判决书;湖北省武汉市中级人民法院(2020)鄂01民终7695号民事判决书;云南省曲靖市中级人民法院(2019)云03民终2080号民事判决书;陕西省咸阳市中级人民法院(2019)陕04民终2089号民事判决书。

④ 参见福建省漳州市中级人民法院(2015)漳民终字第541号民事判决书。

⑤ 参见贵州省黔南布依族苗族自治州中级人民法院(2020)黔27民终2920号民事判决书;四川省达州市中级人民法院(2020)川17民终1462号民事判决书;河南省南阳市中级人民法院(2020)豫13民终4640号民事判决书;贵州省贵阳市中级人民法院(2020)黔01民终219号民事判决书。

方或者双方的个人债务。因此对于举债一方配偶来说,该债务既是夫妻共同债务,也是其个人的债务,需要以其个人财产承担清偿责任。在“无限连带债务”之外,无论是夫或妻的个人财产抑或夫妻共同财产的执行,均涉及举债方的个人财产与夫妻共同财产。

在婚姻关系存续期间,夫或妻的个人债务的责任财产包括债务人的个人财产与夫妻共同财产潜在的一半份额。当债权人仅获得对债务人的胜诉给付判决,但是债务人的个人财产不足以清偿时,债权人能否请求法院执行该夫妻共同财产?实现债权的方式如何?这导致执行程序的推进与实体法制度上存在复杂的内在冲突。在实体法上,婚姻保护、意思自治和交易安全三种基本价值形成的“价值之网”是夫妻财产法规则的分析框架。婚姻保护是理解夫妻财产法的第一把钥匙,其要义在于提供适当经济激励,不让金钱给婚姻添乱。[①] 在夫妻法定财产制下,夫妻双方对于夫妻共同财产不分份额地共同享有权利并承担义务。依据《民法典》第1066条规定,婚姻关系存续期间分割夫妻共同财产限于法定事由。[②] 为维护家庭和睦、稳定,对夫妻一方要求分割夫妻共同财产的法定情形应当从严掌握。[③] 这表明,在夫妻个人债务的强制执行问题上,并非仅有债权实现这一维度,还包括保障夫妻共同生活关系的价值选择。[④] 这显然为准许夫妻一方的债权人对夫妻共同财产的强制执行带来了法律障碍。在程序法上,依据《最高人民法院关于民事执行中变更、追加当事人若干问题的规定》(法释〔2016〕21号)第1条确立的变更追加被执行人法定主义原则,未经实体审理,执行阶段法院不得追加配偶为被执行人。这进一步涉及2020年修正的《最高人民法院关于人民法院

---

① 参见贺剑:《夫妻财产法的精神——民法典夫妻共同债务和财产规则释论》,载《法学》2020年第7期。

② 《民法典》第1066条规定:“婚姻关系存续期间,有下列情形之一的,夫妻一方可以向人民法院请求分割共同财产:(一)一方有隐藏、转移、变卖、毁损、挥霍夫妻共同财产或者伪造夫妻共同债务等严重损害夫妻共同财产利益的行为;(二)一方负有法定扶养义务的人患重大疾病需要医治,另一方不同意支付相关医疗费用。”该条源于原《最高人民法院关于适用〈中华人民共和国婚姻法〉若干问题的解释(三)》第4条。

③ 参见黄薇主编:《中华人民共和国民法典婚姻家庭编释义》,法律出版社2020年版,第106页。

④ 参见任重:《民事诉讼法教义学视角下的“执行难”:成因与出路——以夫妻共同财产的执行为中心》,载《当代法学》2019年第3期。

民事执行中查封、扣押、冻结财产的规定》(以下简称《查封、扣押、冻结规定》)第 12 条在适用于夫妻共同财产时,如果夫妻双方就共同财产协议分割不成或者债权人不认可又无《民法典》第 1066 条的法定情形,在程序上采取查封、扣押、冻结等控制性措施的基础上,法院能否越过《查封、扣押、冻结规定》第 12 条第 3 款赋予债务人配偶提起析产诉讼或者申请执行人代位提起析产诉讼的权利("先析产、再执行"),直接处分夫妻共同财产?[①]

从我国司法审判实践来看,夫或妻一方个人债务的债权人在执行夫妻共同财产时,另一方配偶能否就夫妻共同财产中的份额排除强制执行,大体可以分为肯定说与否定说。肯定说认为,配偶双方对于夫妻共同财产均享有平等的、不分份额的占有、使用、收益和处分的民事权益,并及于共同共有财产的全部。因此,对夫妻共同财产进行强制执行必然会损害作为共同共有人的债务人配偶(案外人)的民事权益。在未按《查封、扣押、冻结规定》第 12 条对共同共有财产进行分割或析产的情形下,案外人所享有的民事权益足以排除对夫妻共同财产的强制执行。[②] 肯定说认为,在依程序对夫妻共同财产予以分割前,不能强制执行夫妻共同财产偿还个人债务,这实际支持"先析产,再执行"。否定说属于主流观点,实质上不允许或者越过了"先析产、再执行"规则。可以分为如下三种类型:(1)债务人的配偶不得排除债权人对夫妻共同财产的执行,仅对拍卖款享有权利(金钱分割)。有法院认为,即便本案的债务是夫妻一方的个人债务,本案的案涉房产系夫妻共同财产,但该部分财产份额中仍有债务人个人财产份额,在债务人的配偶未对属于债务人的产权份额行使优先购买权的情况下,其享有的权利份额不能阻却执行,仅对案涉房屋的拍卖款享有权利。易言之,债务人的配偶基于夫妻关系有权对案涉房产的拍卖款主张权利,但其对案涉房产享有的民事权益不足以阻却一审法院的执行。[③] (2)债务人的配偶不得排除债权人对夫妻共同财产的执行,其共有份额可通过分割标的物(份额分割),亦可通过变价后保

---

① 参见王轶、包丁裕睿:《夫妻共同债务的认定与清偿规则实证研究》,载《华东政法大学学报》2021 年第 1 期。

② 参见山东省高级人民法院(2016)鲁民终 1835 号民事判决书;最高人民法院(2019)最高法民申 5507 号民事裁定书。

③ 参见江西省高级人民法院(2018)赣民终 597 号民事判决书。

留相应价款的方式实现（金钱分割）。有法院认为，案涉房屋是夫妻双方婚姻存续期间取得的财产，属于夫妻共同财产。案涉房屋既有债务人配偶的财产份额部分，亦有债务人的财产份额部分。债务人配偶虽然是案涉房屋的共同共有人，但其共有份额可通过分割标的物的方式实现，亦可通过在案涉房屋变价后保留相应价款的方式实现。债务人配偶以其系案涉房屋的共有人为由，主张排除人民法院的强制执行，缺乏事实和法律依据。① （3）债务人的配偶不得排除债权人对夫妻共同财产的执行，通过拍卖部分份额，在执行过程中析产（份额分割）。有法院认为，《查封、扣押、冻结规定》第 12 条第 1 款规定执行法院可以对被执行人与其他人共有的财产进行查封、扣押、冻结，第 2 款和第 3 款分别规定了在各方当事人协商一致分割共有财产以及提起析产诉讼情况下的执行方式，在不存在第 2 款和第 3 款规定的情形时，应适用第 1 款的规定。在对夫妻共有财产进行拍卖时，应在夫妻共有财产范围内对债权人所享有财产份额进行处分，不得损害债务人配偶的财产份额。②

（二）夫妻个人债务执行规则的体系化阐释

对于夫妻共同财产的执行，焦点问题是如何解消被执行人与其配偶（案外人）之间的共有关系以及划定共有份额或执行标的的范围，涉及实体规范/执行实践、查封阶段/处置阶段、诉讼程序/执行程序、执行效率/程序公正、夫妻共同体维系/债权实现等因素和理念的冲突、选择和权衡。在程序法上采取“先析产，再执行”的肯定说，仅允许债权人通过另行起诉的代位析产之诉的路径实现债权，尽管在程序上最为正当，亦符合共同共有的法律属性，然而在我国《民法典》采取法定的婚后所得共同制的背景下，会极大地增添执行的成本并影响执行的效率，加剧“执行难”的问题。在程序法上采取“以强制执行的方式来析产”的否定说，执行法院普遍允许夫妻一方个人债务的债权人就债务人个人财产以及其在共同财产中的份额（通常是一半）实现其权利，这无疑可以提高执行的效率，但是面临如何突破《民法典》第 1066 条夫妻共同财产分割法定事由的限制的疑问，以及未经实体审理，为何可以

---

① 最高人民法院（2020）最高法民申 4638 号民事裁定书。
② 最高人民法院（2017）最高法民申 2083 号民事裁定书。

在执行程序中追加债务人配偶为被执行人？尤其重要的是,如果查封债务人配偶名下的财产或者离婚后分割的财产,解决执行标的的归属、范围以及份额等争议需要对资金来源、财产分割协议、离婚协议等错综复杂的证据进行审理和判断。[①] 通过执行的方式能否保障当事人在程序上的正当性？对于执行程序与诉讼程序之间的冲突,有学者认为,夫妻一方并非被执行人,人民法院却直接对夫妻共同财产进行查封、扣押、冻结,迫使夫妻协议分割财产或提起析产诉讼,并为申请执行人开辟了代位析产诉讼的途径。“举轻以明重”,追加夫妻另一方作为被执行人尚且不被最高人民法院承认,根据《查封、扣押、冻结规定》第 12 条径行执行夫妻共同财产也就更不具有正当性。为了解决债权人的“证明难”和“执行难”问题,可考虑引入有利于债权人的占有推定规则,贯彻形式化原则,并用足债权人撤销权制度,以实现婚姻家庭关系维系和债权人财产权利保护之间的平衡。在婚姻保护的基础上兼顾意思自治和交易安全,最终落实《民法典》第 1041 条第 1 款婚姻家庭受国家保护的庄严承诺。[②] 执行形式化原则在我国司法实践中有相应的判决支持。[③] 上述观点系严格遵循《民事诉讼法》诉讼与执行相分离以及充分保障当事人程序上的正当性原则的结果。然而,对于夫妻共同财产的强制执行仅限于执行形式化原则,存在如下弊端:其一,我国《民法典》第 1062 条规定采用的婚后所得共同制。以现实生活中的不动产为例,夫妻作为不动产的法定共同共有人并不以不动产登记为必要,多数已婚者名下不动产登记簿的记载内容受到法定夫妻财产制的影响,导致在涉及已婚者不动产的执行程序中,可能作为执行对象的不动产是否确为共有或者是否属于债务人的责任财产范围,通常并不容易辨认。如果仅仅以执行形式化原则为依据,

---

① 参见胡婷、王亚新:《共有不动产执行中的争议处理——兼论执行立法草案相关条文的内容构成》,载《西南政法大学学报》2020 年第 2 期。

② 参见任重:《夫妻债务规范的诉讼实施——兼论民法典与民事诉讼的衔接》,载《法学》2020 年第 12 期。

③ 最高人民法院认为:“刘芳邑主张依据离婚协议书已取得案涉房产的所有权,但其仅依据夫妻内部处分行为排斥对外法定公示物权效力,并无依据……因此,刘芳邑对案涉房产不享有足以排除强制执行的民事权益,一审法院鉴于案涉房产仍然登记在刘新发名下,对作为登记的权利人财产予以执行并无不当,刘芳邑的上诉请求缺乏事实和法律依据,本院不予支持。”最高人民法院(2020)最高法民终 1226 号民事判决书。

显然会不当地限缩债务人的责任财产范围,对于保护债权人的利益非常不利,与我国的司法实践不相符。其二,在价值衡量上,婚姻保护或者夫妻共同体的维护并不优先于债权人利益或者交易安全的保障。从债权人的角度看,其债权亦极有可能属于夫妻共同财产,该债权的实现与否亦关系着债权人婚姻家庭关系的稳定和团结。例如,《最高人民法院关于人民法院办理执行异议和复议案件若干问题的规定》第 20 条规定,在金钱债权执行中,人民法院通常并不支持被执行人以执行标的系本人及所扶养家属维持生活必需的居住房屋为由提出异议的诉求。因此,抽象地讨论夫妻共同财产具有维护债务人夫妻共同体的重要功能,忽略作为个人的债权人的利益,有失妥当。

为化解实体规范(《民法典》第 1066 条)与执行实践中法院越过债权人代位析产之诉而强制执行夫妻共同财产之间的冲突,有学者认为,除《最高人民法院关于适用〈中华人民共和国婚姻法〉若干问题的解释(三)》第 4 条规定夫妻可在婚姻关系存续期间分割共同财产的两种情形之外,可以将司法实践发展而来的经验,即以被执行人的个人财产无法清偿夫妻共同债务作为《民法典》第 303 条规定的可以分割夫妻共同财产的一项"重大理由"。尽管如此,由于法院在执行程序中只能对夫妻共同财产采取查封、扣押、冻结等措施而不能直接处分,因此在未追加配偶情形下,法院直接执行其名下一半财产有违《查封、扣押、冻结规定》第 11 条的规定。[①] 还有学者认为,应当对《最高人民法院关于适用〈中华人民共和国婚姻法〉若干问题的解释(三)》第 4 条进行扩大解释,将"伪造夫妻共同债务"扩大解释为"严重损害夫妻共同财产利益"的行为,只要夫妻一方债务使另一方财产利益受到损害这一事实存在,就构成分割夫妻共同财产的正当性理由。夫妻双方既可以通过离婚分割夫妻共同财产,也可以在婚姻关系存续期间分割夫妻共有财产,再由债权人向法院申请强制执行举债方的相应份额,系为债权人提供救济的同时延续婚姻关系的最佳途径。[②]

---

① 参见张海燕:《执行程序中被执行人配偶追加问题研究》,载《当代法学》2019 年第 1 期。

② 参见汪洋:《夫妻债务的责任类型、责任基础与责任财产——最高人民法院〈夫妻债务解释〉实体法评析》,载《当代法学》2019 年第 3 期。

从财产的独立性角度看,夫妻共同财产与债务人的个人财产之间的区隔并不足以完全抗衡债权人对债务人在夫妻共同财产中的潜在份额的强制执行。与按份共有相比,共同共有财产的独立性更明显,在共有关系中,每位共有人的权利都及于共有物整体,其行为的效力并非仅及于其财产份额,而是及于共有物之全部。在共有人不能清偿个人债务时,其债权人并不能直接通过强制执行的方式取得共有财产中的特定财产。但是,合伙相比夫妻共同共有,合伙关系中的财产独立性更进一步。因此,可以将债权人强制执行债务人在夫妻共同财产中的潜在份额类比强制执行合伙人在合伙共同共有财产中的份额,债权人有权可以取得债务人在共同共有财产中的份额,并经其他共有人行使优先购买权等步骤分得份额的价值。[①] 无论是《民法典》第 303 条规定的"共同共有人在共有的基础丧失或者有重大理由需要分割时可以请求分割",还是该法第 1066 条规定的两项法定事由,均允许共同财产分割与婚姻关系的存续适度分离。[②] 在体系上,《民法典》第 1066 条规定的是夫妻一方严重损害夫妻共同财产利益和危害另一方负有法定扶养义务的人的重大疾病治疗的行为,难以涵摄涉及债权人权利实现的事由。然而,《民法典》第 303 条规定的"重大理由"属于兜底条款,可以涵摄债权人在债务人个人财产不足以清偿,不得不强制执行夫妻共同财产的情形,夫妻之间的潜在共有必须转化为按份共有。这可以为我国司法实践中大量存在的需要以债务人的夫妻共同财产清偿其个人债务,法院在强制执行过程中"不予追加债务人配偶 + 直接执行"的模式提供实体法上的规范依据。但是,在法院强制执行夫妻共同财产的过程中,仍然应当从实体法与程序法两个方面保护债务人配偶的利益不受损害,具体而言:(1)债权人对于公示(登记或者占有)在被执行人与其配偶共同乃至个人名下的不动产或动产,可以查封、扣押和冻结执行债务人的应有份额,并应通知其配偶。(2)当事人或者债务人的配偶对不动产和动产的归属以及共有份额划分有异议的,可以申请执行法院作出财产分割裁定,当事人可以对此提起异议之诉,此时从执行程序转为诉讼程序。(3)夫妻共同财产的分割,既可以实物分割(财产为可

---

① 参见许德风:《破产法论:解释与功能比较的视角》,北京大学出版社 2015 年版,第 24 页。

② 参见朱虎:《夫妻债务的具体类型和责任承担》,载《法学评论》2019 年第 4 期。

分物)，也可以拍卖、变卖该夫妻共同财产，进而对拍卖款进行分割；还可以对该夫妻共同财产中债务人所享有的财产份额进行处分，债务人的配偶享有优先购买权。(4)依据《民法典》第 524 条规定，债务人的配偶可以作为利害关系人代位清偿该债务人的债务，在清偿之后获得对债务人的追偿权。

共同意思表示型夫妻共同债务的认定*

刘征峰**

摘　要　虽然共同意思表示型夫妻共同债务与共同利益型夫妻共同债务可能存在认定上的交叉,但二者之构造基础存在根本差异。前者遵循意志高于理性原则,后者才更加适于作为利益衡量和实质判断的场域。《民法典》第1064条并非财产法上共同意思表示规范的指引规范,而是构成独立的请求权基础,并与财产法上的相关规范形成竞合。财产法上的共同意思表示当然构成夫妻共同意思表示,但除此之外,其他行为能否被评价为夫妻共同意思表示则需依据《民法典》第1064条之规范意旨以及这些行为在财产法上的效果来综合考量。在夫妻身份公开的情况下,保证和债务加入行为亦可被评价为夫妻共同意思表示。在代理、履行辅助、代为清偿等情形中,债务人配偶因欠缺为自身创设负担之意思,其行为不构成夫妻共同意思表示。出于保护债务人配偶意思自治之必要,应排除单纯沉默并限缩默示推定的范围。与财产法上多数人之债性质约定不明时的按份债务推定不同,在夫妻共同意思表示有疑义时,应推定为连带债务。

关键词　夫妻共同意思表示　债务加入　保证　竞合　连带债务推定

---

* 该文发表于《法学》2021年第11期。该文受司法部国家法治与法学理论研究项目“婚后所得共同制下夫妻债务规范体系研究”(项目号:19SFB3035)的资助。

** 刘征峰,中南财经政法大学法学院副教授。研究方向:民法、家庭法。

《民法典》第 1064 条沿袭了原《关于审理涉及夫妻债务纠纷案件适用法律有关问题的解释》(法释〔2018〕2 号)关于共同意思表示型夫妻共同债务的规定。遍阅《民法典》,再无共同意思表示这样的表述。虽然该条列举了共同签名以及嗣后追认两种形态,但共同意思表示所指向的内容并不清晰,存在狭义解释和广义解释的分歧。

无论采用哪种解释立场,均需首先明确夫妻共同债务与连带债务的关系。仅从《民法典》第 1064 条和第 1089 条的文义来看,并不能得出夫妻共同债务为连带债务的结论。值得玩味的是,相较于原《最高人民法院关于适用〈中华人民共和国婚姻法〉若干问题的解释(二)》(法释〔2003〕19 号)第 25 条和第 26 条,《最高人民法院关于适用〈中华人民共和国民法典〉婚姻家庭编的解释(一)》(法释〔2020〕22 号)第 35 条和第 36 条在表述夫妻一方的清偿责任时删除了“连带”二字,但这并不表明其立场发生了变化。从最高人民法院对《民法典》的解读来看,其仍然认为夫妻共同债务即连带债务。[①] 立法工作者对《民法典》第 1064 条的解读同样秉持该立场。[②] 在表述夫妻某一方的清偿责任时,使用“连带”这样的表述是不妥当的。“连带”这一用语本身就包含了主体为复数的意思。文字删减调整不具有实质意义,只是在表述上更为准确,也与《民法典》第 178 条、第 519 条的表述相一致。而且,从体系上看,《民法典》第 307 条在规定共同共有形成的债务以及第 973 条在规定合伙债务时,均采连带债务立场,并未在我国多数人之债二分体系外创设新类型。此外,《民法典》实施后的司法实践未采纳根据类型确定有限清偿责任的立场,而是继续将夫妻共同债务认定为连带债务。[③] 是故,在《民法典》颁行后,夫妻共同债务在性质上仍为连带债务。

在这一立场下,有必要明晰的问题是,如果夫妻双方本就根据《民法典》及其他法律的规定对债权人承担连带债务,那么将共同意思表示型夫妻共

---

① 参见最高人民法院民法典贯彻实施工作小组主编:《中华人民共和国民法典婚姻家庭编继承编理解与适用》,人民法院出版社 2020 年版,第 168 页。

② 参见黄薇主编:《中华人民共和国民法典释义:人格权编·婚姻家庭编·继承编·侵权责任编·附则》(下册),法律出版社 2020 年版,第 2068 页。

③ 参见最高人民法院民事裁定书,(2021)最高法民申 4323 号;浙江省嵊州市人民法院民事判决书,(2020)浙 0683 民初 1457 号。

同债务作为夫妻共同债务独立类型的意义何在;如果承认其为独立的连带债务成立规范,其与债法上其他基于意思表示所成立的连带债务规范之间的关系如何。在夫妻共同债务体系内部,共同意思表示型夫妻共同债务与其他类型夫妻共同债务的关系亦值得细致思考。本文拟在民法的连带债务规范体系中围绕司法实践分歧,剖析共同意思表示型夫妻共同债务的认定问题。

一、共同意思表示型夫妻共同债务与共同利益型夫妻共同债务的关系

(一)构造基础的差异

从表面上看,《民法典》第 1064 条规定了三种类型的夫妻共同债务,但实际上为家庭日常生活需要所负的债务以及用于夫妻共同生活、共同生产经营的债务均系共同利益型夫妻共同债务。二者只是在举证责任的分配上存在差异,均可能与共同意思表示型夫妻共同债务产生交叉。就为家庭日常生活需要所负的债务而言,《民法典》第 1064 条第 1 款在表述上虽然包含"以个人名义",但实际上此类型夫妻共同债务以何种名义并不重要,以双方名义亦可。[①] 同样,虽然《民法典》第 1064 条第 2 款在表述上也使用了"个人名义",但具体以何种名义实际上并非"用于夫妻共同生活、共同生产经营的债务"之构成要件。夫妻双方在共同生活、共同生产经营过程中,当然可能使用双方名义共同作出意思表示,但是夫妻双方共同参与某项生产经营活动或者其他活动并不等同于双方共同作出了意思表示。在这两种情形中,如果夫妻通过共同意思表示与第三人形成连带债权债务关系,则构成规范竞合。

在选择适用认定规则时,两类夫妻共同债务之构成要件存在根本差异。共同意思表示型夫妻共同债务关注的是意思表示本身,即双方是否均作出意思表示;而共同利益型夫妻共同债务关注的是行为之客观目的。即使夫妻一方在行为时并不具有为家庭日常生活需要或者为其他家庭共同利益之主观目的,只要该行为客观上可能为家庭带来增益,就应认可其目的。该类

---

① See Katharina Boele – Woelki et al. , eds. , *Principles of European Family Law Regarding Property Relations Between Spouses*, Intersentia, 2013, p. 251.

型夫妻共同债务的成立并不要求夫妻双方已经实际上享有该利益,也不要求双方实际参与。即使是只有夫妻一方作出意思表示,只要该行为所依托的活动涉及家庭共同利益,即应被认定为夫妻共同债务,典型者如一方为自己作为股东或者作为实际控制人的公司提供保证所形成的债务。[①] 即使另一方未实际参与甚至不知情,均不影响夫妻共同债务的认定。这是由于该方配偶的保证行为是为了公司的正常经营,其持有的公司股权可能相应升值或获得利润分配,这些利益均属于夫妻共同财产。[②] 将夫妻共同生产经营之范围局限于"夫妻双方共同决定生产经营事项,或者一方决定但由另一方授权"两种情形的观点,[③]实则混淆了两种类型夫妻共同债务之基础。即使是与意思表示无关的侵权行为,如果其与家庭共同利益相关,也可能形成夫妻共同债务。[④] 夫妻双方是否作出意思表示并不是共同利益型夫妻共同债务的构成要件。要言之,共同意思表示型夫妻共同债务考察的对象是法律行为本身,而共同利益型夫妻共同债务关注的是可能夹杂着法律行为的整体活动。如果单独观察保证行为,在多数情况下,保证是无偿的且保证人面临不能追偿之风险,难谓存在利益。但是,如果整体观察夹杂着保证行为的生产经营活动,则可能涉及家庭共同利益。

需要注意的是,并非所有共同意思表示型夫妻共同债务均与家庭共同利益相关。易言之,债务虽然由夫妻双方共同意思表示所形成,但可能在客观上只涉及夫妻一方的利益甚至第三人的利益。因此,由于构成要件的差异,不能进行混合论证,误将涉及家庭共同利益作为证立共同意思表示型夫妻共同债务的依据。获益本身并不是作为或者不作为,不应将客观获益可能作为推断夫妻共同意思表示的基础。即使是在前述选择适用的场合,也应分别依据其要件进行检验。

---

① 参见最高人民法院民事裁定书,(2016)最高法民申 2908 号;最高人民法院(2017)最高法民申 44 号民事裁定书;四川省高级人民法院(2019)川民申 1215 号民事裁定书。

② 参见河北省高级人民法院(2019)冀民再 131 号民事判决书;广东省高级人民法院(2018)粤民申 7321 号民事裁定书。

③ 参见程新文、刘敏等:《〈关于审理涉及夫妻债务纠纷案件适用法律有关问题的解释〉的理解与适用》,载《人民司法(应用)》2018 年第 4 期。

④ 参见冉克平:《夫妻团体债务的认定及清偿》,载《中国法学》2017 年第 5 期;叶名怡:《民法典视野下夫妻一方侵权之债的清偿》,载《法商研究》2021 年第 1 期。

(二)交叉时的适用顺序

如果夫妻共同意思表示涉及家庭共同利益,则该债务可能同时构成共同意思表示型夫妻共同债务和共同利益型夫妻共同债务。在这一交叉领域,二者是否存在适用上的顺序呢? 在实践中往往先判断是否存在夫妻共同意思表示,再判断是否存在家庭共同利益。但由于两种类型夫妻共同债务在责任财产范围上并无差异,对于严格满足要件的情形,顺序并无意义。确定顺序的真正意义在于处理那些处于模糊地带的情形。在这些情形中,面临通过"夫妻共同意思表示"还是"家庭共同利益"进行最终评价的难题。无论选择哪种路径均需考量体系上的融贯。总体而言,共同意思表示型夫妻共同债务与私法上的其他意定债务一样,其法理基础为私法自治。"私法自治是个人自我负责地和不受约束地构建其私人法律关系的自由。"[①]"夫妻双方之所以对债务承担连带清偿责任是因为他们愿意构建这一关系,并且法律也承认这一关系。在私法自治的领域内,适用的定理是'意志'高于理性。"[②]不能依据夫妻双方之间存在的身份关系,不合理地扣减其在对外责任承担上的决定自由。出于私法自治体系融贯的考虑,相对于共同利益型夫妻共同债务,法院在共同意思表示型夫妻共同债务中的裁量权应当受到更大程度的限制,前者更适合作为理性判断和利益衡量的场域。因此,对于可能同时涉及两种类型夫妻共同债务的疑难情形,合理的适用顺序是先讨论是否成立共同意思表示型夫妻共同债务,如不成立再讨论是否成立共同利益型夫妻共同债务。

二、共同意思表示的实施形态

(一)夫妻共同意思表示形态的复杂性

我国《民法典》第 1064 条第 1 款并未言明何谓共同意思表示,只是列举了两种典型表现形态,即共同签名和事后追认。共同签名中易于判断的形

---

① [德]本德·吕斯特、[德]阿斯特丽德·施塔德勒:《德国民法总论》(第 18 版),于馨淼、张姝译,法律出版社 2017 年版,第 28 页。

② [德]维尔纳·弗卢梅:《法律行为论》,迟颖译,法律出版社 2013 年版,第 7 页。

态是夫妻双方在同一份合同书上以一方主体身份(如共同借款人、共同保证人)签名。此系财产法上共同意思表示的典型形态。共同意思表示并不要求夫妻双方所作出的意思表示具有时空一致性。即使双方未在同一份合同书上签名,亦可符合“共同”的要求。在德国,债法上的共同缔约并不是同时缔结一份合同,先后缔结的若干合同亦可能属于共同缔约,其中的关键点在于意思表示在主观上可形成一个整体。[①] 也就是说,合同并不是要一起缔结,但是相互间必须存在指涉。[②] 质言之,财产法上的共同意思表示必须包含意思联络。除财产法上的共同意思表示外,《民法典》第 1064 条第 1 款前半句是否还包含其他类型,不无疑问。这涉及《民法典》第 1064 条第 1 款所规定的共同意思表示型夫妻共同债务是不是独立的连带债务成立基础,即本身能否作为独立的请求权基础,抑或只是对债法上基于意思表示而成立的连带债务规则的指引规范。如采纳后一种观点,则是否构成连带债务,应依据财产法上的规范进行判断。[③] 实际上,仅将其认定为指引规范明显不合理。其一,为何只指引基于共同意思表示成立的连带债务,而不指引基于其他原因成立的连带债务,存在疑问。例如,夫妻双方作为共同侵权人根据《民法典》第 1168 条对受害人承担的连带债务,明显不属于因共同意思表示而形成的夫妻共同债务。而且,基于财产法上共同意思表示所形成连带债务并不需要身份关系的依托,立法者在此确立指引规范并无意义。[④] 因此,可反推《民法典》第 1064 条关于夫妻共同意思表示形成连带债务的规定是对财产法上共同意思表示规范的偏离。其二,从《民法典》第 1064 条第 1 款的文义来看,其明显不同于财产法上的共同意思表示。从法律后果来看,在财产法上,双方共同签名并不会被推定为连带债务,然而,如后文所述,此处将产生连带债务的推定。从构成要件来看,此处并不需要双方作出同一项意思表示。即使双方欠缺意思联络,仍可被认定为夫妻共同意思表示。易

---

① Vgl. Staudinger/Looschelders, 2017, § 427 Rn. 9.

② Vgl. MüKomm/Heinemeyer, 2019, § 427 Rn. 2.

③ 参见刘征峰:《夫妻债务规范的层次互动体系——以连带债务方案为中心》,载《法学》2019 年第 6 期。

④ 参见蔡立东、刘国栋:《关于夫妻共同债务认定的立法建议——以相关案件裁判逻辑的实证分析为基础》,载《中国应用法学》2019 年第 2 期;彭诚信:《〈民法典〉夫妻债务规则的应然理解与未来课题》,载《政法论丛》2020 年第 6 期。

言之,即使夫妻一方事后追认时,另一方并不知情,亦可成立夫妻共同意思表示。因此,《民法典》第 1064 条第 1 款可作为独立的请求权基础。为夫妻共同意思表示的关键在于确定该款规定之立法目的。

在此基础上,需要进一步判断除财产法上的共同意思表示外,哪些意思表示可以被认定为夫妻共同意思表示。相对明晰的情形是夫妻一方虽然不是合同主体,但是其在合同中承认债务为夫妻共同债务,承担共同偿还责任。将这一行为认定为夫妻共同意思表示自无疑问。[①] 另外,实践中较为常见的是债务人配偶在合同书上基于保证、债务加入、共有人同意处分等意图签名,亦存在无法通过意思表示解释得出债务人配偶签名意图的情形。这些行为在财产法上均不能被认定为共同意思表示,能否根据《民法典》第 1064 条第 1 款被认定,存在共识的是共同意思表示型夫妻共同债务规范保护了配偶的知情权。

据此,如果配偶对债务完全不知情,自无法被认定为共同意思表示型夫妻共同债务。然而,如仅知情就被视作同意,实际上为配偶方科以了反对的义务,妨碍了配偶方的意思自治,后文将对此进行详述。夫妻共同债务系连带债务,关键在于确定承担连带债务之法效意思。如果债务人配偶没有作出明示承担连带债务之意思,则面临意思表示解释的尺度问题。如前所述,与共同利益型夫妻共同债务不同,对共同意思表示型夫妻共同债务的考察必须聚焦于意思表示本身。易言之,是否存在家庭共同利益并不能作为意思表示解释的依据。《民法典》第 1064 条第 1 款意图平衡债权人的信赖保护和债务人配偶的意思自治。由于《民法典》第 1064 条第 2 款将夫妻双方存在共同意思表示的举证责任分配给了债权人,如在此处又采绝对严苛立场,将导致法律对债权人的保护和对债务人配偶的保护出现严重失衡。因此,总体上应采适度宽松立场,但解释不应超过保护债权人合理信赖的必要尺度。

---

① 参见山东省桓台县人民法院民事判决书,(2018)鲁 0321 民初 147 号;福建省龙岩市永定区人民法院民事判决书,(2020)闽 0803 民初 502 号。

（二）保证与债务加入

保证与债务加入均属于典型的增信行为。[①] 在实践中，债权人往往要求债务人配偶为债权的实现提供增信措施。如果债务人配偶并未以合同主体身份在同一份合同上签名，而是以保证人身份在合同书上签名或者在事后单独进行保证，此时是否构成夫妻共同意思表示不无疑问。在财产法上，虽然担保合同从属于主合同，但二者属于不同的法律行为，即使担保条款附属于主合同文本，也并非同一法律行为，担保人与主合同的债务人并非共同意思表示人。在实践中，法院多将此种行为认定为夫妻共同意思表示。[②] 这种认定实际上偏离了财产法上共同意思表示的认定规则。据此，可能形成请求权竞合。[③] 债权人可择一要求债务人配偶承担保证责任或者夫妻共同债务清偿责任。[④]

有观点认为，保证期间经过不影响夫妻共同债务清偿责任的承担。[⑤] 相反的观点则认为，保证期间经过，作为保证人的债务人配偶即被免除责任，债权人不能再以夫妻共同债务为由要求其承担连带清偿责任。[⑥] 如前所述，在承认《民法典》第 1064 条第 1 款可以作为独立请求权基础的前提下，即使保证期间经过保证人不承担保证责任，债权人仍可以夫妻共同债务规范为基础要求作为保证人的配偶承担连带清偿责任。基于请求权竞合，“在其中一个请求权因目的达到而消灭时，其他请求权亦因目的的达到而消灭”[⑦]，如果债权人选择要求债务人配偶承担保证责任且已获清偿，则不得再要求其承担夫妻共同债务清偿责任。反之亦然。不过，将债务人配偶的保证行为

---

① 参见刘保玉、梁远高：《“增信措施”的担保定性及公司对外担保规则的适用》，载《法学论坛》2021 年第 2 期。

② 参见新疆生产建设兵团第八师中级人民法院（2021）兵 08 民终 297 号民事判决书；山东省高唐县人民法院（2020）鲁 1526 民初 1258 号民事判决书；江苏省泰州市姜堰区人民法院（2020）苏 1204 民初 1581 号民事判书。

③ 参见黄宝生、刘莉莉：《对夫妻共同债务中共同意思的理解》，载《人民司法》2019 年第 14 期。

④ 参见广西壮族自治区南宁市兴宁区人民法院（2019）桂 0102 民初 4131 号民事判决书。

⑤ 参见湖北省宜昌市中级人民法院（2020）鄂 05 民终 2106 号民事判决书。

⑥ 参见吉林省敦化市人民法院（2020）吉 2403 民初 2143 号民事判决书。

⑦ 王泽鉴：《民法思维：请求权基础理论体系》，北京大学出版社 2009 年版，第 131 页。

作为夫妻共同意思表示可能导致法律对保证人的保护被架空。这些保护包括保证的书面形式要求、保证期间、性质不明时的一般保证人推定、一般保证人的先诉抗辩权以及保证的从属性。《民法典》第 518 条及以下的连带债务规范体系无法提供这些保护。比较而言,《民法典》第 1089 条所提供的责任财产清偿顺序抗辩对于债务人配偶利益的保护微不足道,由此形成了对债权人的优待。作为保证人的配偶欲享受法律对保证人的保护,需要在订立保证合同的同时明确排除共同债务规则的适用。

如果夫妻一方在为另一方的债务提供保证时未表明其身份,亦未形成可信赖的夫妻身份外观,则此时不宜将其保证行为认定为夫妻共同意思表示,其仍可享受法律对保证人提供的特殊保护,以平衡双方的利益。值得注意的是,即使保证合同因为主债权债务合同无效而无效或者因违反书面形式要求而不成立,也不能因此完全将其排除在夫妻共同意思表示之外。因为夫妻共同意思表示所要求的追认既不受制于保证的从属性,也无须遵守形式强制。同样值得讨论的问题是,债务人配偶的债务加入行为能否作为“追认”。有观点认为,如夫妻一方对另一方的债务在后来承诺清偿,系债务加入,属于对夫妻一方债务的追认,构成夫妻共同意思表示。[①] 此观点的逻辑为先认定是否构成债务加入行为,如构成则被直接认定为夫妻共同意思表示。

亦有观点认为,夫妻一方的行为即使符合债务加入的要件,也无须单独论证,直接判断是否属于夫妻共同意思表示即可。[②] 更有法院明确指出,在债务加入人为债务人配偶的情况下,不应将债务加入作为请求权基础。[③] 此观点的逻辑为应当区分签章人员的身份,如为配偶,则直接判断其行为是否构成追认,如为其他人,则判断是否构成债务加入。排斥债务加入规范适用的观点与婚姻并不产生人格消解的基本观念相悖,自然人结婚后并不丧失实施财产法上行为的能力。采有利于债权人的竞合立场是否妥当取决于债

---

① 参见湖南省常德市中级人民法院(2019)湘 07 民终 1 号民事判决书。

② 参见北京市通州区人民法院(2020)京 0112 民初 11042 民事判决书;福建省南安市人民法院(2020)鲁 1425 民初 986 号。

③ 参见广西壮族自治区南宁市中级人民法院(2019)桂 01 终 12421 号民事判决书。

务加入的法律效果。总体而言,债务加入之责任重于保证,[①]其在法律效果上与夫妻共同债务大体相当,采竞合立场并不会对实施债务加入行为的配偶产生显著不利。[②] 有法院在债务人配偶明确承诺该债务为夫妻共同债务时,仍选择将其认定为债务加入,而非夫妻共同意思表示中的追认,[③]虽有不妥……但基于二者法律效果大体相当,并不会产生实质影响。如果债务人配偶未在合同上签名,只是口头表达承担特定比例债务的意愿,能否将其认定为夫妻共同意思表示中的追认不无疑问。有法院认为此系债务加入,不应被认定为夫妻共同意思表示。[④] 且不论债务加入是否需要类推适用保证合同形式规范,这种观点实际上是通过意思表示之内容区分债务加入和夫妻共同意思表示。然而,这种观点并未厘清问题的实质。在可分之债中,债务人配偶所作出的承担特定比例债务的表示构成对特定比例债务的追认,从而形成夫妻共同意思表示。同样存疑的是,到底是以债务形成时间还是追认时间作为判定适格追认的时间点。有观点认为,对婚姻关系存续期间形成的夫妻一方债务的事后追认成立共同意思表示型夫妻债务,对婚姻关系消灭后形成的夫妻一方债务的事后追认成立债务加入,分别适用不同的规则。[⑤]

此系根据债务形成的时间点区分规则适用。至于是否在婚姻关系消灭后作出追认,在所不问。不过,这种观点并不妥当。此时由于身份关系已经消灭,并不存在偏离债法一般规则的基础,只能适用债法上的债务加入规范。如果所追认的债务系在结婚之前形成,配偶在婚后实施债务加入行为,不应被认定为夫妻共同意思表示中的追认。原因在于从《民法典》第1064

---

① 参见夏昊晗:《债务加入与保证之识别——基于裁判分歧的分析和展开》,载《法学家》2019年第6期。

② 有观点认为,债务加入可以类推适用部分保证规范,以保护债务加入人。参见夏昊晗:《债务加入法律适用的体系化思考》,载《法律科学(西北政法大学学报)》2021年第3期。在本文所涉情形中,只存在类推适用保证合同形式规范的可能。比较而言,夫妻共同意思表示似乎同样存在"督促当事人谨慎行事"的必要。但若如此解释,则会过度限缩夫妻共同意思表示的范围,与前述适度宽松立场不符,也与目前主流的司法裁判立场不符。

③ 参见江苏省南京市高淳区人民法院(2019)苏0118民初1875号民事判决书。

④ 参见湖北省武汉市江岸区人民法院(2019)鄂0102民初10439号民事判决书。

⑤ 参见山东省青岛市即墨区人民法院(2019)鲁0282民初4029号民事判决书;浙江省绍兴市柯桥区人民法院(2020)浙0603民初8443号民事判决书。

条第 2 款的规定来看,债务须发生在婚姻关系存续期间。此时只能适用债务加入规范。在婚前个人债务婚后变更场合,由于同一性并未丧失,婚姻关系存续期间的债务加入仍不能被认定为夫妻共同意思表示中的追认。总之,夫妻共同意思表示中追认的认定必须同时满足债务发生于婚姻关系存续期间以及追认发生于婚姻关系存续期间两项要件。

如果双方的婚姻关系已经消灭,但夫妻一方却故意以配偶身份实施债务加入行为,此时能否被认定为夫妻共同意思表示中的追认殊值讨论。有观点认为,因夫妻关系已经消灭,此种情形应被直接认定为债务加入。[①] 这实际上涉及表见身份关系能否作为共同意思表示型夫妻共同债务要件的问题。在家庭法上,并非所有的表见身份均可产生信赖责任,并不存在表见身份保护的一般性原理,需要根据具体的规范目的确定。例如,因家事代理(《民法典》第 1060 条)之规范目的并非保护债权人,债权人保护只是这一规范在事实上产生的效果。即使在婚姻无效或者被撤销的情况下,第三人亦不能主张所谓表见家事代理。[②] 与此不同,《民法典》第 1064 条第 1 款之规范目的并不完全在于保护婚姻家庭,它是平衡债权人利益以及夫妻双方身份法上利益的产物。它实际上降低了财产法上连带债务认定的标准,有利于债权人。据此,债权人对夫妻身份外观的合理信赖值得保护。此时应类推适用《民法典》第 1064 条之规定,承认表见身份关系亦可作为共同意思表示型夫妻共同债务之要件。如债务人意识到了债权人对其身份外观产生了不当信赖,应当立即予以澄清。如果通过意思表示解释仍无法确定夫妻一方的行为属于保证或者债务加入,根据《最高人民法院关于适用〈中华人民共和国民法典〉有关担保制度的解释》(法释〔2020〕28 号,以下简称《民法典担保制度解释》)第 36 条第 3 款规定,应推定为保证。虽然夫妻共同债务在构造上与债务加入更为接近,但并不能因此反驳该推定。此时仍然形成保证之债和夫妻共同债务的竞合,适用前述身份公开规则。

---

① 参见广西壮族自治区大新县人民法院(2020)桂 1424 民初 384 号民事判决书。

② 参见林秀雄:《亲属法讲义》(第 4 版),台北,元照出版公司 2018 年版,第 118 页。

（三）同意处分

在实践中，债权人经常要求债务人、抵押人或者质押人的配偶作出同意处分之意思。这种同意处分之意思通常表现为两种形态：一是债务人配偶同意债务人以夫妻共同财产清偿到期债务；二是抵押人或者质押人的配偶同意其以夫妻共同财产设定抵押或者质押。就前者而言，在司法实践中存在较大的分歧。有法院认为，这种行为构成夫妻共同意思表示，成立夫妻共同债务。[①] 亦有法院认为，债务人配偶仅在共同财产范围内承担有限责任。[②] 还有法院认为，即使债务人配偶同意以夫妻共同财产承担清偿责任，也不能推断其具有共同保证之意思，不构成夫妻共同债务。[③] 应根据不同情形确定合理的解释方案，如果债务人配偶只是明确债权人在执行程序或者担保实现程序中可以执行或者处分夫妻共同财产，其本质是事前同意析产，并不表明其本人具有追认之意思，亦不能表明其以自身在夫妻共同财产中可分得的份额承担责任。[④] 有法院认为，此时虽然不能成立夫妻共同债务，但是债务人配偶的承诺构成债务人所签保证合同的一部分，应在共同财产范围内承担连带清偿责任。[⑤] 这种理解不仅与承诺之文义相悖，而且前后抵牾。如果可以被认定为共同保证，在其明示其配偶身份的情况下，何以排除夫妻共同债务的认定。如果债务人配偶明确表示同意以夫妻共同财产承担清偿责任，应与上一案型相区分。

需要注意的是，在夫妻一方只是确认对另一方以包括但不限于处分夫妻共同财产的方式承担保证责任不持异议时，不能将其解释为明确以夫妻共同财产承担清偿责任。[⑥] 这种表示仍然属于前述事前同意析产表示。此外，有法院认为，可从债务人配偶的签名中推断出其仅有以夫妻共同财产为

---

① 参见福建省泉州市中级人民法院（2020）闽 05 民终 2531 号民事判决书；浙江省杭州市中级人民法院（2020）浙 01 民终 5568 号民事判决书。

② 参见山东省青岛市中级人民法院（2020）鲁 02 民终 10356 号民事判决书。

③ 参见河南省平顶山市中级人民法院（2020）豫 04 民终 1108 号民事判决书。

④ 参见四川省成都市中级人民法院（2017）川 01 民初 3513 号民事判决书；广东省高级人民法院民事裁定书，（2017）粤民申 6612 号；河南省高级人民法院（2020）豫民申 1345 号民事裁定书。

⑤ 参见广西壮族自治区桂林市七星区人民法院（2017）桂 0305 民初 2882 号民事判决书。

⑥ 参见广西壮族自治区南宁市中级人民法院（2016）桂 01 民初 596 号民事判决书。

限承担连带清偿责任之意思。[①] 事实上,如后文所述,从签名行为中应当推定出其有以全部财产承担连带清偿责任之意思,局限于夫妻共同财产承担连带清偿责任应当进行明示。据此,这种推定并不合理。明确同意以夫妻共同财产承担清偿责任的实质是在夫妻共同财产范围内加入债务,或者说加入与夫妻共同财产价值相当的那部分债务,应按前述债务加入规则处理。易言之,在其所加入的债务范围内,形成请求权的竞合,并未违反夫妻共同债务系连带债务的本质,且符合当事人之意思自治。[②] 对于超出夫妻共同财产价值的债务,此种表示既不构成债务加入,亦不构成夫妻共同意思表示中的追认,区别于债务人配偶同意以夫妻共同财产及其个人财产承担清偿责任的情形。[③] 当然,如果还存在诸如履行顺位的特殊约定,亦可构成夫妻共同财产范围内的保证。有观点认为,此种情形属于典型的授权型合意,与负债型合意相区分,在解释上应采宽松立场,只需认可对方的举债行为即可,债务人配偶不作反对表示而接受借款或者用借款购置家具均构成认可。[④] 这种观点值得商榷。一方面,所谓的授权型合意亦是负担行为,只不过其用以清偿债务的责任财产因双方的约定而受到限制,但并不影响夫妻共同债务的定性。另一方面,宽泛地将债务人配偶对借款的实际使用等情形纳入,实际上混淆了共同意思表示型夫妻共同债务和共同利益型夫妻共同债务。在后一种情形中,如果抵押人或者质押人的配偶只是同意以夫妻共同财产设定抵押或者质押,此种承诺本质上是对抵押人或者质押人对共有财产处分的追认,属于《民法典》第 1062 条第 2 款的规制范畴,其法律效果是形成有权处分,但不能将其认定为夫妻共同意思表示中的追认。[⑤] 此处的共同签名只是表面上的,不能从"签名方配偶同意以该特定财产设定担保"中解释出其为担保合同的主体,债权人不能要求其履行担保合同项下的义务。[⑥] 这

---

① 参见陕西省高级人民法院(2020)陕民终 901 号民事判决书。

② 参见最高人民法院(2019)最高法民申 2727 号民事裁定书;重庆市高级人民法院(2018)渝民终 24 号民事判决书。

③ 参见江苏省南京市中级人民法院(2017)苏 01 民终 5352 号民事判决书。

④ 参见李贝:《〈民法典〉夫妻共同债务认定规则中的"合意型共债"——兼论〈民法典〉第 1064 条的体系解读》,载《交大法学》2021 年第 1 期。

⑤ 参见四川省成都市中级人民法院(2018)川 01 民初 649 号民事判决书。

⑥ 参见最高人民法院(2019)最高法民终 1625 号民事判决书。

区别于夫妻双方共同设定担保的情形。在共同担保情形中,夫妻双方属于财产法上的共同意思表示,同时形成身份法上的夫妻共同意思表示,两者产生竞合。

（四）代理、代为清偿、履行辅助与家事代理

除前述形态外,债务人配偶常以代理人、代为清偿的第三人、履行辅助人等身份参与合同的缔结和履行。债务人配偶的这些行为能否被认定为夫妻共同意思表示在实践中存在较多的争议。就代理而言,有法院认为夫妻一方在取得另一方委托授权的情况下实施法律行为,可以认定存在夫妻共同意思表示。[①] 这种观点并不可取,因为夫妻一方以代理人的身份代另一方实施法律行为只能表明其对债务知情。夫妻一方以代理人身份行为恰好表明其只想根据代理规则将法律行为的效果归属于另一方,债权人对此也有明确的预期,不值得法律的额外保护。除非夫妻一方同时以代理人和自己的名义实施该法律行为,否则不能被认定为存在夫妻共同意思表示。

债务人配偶在债务成立后常通过自己的账户或其他方式清偿债务,此种行为应如何评价存在较大的分歧。有法院认为,在债务人配偶未作其他表示的情况下,不应将清偿行为认定为对债务的追认。[②] 相反观点则指出,债务人配偶的清偿行为可推定为追认,形成夫妻共同意思表示。[③] 这种观点并不妥当。能否将债务人配偶的还款行为解释为共同意思表示应首先明晰其在财产法上的性质。在财产法上,债务人之外的第三人之清偿或为履行辅助,或为第三人代为清偿,或为非债清偿。非债清偿不会对既有的债务产生任何影响,在此不具有讨论意义。债务人配偶作为履行辅助人自无障碍。至于其能否实施代为清偿行为,关键在于确定其是否具有合法利益。依《民

---

① 参见福建省惠安县人民法院(2019)闽0521民初8966号民事判决书。

② 参见湖北省荆州市中级人民法院(2021)鄂10民终301号民事判决书;福建省厦门市中级人民法院(2020)闽02民终4475号民事判决书;广东省广州市中级人民法院(2020)粤01民终3932号民事判决书;河南省开封市中级人民法院(2020)豫02民终2925号民事判决书。

③ 参见安徽省蚌埠市中级人民法院(2020)皖03民终3092号民事判决书;云南省高级人民法院(2019)云民终189号民事判决书;福建省福州市中级人民法院(2018)闽01民终5100号民事判决书;河北省邯郸市中级人民法院(2020)冀04民终3814号民事判决书;北京市第三中级人民法院(2019)京03民终13267号民事判决书。

法典》第 524 条第 1 款之规定,在法定的第三人代为清偿情形中,第三人对该债务之履行需具有合法利益。何谓合法利益,解释上尚有宽松和严格立场之区分。[①] 我国台湾地区通常从宽认定,推定有夫妻等亲属关系之人具有合法利益。[②] 在《民法典》所采婚后所得共同制之下,夫妻难谓仅具有精神利益,而不具有经济利益,是故应认定夫妻一方对另一方债务的履行具有合法利益。夫妻一方的清偿在同时满足其他要件时可构成第三人代为清偿。就本文所涉议题而言,履行辅助不以进行给付之认识为要件,[③]遑论为自己创设给付义务之意思。同样,与夫妻一方直接作出清偿承诺不同,在其以自己的名义实施代为清偿行为时,并无为自身创设给付义务之意思。是故,两种情形均因欠缺负担之意思而无被认定为夫妻共同意思表示之可能。即使债务人配偶表明了身份,亦无法认定。

依据《民法典》第 1060 条第 1 款之规定,在家庭日常生活需要之范围内,夫妻一方实施的法律行为对双方发生效力,能否以此为依据认定夫妻一方有权在家庭日常生活范围内实施追认行为呢?知情是认定共同意思表示型夫妻共同债务之必要条件,如承认可通过家事代理实施追认,将架空该条件。在意志高于理性的原则下,即使受限于家庭日常生活需要之范围,认定夫妻共同债务对当事人之影响不大,也不能以此为由突破共同意思表示型夫妻共同债务的基本构造。

(五)沉默与默示推定

单纯沉默与默示推定均属于默示意思表示范畴。就前者而言,有观点认为,债务人配偶对债务知情且未提异议即可视为双方合意,[④]其实质是将

---

① 参见陆家豪:《民法典第三人清偿代位制度的解释论》,载《华东政法大学学报》2021 年第 3 期;[日]我妻荣:《我妻荣民法讲义 · Ⅳ · 新订债权总论》,王燚译,中国法制出版社 2008 年版,第 218 页。

② 参见郑玉波:《民法债编总论》(修订 2 版),陈荣隆修订,中国政法大学出版社 2004 年版,第 478 - 479 页;林诚二:《民法债编总论:体系化解说》,中国人民大学出版社 2003 年版,第 528 页。

③ Vgl. Brox/Walker, Allgemeines Schuldrecht, 44. Aufl., 2020, § 20 Rn. 28.

④ 参见夏吟兰:《婚姻家庭编的创新和发展》,载《中国法学》2020 年第 4 期;《浙江省高级人民法院关于妥善审理涉夫妻债务纠纷案件的通知》(浙高法〔2018〕89 号);内蒙古自治区鄂尔多斯市中级人民法院(2018)内 06 民终 1306 号民事判决书;河北省高级人民法院(2018)冀民申 5511 号民事裁定书。

其单纯沉默视为对债务的追认。相反观点则认为，债务人配偶对债务的追认属于对自身权利的重大处分，应当明示，债务人配偶的知情沉默不能构成夫妻共同意思表示。[①] 沉默只能依法律规定、当事人约定、交易习惯以及诚信原则才能被认定为意思表示。在此情形中，法律并没有作出特别规定，在通常情况下亦不存在债务人配偶与债权人的特别约定或者二人之间的交易习惯，唯一值得探讨的问题是能否基于诚信原则将知情沉默认定为意思表示。从表面上看，债务人配偶的知情沉默与容忍代理具有相似性。在容忍代理中，一方面，“与代理人为行为之相对人，依诚信原则必然认为此人自本人处获有授权，其信赖自应保护”[②]。虽然这种信赖责任在效果上与默示授权并无差别，[③]但其本质并非默示授权。另一方面，从被代理人的角度来看，其依据诚信原则应当予以反对而未反对，具有可苛责性。由于归责的基础在于之前的容忍行为，“如果代理人事后才知悉无权代理之事实，不宜轻易将其沉默视为追认”[④]，容忍代理的框架无法处理此类问题。此时有追认权的被代理人原则上并没有追认的义务，除非基于诚信原则其有否认之义务。但是，诉诸诚信原则这样的概括条款处理知情沉默问题，可能引发法的不安定性，必须十分谨慎。[⑤]

在德国法上，有判例和学说观点认为，夫妻一方在未取得代理权的情况下以另一方名义行为，另一方依据诚信原则应当进行否认。[⑥] 此种观点实际上隐含了这样的前提，即夫妻身份强化了依据诚信原则所产生的义务。然而，这一前提殊值怀疑。这实际上是单方面强化了已婚人士的义务，造成歧视，并不能因为被代理人已婚，就科以此项否认义务。我国《民法典》第 171 条实际上隐含了享有追认权的被代理人的沉默自由，不能因为无权代理人

① 参见河北省邯郸市中级人民法院(2020)冀 04 民终 1394 号民事判决书；湖南省怀化市鹤城区人民法院(2020)湘 1202 民初 1183 号民事判决书。

② 黄立：《民法总则》，中国政法大学出版社 2002 年版，第 410 页。

③ 参见[德]汉斯·布洛克斯、[德]沃尔夫·迪特里希·瓦尔克：《德国民法总论》(第 41 版)，张艳译，中国人民大学出版社 2019 年版，第 252 页。

④ 杨代雄：《意思表示理论中的沉默与拟制》，载《比较法研究》2016 年第 6 期。

⑤ 参见[德]扬·冯·海因、莉迪亚·贝伊：《要约通知与单纯沉默》，王蒙译，载《华东政法大学学报》2016 年第 2 期。

⑥ Vgl. MüKomm/Bayreuther, 2021, § 182 Rn. 16.

和被代理人存在婚姻关系就否认这种自由。

事实上,多数情况下债务人配偶的知情沉默发生在债务成立之后,债务人配偶的知情沉默与容忍代理并不相似。其与无权代理行为实施后的知情沉默更为相似。此时,并不存在值得法律保护的合理信赖。债权人并非基于债务人配偶会追认该债务而实施法律行为,债权人也没有相应的信赖投入,并不存在"债务人配偶承担额外债务的风险与债权人的信赖保护之间的价值权衡"问题。[①] 因此,不能将债务人配偶的知情沉默推断为追认,这"跨越了行为自由的界限而必然会损害私法自治"[②]。

如果债务人配偶存在其他行为,能否将其认定为追认则涉及默示推定问题。首先面对的是如何评价债务人配偶签名的问题。如果债务人配偶在签名时使用了与债务人相同的财产法上的身份,夫妻一方仅以债务人配偶身份签名,且无法结合其他事实解释出其财产法上的身份,应如何处理颇具争议。有法院认为,以配偶身份签名即构成共同签名。[③] 亦有法院指出,这种情形不属于共同签名,理由是在该案中签名方配偶本身并无成为保证人之意思。[④] 这实际上是混淆了保证意思之推定和夫妻共同意思表示之推定,误将前者作为后者之基础。

因此,此处的共同签名并不局限于双方以财产法上的同一身份签名。在财产法上,签名本身并不包含任何表示内容,需要结合其他事实进行解释。典型者如,根据《最高人民法院关于审理民间借贷案件适用法律若干问题的规定》(法释〔2020〕17 号)第 20 条的规定,他人单纯在借据、收据、欠条等债权凭证或者借款合同上签名且通过其他事实不能推定其为保证人,保证合同不成立。之所以作此规定,实乃因在民间借贷中,他人之签名存在多

① 参见王轶、包丁裕睿:《夫妻共同债务的认定与清偿规则实证研究》,载《华东政法大学学报》2021 年第 1 期。

② 参见石一峰:《沉默在民商事交往中的意义——私人自治的多层次平衡》,载《法学家》2017 年第 6 期。

③ 参见湖北省潜江市人民法院(2017)鄂 9005 民初 914 号民事判决书;山西省吕梁市中级人民法院(2020)晋 11 民终 1361 号民事判决书。

④ 参见甘肃省兰州市西固区人民法院(2019)甘 0104 民初 3020 号民事裁决书。

种目的，除作为保证人外，还包括见证人和中间人等典型形态。[①]

就本文所讨论的夫妻共同签名而言，同样需要对其进行解释。如果夫妻一方在签名的同时亦表达了其他意思，应从其意思。如果只是单纯的签名，如何解释至关重要。《民法典》第 1064 条第 1 款实际上确立了一项默示推定规则，即从双方共同签名中推定夫妻共同意思表示。这种推定可以进行反驳。如果证明签名的一方并不存在自身承担义务之意思，则不构成共同签名。例如，夫妻一方在签名时注明了证明人身份。此时，如债权人有意让债务人配偶承担义务，应就此提出异议或者终止交易。在债权人选择继续交易的情形下令其承担风险并未明显增加交易成本，妨碍交易效率。[②]

至于签名之外的其他行为，涉及对《民法典》第 1064 条第 1 款所含“等”字的解释。如欲进行推定，关键在于确定其与夫妻共同意思表示之间的高度盖然性同签名与夫妻共同意思表示之间的高度盖然性是否相当。结合其他事实，至少可以从中解释出债务人配偶有为自身负担义务之意思。例如，有法院将债务人配偶代债务人书写借条解释为夫妻共同意思表示，[③]这种解释殊值怀疑。债务人配偶的代书行为至多表明其对此知情，其既未签名亦未作出任何表示，不存在与签名相当的高度盖然性，实际上属于单纯的沉默。又如，有观点认为，可以从借款打入了债务人配偶名下账户的事实中推定出夫妻共同意思表示。[④] 这种观点同样不可取。债务人配偶并没有实施任何行为，至多只是对此知情沉默，不构成追认。[⑤] 此外，有法院从债务人配偶对借款的实际使用中推定出夫妻共同意思表示的做法[⑥]同样不合理。如前所述，这实际上混淆了两类夫妻共同债务的审查标准。

---

① 参见最高人民法院民事审判第一庭编著：《最高人民法院新民间借贷司法解释理解与适用》，人民法院出版社 2021 年版，第 308 页。

② 参见刘干：《配偶以证明人身份签字借款的性质》，载《人民司法（案例）》2018 年第 26 期。

③ 参见广东省清远市中级人民法院（2020）粤 18 民终 2255 号民事判决书；江苏省淮安市中级人民法院（2020）苏 08 民终 3844 号民事判决书；广西壮族自治区宾阳县人民法院（2018）桂 0126 民初 2878 号民事判决书。

④ 参见王雷：《〈民法典（草案）〉婚姻家庭编夫妻共同债务制度的举证责任配置》，载《当代法学》2020 年第 3 期；湖南省娄底市娄星区人民法院（2020）湘 1302 民初 1407 号民事判决书。

⑤ 参见福建省莆田市涵江区人民法院（2019）闽 0303 民初 642 号民事判决书。

⑥ 参见陕西省西安市中级人民法院（2020）陕 01 民终 9181 号民事判决书。

三、基于夫妻共同意思表示的连带债务推定

(一)多数人之债性质约定不明时的按份债务推定

根据《民法典》第518条第2款的规定,连带债务由法律规定或者约定产生。如果多数债务人直接与对方在合同中明确约定承担连带债务,自无疑问。如果多数债务人只是共同与债权人缔结合同,并未约定多数人之债的性质,则涉及意思表示解释问题。《民法典》规定了若干多数债务人意思不明时的推定规则,它们本质上是意思表示解释规范。然而,我国《民法典》并未像《德国民法典》第427条那样一般性地规定多数人之债性质不明时的连带债务推定。在比较法上,在多数人之债性质有疑义时,只有部分国家明确规定了连带债务推定。除德国外,典型代表还有意大利、爱沙尼亚以及北欧国家。还有一些国家则是根据民事债务和商事债务的区分确定不同的规则,只有在后者才存在连带债务推定,典型者如法国、捷克。[①] 大陆法系仍有不少国家选择延续共同法(iuscommune)传统,确立按份债务推定,如荷兰、奥地利。[②] 确定何种推定规范在本质上是一个法政策选择的问题。

在《民法典》颁行之前,原《民法通则》第87条关于连带债权和连带债务界定的规定中有“依照法律的规定或者当事人的约定”之表述。然而,在约定不明时,究竟应作何推定,司法实践中存在较大争议。[③] 有观点认为,因为原《民法通则》先规定按份债务,再规定连带债务,据此可以认为“按份债务是常态,在当事人没有约定或者约定不明时,应推定为按份债务”[④]。然而,仅根据法律规定的顺序确定是按份债务抑或连带债务明显理由不足。亦有

---

① 参见欧洲民法典研究组、欧盟现行私法研究组编著,[德]克里斯蒂安·冯·巴尔、[英]埃里克·克莱夫主编:《欧洲私法的原则、定义与示范规则:欧洲示范民法典草案(全译本)》(第1卷、第2卷、第3卷),高圣平等译,法律出版社2014年版,第850页。

② See Nils Jansen and Reinhard Zimmermann eds., *Commentaries on European Contract Laws*, Oxford University Press, 2018, p. 1571.

③ 支持约定不明时推定连带债务的判决,参见内蒙古自治区鄂伦春自治旗人民法院(2016)内0723民初513号民事判决书;河南省新县人民法院(2019)豫1523民初1591号民事判决书。支持约定不明时推定按份责任的判决,参见上海市宝山区人民法院(2017)沪0113民初14222号民事判决书;河南省安阳市文峰区人民法院(2019)豫0502民初1858号民事判决书。

④ 王洪亮:《债法总论》,北京大学出版社2016年版,第491-492页。

观点认为，此时应参照原《最高人民法院关于适用〈中华人民共和国担保法〉若干问题的解释》（法释〔2000〕44 号）第 19 条关于数人提供保证时约定不明的推定规则，推定成立连带债务。[①]

然而，《民法典》以及《民法典担保制度解释》并未沿用该规定。而且，数人提供保证时的利益状态亦与一般情形存在较大的区分。还有观点认为，在性质不明时，确立连带债务推定立场是出于保护债权人之需要。[②] 事实上，在债之关系中并不存在当然保护债权人之依据，此理由同样不能成立。合理的路径是从我国《民法典》第 518 条第 2 款的文义出发，通过体系解释确定多数人之债性质不明时的推定规则。有观点认为，在我国《民法典》颁行之后，在当事人约定不明时，仍应"通过对当事人意思表示进行解释，依据是否满足连带债务成立要件来判断是否成立连带债务"[③]。实际上，即使是将我国《民法典》第 518 条第 2 款作为按份债务的推定规范，也并未排斥通过意思表示解释确定当事人真意的可能。同样，《德国民法典》第 427 条关于性质不明时的连带债务推定规则"只是意思表示的解释规则，如果通过解释合同得出了双方存在按份债务约定，该规则不适用"[④]。《德国民法典》"第 427 条不仅可以通过明示的约定排除，在当事人存在默示的约定时亦不适用"[⑤]。这一立场对我国法亦有参照价值。

核心问题在于《民法典》第 518 条第 2 款是否确立了一项用以弥补合同漏洞的任意性规范。如果该款规定构成任意性规定，则在顺序上优先于法官的补充解释。[⑥] 易言之，法官的补充解释受到了限制，但是这并没有排斥法官通过简单解释探明当事人具有形成连带债务的效果意思。此处所言的优先是指优先于个别补充，并不包括同处于一般补充位阶的习惯补充。从《民法典》第 10 条的规定来看，习惯的法源地位劣后于任意性规范。但从《民法典》第 510 条和第 511 条的文义来看，在进行补充解释时，交易习惯优

---

① 参见广东省深圳市中级人民法院（2016）粤 03 民终 18821 号民事判决书。

② 参见云南省曲靖市中级人民法院（2016）云 03 民终 1792 号民事判决书。

③ 张定军：《民法典第五百一十八条评注》，载朱广新、谢鸿飞主编：《民法典评注：合同编通则（1）》，中国法制出版社 2020 年版，第 409 页。

④ Vgl. Handkommentar/Reiner Schulze, 2019, § 427 Rn. 3.

⑤ Vgl. Staudinger/Looschelders, 2017, § 427 Rn. 3.

⑥ 参见朱庆育：《民法总论》（第 2 版），北京大学出版社 2016 年版，第 232 页。

先于任意性规范,体现了私域自治的思想。[①] 而在商事交往中,通常的做法是连带债务推定。[②] 对比《民法典》第518条,第517条在规定按份债务时并未涉及其形成原因,从中可以推定出立法者有意强调连带债务的产生形式。从立法工作者的解读来看,《民法典》第518条第2款之规范意旨在于限制连带债务的范围,其成立需要当事人特别约定。[③] 只有特别约定才能形成连带债务意味着存在按份债务推定,该特别约定实际上构成对按份债务推定的反驳。《民法典》第786条、第932条等规定属于例外,亦可从中反证按份债务推定立场。因此,《民法典》第518条第2款构成多数人之债性质不明推定为按份债务的任意性规范。

(二)夫妻共同意思表示中连带债务推定的合理性

如果夫妻双方与债权人明确约定债务性质为连带债务,自应直接适用《民法典》第518条的规定。在实践中,更为常见的情形是夫妻双方未与第三人约定多数人债务的性质。此时,如果法律中存在类似于《民法典》第786条、第932条的特殊规定,亦可被直接认定为连带债务,无须考虑夫妻身份。只有在既无当事人的明确约定,也无法律的特殊规定时,才应进一步考虑基于夫妻共同意思表示的连带债务推定。质言之,并不能因为债务人之间存在夫妻身份就排斥财产法上连带债务规范的适用。

问题的关键在于《民法典》第1064条是否在按份债务推定一般规则外创设了一项特殊规则。有观点认为,该条规定实际上表明"夫妻非负债方对债务承担给予了明确的意思表示,其自然应当依照自己责任承担偿债责任"[④]。但从其文义来看,共同签名以及事后追认只是形式,并未构成夫妻共同债务,形成连带债务,并不要求夫妻双方与债权人就此进行指向明确的意思表示。共同签名或者嗣后追认的内核为配偶的同意权。满足这两项形式

---

① 参见[日]山本敬三:《民法讲义Ⅰ·总则》(第3版),解亘译,北京大学出版社2012年版,第111页。

② See Stefan Vogenauer eds., *Commentary on the UNIDROIT Principles of International Commercial Contract(PICC)*, Oxford University Press, 2015, p. 1374.

③ 参见黄薇主编:《中华人民共和国民法典合同编解读》(上册),中国法制出版社2020年版,第187页。

④ 申晨:《民法典婚姻家庭编的回归与革新》,载《比较法研究》2020年第5期。

即明确约定。从实质利益衡量来看，有观点认为，“考虑到配偶双方都作出意思表示的情形中，双方一般都会具有亲密关系，由此配偶双方串通的道德风险更高，同时配偶双方共同获益的可能较高，此时认定为配偶双方承担连带责任就具有正当性”①。值得参考的是，虽然《奥地利民法典》第 893 条明确规定了成立连带债务的明示要件，但“实践中亦有根据交易习惯和诚实信用原则确定连带债务的做法，尤其是如果承担债务履行责任的多数债务人在债权人那里形成了超越共同缔约关系的共同体，并且他们共同从中受益，那么就可以确认连带债务，典型者如共同依据合同承担履行义务的共同共有人、共同承租人以及夫妻”。“不过，学说上对此多持批评立场，因为其将补充解释置于实证法之上。”②

在我国，将夫妻共同意思表示不明时多数人之债的性质推定为连带债务并不存在补充解释先于实证法的问题。因为《民法典》第 1064 条第 1 款本身即作为按份债务推定的法定例外情形。与《民法典》第 786 条、第 932 条不同，其推定依据是主体的身份，而不是根据法律行为的内容。夫妻双方在该特定活动中的客观共同获益可能性并不是连带债务推定的基础。如前所述，在特定活动中具有客观共同获益可能性是共同利益型夫妻共同债务之基础。至于他们以何种身份出现，或者债权人是否知道其身份，均不影响该类型夫妻共同债务的认定。此处连带债务推定的真正基础在于夫妻双方形成了超越共同缔结行为本身的更为紧密的结合关系，按照常理，债权人会形成合理信赖。这种身份上的紧密结合背后所隐含的利益结合是超越待评价行为的，是夫妻双方整体利益的结合。即使包含待评价行为的活动不具有客观共同获益可能性，也会形成连带债务推定。

（三）连带债务推定的排除

夫妻共同意思表示中的连带债务推定是可以被反驳的。如果夫妻双方与债权人明确约定为按份债务，根据意思自治原则，自应承认其效力。值得讨论的是，在明确约定为按份债务的情况下，对方当事人能否以夫妻双方共

---

① 朱虎：《夫妻债务的具体类型和责任承担》，载《法学评论》2019 年第 5 期。

② Vgl. Perner, in: Fenyves/Kerschner/Vonkilch, Klang 3 § 891 Rz. 3.

同获益为由主张成立共同利益型夫妻共同债务。虽然共同利益型夫妻共同债务以存在客观共同获益性为基础,但是仍应首先尊重当事人的约定。在债权人已经与夫妻双方明确约定为按份债务的情况下,根据诚信原则,债权人亦无权再行依据共同利益型夫妻共同债务规范主张该债务为连带债务。债权人在此种情形中并不存在值得保护的合理期待。不过,如果债权人不知道债务人存在夫妻身份,应允许债权人在其后依据共同利益型夫妻共同债务规范主张该债务为连带债务。如果只是存在承担按份债务的夫妻内部约定,且债权人不知道该约定,则不能排除连带债务推定。

除夫妻双方与债权人明确约定为按份债务外,亦存在其他连带债务推定排除情形。由于连带债务推定以债权人对夫妻双方身份的合理信赖为基础,此处的合理信赖指向夫妻双方的高度结合关系。高度结合关系来源于夫妻双方所实行的法定夫妻财产制——婚后所得共同制。依据《民法典》第 1065 条第 3 款的规定,夫妻对婚姻关系存续期间所得的财产约定归各自所有,夫或者妻一方对外所负的债务,相对人知道该约定的,以夫或者妻一方的个人财产清偿。该款规定虽不能直接适用于夫妻共同负债情形,但从中可以管窥立法者之态度,即在债权人明知夫妻双方实行分别财产制的情况下,其不存在合理的期待。于连带债务推定情形,同样应适用这一原理。在债权人明知夫妻双方实行分别财产制的情况下,夫妻双方并不存在财产上的高度结合关系,亦不能期待夫妻双方会有向债权人承担连带债务之意思,此时应排除连带债务推定。

举轻以明重,如果债权人不知道债务人存在夫妻身份,连带债务推定的身份基础即完全不存在,此时自应予以排除。债权人是否知道债务人存在夫妻身份应以法律行为成立时为判断时间点。至于嗣后是否知情,在所不问。此处的知情仅限于明知而不包括应知。因为明知才是此处债权人产生合理信赖的基础。债权人应当证明其存在合理的夫妻身份信赖,典型情形如夫妻双方已经明确在合同中表示其身份,或者债权人与夫妻双方均熟识。由于"客观证明责任不过是实体法上的风险分配"[①],此处将这种风险分配给债权人具有合理性。多数人之债性质不明时的连带债务推定绝对有利于债

① [德]普维庭:《现代证明责任问题》,吴越译,法律出版社 2006 年版,第 29 页。

权人,如再将证明债权人是否知情债务人夫妻身份的举证责任分配给夫妻双方明显不公。有疑问的是,如果债务人之间的婚姻被确认无效、被撤销或者因离婚而终止,而债权人仍合理、善意相信债务人之间存在婚姻关系,是否应当根据债权人的信赖推定连带债务。从《民法典》第 1064 条第 1 款的文义来看,这种推定以夫妻双方的身份为前提,否则应直接适用第 518 条第 2 款的规定。如前所述,依据表见身份外观所形成的合理信赖值得法律保护,此时仍可形成有利于债权人的推定。

结　论

在比较法上,不少采纳婚后所得共同制的立法例(如《比利时民法典》第 1408 条、《立陶宛民法典》第 3. 109 条)直接列举了夫妻共同债务的具体形态,这些具体形态大致可以分为基于双方共同行为所形成的夫妻共同债务以及基于家庭共同利益所形成的夫妻共同债务。[①] 我国《民法典》第 1064 条实际上也采纳了这种二分法。共同意思表示型夫妻共同债务与共同利益型夫妻共同债务遵循的是不同的逻辑。前者体现了对意思自治的尊重,反映了婚姻并不消解自然人人格的观念,对夫妻共同意思表示是否成立的判断应当回到意思表示本身。后者反映了家庭作为客观利益共同体的团体属性。但是《民法典》第 1064 条作为独立的请求权基础,其所规定的夫妻共同意思表示不仅意指财产法上的共同意思表示,亦可涵盖其他行为,形成对意思自治的弱平衡。其中,将在财产法上亦会形成连带债务的保证行为、债务加入行为纳入并不存在实质障碍。除此之外,不应采纳过度宽松的解释立场,将共同意思表示与配偶知情等同,背离共同意思表示型夫妻共同债务保护债务人配偶同意权和决定权的立法旨意。[②] 夫妻共同意思表示无须意思联络要件,但至少需要债务人配偶有自己就该债务承担责任之意思。虽然

---

① SeeKatharina Boele - Woelki et al. eds. , *European Family Law in Action*, *Volume IV*: *Property Relations Between Spouses*, Intersentia, 2009, p. 403 - 409; See Katharina Boele - Woelki et al. , eds. , *Principles of European Family Law Regarding Property Relations Between Spouses*, Intersentia, 2013, p. 247 - 252.

② 参见程新文、刘敏等:《〈关于审理涉及夫妻债务纠纷案件适用法律有关问题的解释〉的理解与适用》,载《人民司法(应用)》2018 年第 4 期。

这种意思可以进行推定,但推定所依赖的高度盖然性不能低于“共同签名”。在债务人配偶之意思表示存在疑义时,不应一概将其推定为夫妻共同意思表示。[①] 否则,共同意思表示型夫妻共同债务与共同利益型夫妻共同债务的择一适用关系会导致债务人配偶丧失共同利益型夫妻共同债务所提供的实质利益审查保护。

《民法典》第1064条第1款不仅是扩张夫妻共同意思表示外延的基础,也是多数人之债性质约定不明时连带债务推定之规范基础。这一推定构成财产法上按份债务推定的例外。夫妻双方关于按份债务的约定以及身份公开要件的欠缺均会导致连带债务推定的排除。由于共同意思表示型夫妻共同债务规范是对财产法上连带债务规范的法定偏离,属于例外规定,不宜类推适用于其他家庭关系。即使是父母子女关系,亦只能适用财产法上的连带债务认定规范。[②]

① 参见山东省日照市东港区人民法院(2020)鲁1102民初8024号民事判决书。
② 参见辽宁省大连市金州区人民法院(2018)辽0213民初字第6534号民事判决书。

第三专题

离婚经济补偿研究

论离婚经济补偿

孙若军*

摘　要　离婚经济补偿是离婚的救济措施之一，为弥补夫妻财产制的不足，赋予因承担家务劳动较多导致经济地位较弱，且在离婚时家务劳动的价值未融入配偶收入中的一方享有经济补偿的请求权。《民法典》规定的离婚经济补偿遵循的是权利义务一致原则，旨在缓解因家庭分工引发的夫妻发展不平衡问题。离婚经济补偿范围和标准的确定，需要在激励女性从事家务劳动和参与社会劳动之间寻求平衡，促进男女平等与家庭利益最大化实现双赢。

关键词　离婚救济　经济补偿　家务劳动　人力资本　男女平等

21世纪以来，我国经济飞速发展、家庭财富急剧增长、百姓生活水平明显提高，但一切非“家和”所致，也没有给家庭带来稳定与安全。婚姻风险较之以往任何时期都高，除婚姻关系能否持续发展具有不确定性外，稳定、高收入的家庭也存在不平等与不安全感。党的十八大后我国重提家庭建设，不仅倡导家庭应当树立优良家风、弘扬家庭美德、重视家庭文明建设，也强

* 孙若军，中国人民大学法学院教授、法学博士、博士生导师、中国人民大学民商事法律科学研究中心研究员、中国人民大学法学院婚姻家庭法研究所执行所长、中国法学会婚姻法学研究会常务理事、北京市法学会妇女法学研究会常务理事。研究方向：婚姻家庭法、继承法。

调贤妻良母、相夫教子、勤俭持家是中华民族传统优秀文化的重要组成部分。既要发挥好妇女在社会生活中的作用,也要发挥好在家庭生活中的独特作用。[①] 为此,担负着构建理想家庭秩序的《民法典》,担负起促进家庭和睦、促进下一代健康成长、促进老年人老有所养,使千千万万个家庭成为国家发展、民族进步、社会和谐的重要基点[②]的重任。作为“安天下”的举措之一,离婚经济补偿是在保障婚姻自由的前提下,赋予经济地位较弱而承担较多家务劳动的一方(大多为女性)在离婚时享有经济上补偿的权利,[③]以缓解为婚姻付出的代价过大导致的夫妻双方发展不平衡问题。

一、离婚经济补偿的原因

《民法典》第 1088 条规定:“夫妻一方因抚育子女、照料老年人、协助另一方工作等负担较多义务的,离婚时有权向另一方请求补偿,另一方应当给予补偿。具体办法由双方协议;协议不成的,由人民法院判决。”该条规定的实质是对家务劳动价值的认可。[④]

家务劳动,是为满足家庭成员需要或者是维持家庭关系与家庭财产需要所做出的劳动。[⑤] 作为社会生产和再生产的一部分,家务劳动是为维持家庭正常生活不可或缺的重要组成部分。主要表现为两种形式:一种是劳动者在自己的家庭内部进行的无酬家务劳动;另一种是在他人的家庭里进行的有偿家务劳动。在现代,家务劳动已部分社会化,其价值和社会价值已经纳入了国民经济总产值中。离婚经济补偿涉及的家务劳动,仅限于家庭内部无薪酬的劳动。

现代社会生产力水平已为女性参与社会劳动提供了条件,但社会性别

---

① 参见中共中央党史和文献研究院编:《习近平关于注重家庭家教家风建设论述摘编》,中央文献出版社 2021 年版,第 9 页。

② 参见中共中央党史和文献研究院编:《习近平关于注重家庭家教家风建设论述摘编》,中央文献出版社 2021 年版,第 3 页。

③ 参见黄薇主编:《中华人民共和国民法典婚姻家庭编解读》,中国法制出版社 2020 年版,第 227 页。

④ 参见黄薇主编:《中华人民共和国民法典婚姻家庭编解读》,中国法制出版社 2020 年版,第 227 页。

⑤ 参见孙晓东:《收入如何影响中国夫妻的家务劳动分工?》,载《社会》2018 年第 5 期。

分工并未发生根本性的改变。研究显示,“男主外、女主内”的分工模式在多数社会仍占据主体地位。[①] 现我国的家庭结构也已发生变化,但由妻子承担主要家务劳动的观念仍然根深蒂固。改革开放以来,在市场化机制和国家作用消退的背景下,或许一些女性相较男性不再有工作和竞争优势,选择退出了市场劳动回归家庭,但更多的已婚女性既要承担着繁重的家务劳动压力,又要承担趋向高质量化的儿童照料需求,致使已婚女性的市场劳动参与受到了影响。[②]

家庭性别分工是婚姻家庭领域研究的核心问题。按照学科视角和论证逻辑,现有理论大体可以划分为两大类型:一类是以社会结构、制度与文化为核心架构,阐释家庭性别分工模式的形成以及社会化机制,包括性别规范,假说性别表演假设等。另一类是基于经济学的理性假设和家庭收益最大化原则提出的,包括比较优势理论、相对资源假说、时间可及性假说等。[③]

基于社会结构、制度和文化的理论,家庭性别分工是社会性别角色的组成部分和表现形式,社会结构和制度从根本上决定社会性别角色,并在此基础上建构性别分工以及与之相适应的文化规范。该理论重在强调家庭性别分工模式的社会化机制,以及由此形成的相对稳定性和自我延续性。但该理论忽略了现实中性别分工模式的客观差异和潜在变化,[④]以及家庭的内在活力。

基于经济学假设理论,家务分工是为了最大化家庭效用而进行的理性分工。[⑤] 该理论认为,家庭内部分工是夫妻就家庭所需承担的家务劳动与社会劳动,根据双方的相对资源和优势比较的结果而达成的优化配置。以人力资本理论为基础的家庭经济分析,将有关婚姻生育、夫妻分工等家庭行为

---

① 参见牛建林:《转型期中国家庭的家务分工特征及其在生命周期中的变化》,载《劳动经济研究》2020 年第 4 期。

② 参见苏群、李潇、常雪:《家庭劳动、家庭结构与农村已婚女性劳动参与——基于 CHNS 的面板数据分析》,载《农林经济管理学报》2020 年第 2 期。

③ 参见牛建林:《转型期中国家庭的家务分工特征及其在生命周期中的变化》,载《劳动经济研究》2020 年第 4 期。

④ 参见牛建林:《转型期中国家庭的家务分工特征及其在生命周期中的变化》,载《劳动经济研究》2020 年第 4 期。

⑤ 参见贺光烨、简敏仪、吴晓刚:《城市地区家务劳动和家人照料时间性别差异研究》,载《人口研究》2018 年第 3 期。

纳入统一的经济分析框架。该理论认为,虽然家庭中夫妇之间分工的格局在一定程度上受制于男女之间的性别差异,但是两性的生理差别只是家庭分工的初始基础,并不是唯一原因。从经济因素来看,两性之间人力资本投资的差异是家庭分工更重要的基础。家庭行为分析在贝克尔理论基础上的新发展是,打破了早先那种关于家庭成员之间相互和谐并且具有单一效用函数的假定,考虑不同家庭成员特别是夫妻之间的偏好差异及其不同的行为,并运用博弈论中合作的与非合作的方法来研究配偶双方在婚姻市场上的谈判及其均衡问题。这些发展实际上超越了贝克尔原来的利他主义模型,使得有关家庭活动的分析更为细致和复杂化,①突出了男女两性在资源分配、人力资本积累等方面的相对地位对家庭性别分工的决定性作用,隐含的是当男女两性的资源优势或相对地位发生变化时,家庭性别分工模式将出现与之相适应的调整变化的推论。但经济学理论过于强调微观家庭内部决策的能动性,相对忽视了社会结构制度和文化等因素的结构性影响,导致理论推断往往会低估家庭性别分工,调整变化面临的阻力。②

法学研究关注的重点是,无论家务劳动分工的原因是什么,家务劳动分工对从事家务劳动较多一方的影响都是负面的。一方面,家务劳动是造成妇女受压迫的重要原因,妇女的解放必须从家务劳动中解放出来,参与公共劳动,获得独立的经济社会地位。③ 这是恩格斯在《家庭、私有制和国家的起源》中考察的重要内容。传统的两性分工模式,是女性在公共领域遭受歧视的重要原因。④ 女性在传统的性别分工之下处于从属的地位。⑤ 另一方面,男女之间在生产和照料孩子方面存在着生物学意义上的差别,生物学上的

---

① 参见代英姿:《人力资本分析方法对家庭经济分析的变革》,载《财经问题研究》2007 年第 5 期。

② 参见牛建林:《转型期中国家庭的家务分工特征及其在生命周期中的变化》,载《劳动经济研究》2020 年第 4 期。

③ 参见邱丹文、石红梅:《马克思恩格斯关于家务劳动的论述及其当代价值》,载《中华女子学院学报》2022 年第 1 期。

④ 参见夏吟兰:《民法典离婚家务劳动经济补偿制度完善的人权内涵》,载《人权研究》2020 年第 2 期。

⑤ 参见贺光烨、简敏仪、吴晓刚:《城市地区家务劳动和家人照料时间性别差异研究》,载《人口研究》2018 年第 3 期。

差别增强在市场和家庭技术的专门性化投资。[①] 家务分工与人力资本投资存在密切的内在联系，专用性的人力资本积累在性别方面的差异，更强烈地影响了家庭的分工。贝克尔称之为家庭经济学中的一个重要定理。[②] 不平等等于不公平。即使是稳定和高效益的家庭，也会造成高度的不平等，更何况婚姻一旦解体，为家庭付出较多的一方对家庭所做的人力资本投资全部沉没。据此，离婚经济补偿的原因，是要解决家务劳动分工的不均衡所引发的夫妻发展、付出与回报的失衡问题，法律赋予负担较多家庭劳动的一方享有获得相应经济补偿的权利，[③]旨在尝试以经济补偿方式平衡两性在家务劳动分工上的不平衡。

二、离婚经济补偿的功能定位

我国在 1980 年《婚姻法》中首次确立了夫妻财产制，除另有约定外，婚后所得为夫妻共有财产。2001 年《婚姻法》修正时增设了夫妻约定财产制，为使这一规定与夫妻法定财产制的价值理念衔接，增加了“夫妻书面约定婚姻关系存续期间所得的财产归各自所有，一方因抚育子女、照料老人、协助另一方工作等付出较多义务的，离婚时有权向另一方请求补偿，另一方应当予以补偿”的规定。2020 年《婚姻法》纳入《民法典》，删除了上述规定对“夫妻书面约定婚姻关系存续期间所得的财产归各自所有”的限定，扩大了离婚经济补偿的适用范围。从法律的发展不难看出，离婚经济补偿是与夫妻财产制密不可分、相互关联的。离婚经济补偿的功能定位，应当是为弥补夫妻财产制的不足而设立的救济制度，赋予因承担家务劳动较多导致经济地位较弱，且在离婚时家务劳动的价值未融入配偶收入中的一方享有经济补偿的请求权。

首先，离婚经济补偿的不是家务劳动，而是家务劳动的价值。家务劳动

---

① 参见[美]贝克尔：《家庭经济分析》，彭松建译，华夏出版社 1987 年版，第 33 页。转引自潘锦棠：《性别人力资本理论》，载《中国人民大学学报》2003 年第 3 期。

② 参见代英姿：《人力资本分析方法对家庭经济分析的变革》，载《财经问题研究》2007 年第 5 期。

③ 参见最高人民法院民法典贯彻实施工作领导小组主编：《中华人民共和国民法典婚姻家庭编继承编理解与适用》，人民法院出版社 2020 年版，第 315 页。

的价值主要包含两个方面:一是家务劳动可以节省家庭支出,间接增加家庭财富。[①] 二是因家务劳动提升的配偶人力资本的价值。所谓人力资本是指表现为人的知识、技能、经验和技术娴熟程度等人的能力和素质。人力资本的取得不是无代价的,是通过人力投资而获得的,作为资本的一种形式,个人及其社会对他所进行的投资都必然会产生收益,是劳动者收入形成的基础。对人力资本的投资也是人与人收入差形成的主线。[②] 区分家务劳动和家务劳动的价值的目的,是要避免就家务劳动谈家务劳动补偿。以夫妻离婚时收入相当为例,若支持妻子就婚姻期间负担家务劳动较多而给予经济补偿,无异于视婚姻关系为合伙关系,离婚时按双方贡献分割财产,将关注点转向谁工作量更大、劳动强度更高、劳动时间更长、谁对家庭贡献更大以及谁更辛苦等,最先牺牲的是弱势群体,进而否定夫妻财产制和家庭伦理,最终推翻的是婚姻制度,这与我国现阶段的治国理念相悖。

其次,离婚经济补偿的不是全部家务劳动的价值,而是没有纳入夫妻共有财产范围的家务劳动价值。家务劳动具有普遍性,但对家务劳动价值的补偿不具有普遍性。原因是按照时间可及理论,人的总时间是一定的,如果一个人完成一件事情需要的时间较长,那么其做其他事情的时间就会相应压缩。两性在家务劳动和照料家人方面的时间差异,可归因于时间成本的问题。[③] 家务劳动的价值已融入配偶工资中,除各自财产归各自所有的夫妻外,家务劳动的价值已部分或全部纳入共有财产的范围。如果离婚经济补偿不考虑夫妻共有财产的分割情况,单独计算家务劳动的价值,不仅不符合权利义务一致原则,存在重复获利之嫌,而且也在否定婚姻共享的价值理念,当一方指责配偶家务劳动做的不多时,一定会遭到另一方对其收入不高或没有收入的谴责。我国的法定夫妻财产制是"婚后所得共同制",共有财产界定的范围较之"劳动所得共同制"更为宽泛,家务劳动的价值以及夫妻协力等理念都已涵盖其中,因此,离婚经济补偿的范围应仅限于家务劳动的

---

① 参见张伟主编:《婚姻家庭继承法学》,法律出版社 2021 年版,第 165 页。

② 参见[美]西奥多·舒尔茨:《对人进行投资:人口质量经济学》,吴珠华译,商务印书馆 2019 年版。

③ 参见贺光烨、简敏仪、吴晓刚:《城市地区家务劳动和家人照料时间性别差异研究》,载《人口研究》2018 年第 3 期。

价值没有纳入夫妻共有财产的部分。

最后，无论夫妻适用何种财产制、无论请求权人是全职家庭主妇(夫)或职业女性(男性)，离婚经济补偿在原则上都只适用于以下两种情形：一是夫妻没有共有财产。例如，婚姻期间夫妻各自财产归各自所有；再如，婚姻关系结束，但家务劳动没有结束，如继续抚养未成年子女或照顾不能独立生活的子女。二是离婚时家务劳动的价值尚没有纳入共有财产或体现在配偶的收入中。人力资本的有用性体现在未来收益上。[①] 我国的法定夫妻财产制是"婚后所得共同制"，不包括财产期待权。例如，没有实际取得或者已经明确可以取得的知识产权的收益。再如，尚未退休或不符合领取基本养老金条件的养老保险金等。人力资本具有经济价值，但也具有人身专属性，人力资本与特定的人密不可分，呈现私有性、不可转让性和自主性的特征。婚姻期间对人力资本的投资，主要表现为教育培训、更好的职业流动和迁移等。例如，以共有财产投资一方接受教育培训，或以包揽家务劳动等方式支持配偶获得的职业证书、学位证书等不具有财产的属性，没有纳入夫妻共有财产的范围。再如，为配偶职业流动、专注工作，另一方不得不中断、缩短、变动或放弃自己的工作所造成的自身人力资本的减损，更无从与产权直接挂钩。有学者指出，如果在离婚时不能对丈夫身上承载的人力资本进行分割，那么夫妻双方都会选择进行面向市场的人力资本投资，而投资于孩子等婚姻专有性资产的激励就会荡然无存，家庭内部分工格局恐怕就难以形成，家庭生产的效率无法实现。[②] 因此，离婚经济补偿就是要弥补财产制依据产权界定共有财产的缺陷，给予家务劳动较多的一方补偿在离婚时配偶尚未取得的知识产权收益和投资收益。

三、离婚经济补偿的标准

按照《民法典》的规定，离婚经济补偿的具体办法，由双方协议；协议不成的，由人民法院判决。但人民法院依据什么判决，是理论和实践都难以回答的问题，包括：如何评估家务劳动的价值？如何计算家务劳动方人力资本

---

① 参见钱雪亚：《人力资本水平：方法与实证》，商务印书馆2011年版，第38页。

② 参见刘廷华：《婚姻破裂时的人力资本分割理论》，载《兰州商学院学报》2011年第2期。

的减损？如何评估家务劳动较多一方的配偶人力资本在婚姻期间的增值？如何解释家务劳动与人力资本增值间的因果关系？如何判断家务劳动的价值有无纳入夫妻共有财产？如何计算共有财产分割后还需要补偿多少家务劳动的价值？等等。因家务劳动的价值并无权威的量化计算方式，最高人民法院的意见是，人民法院在确定离婚经济补偿数额时，必须要全面综合考察，尽量使经济补偿数额与负担较多的一方付出的劳动产出的价值得以匹配，即根据权利义务相一致原则负担较多义务的一方应当得到适当的补偿，判断一方是否承担了较多义务，应结合一方在家庭义务上付出的时间成本，精力成本以及获得的效益等多方面因素综合衡量。①

离婚经济补偿是建立在人力资本理论基础上的，相较于法律界重点关注的婚姻时间的长短、家务劳动的强度、双方的收入比等因素，经济学纳入实证研究分析的变量则更为宽泛。该理论认为，影响家庭内部分工和家务劳动时间多少的因素非常多且差距很大，包括双方年龄、性格、受教育程度、早期人力资本的投资情况、家庭结构、性别平等观念、工作环境、身体状况、代际人力资本投资的理念、不同地域、城镇乡村、从事的行业、国有与非国有企业、配偶的收入、家庭整体财产状况、子女的数量、子女的年龄、婚姻的不同时期，等等。

尽管也有经济学者认为，有多种方法来量化和衡量家庭生产，比如家务劳动的价值可以这样计算，如果去市场上购买家长提供的这些服务（如照顾婴儿）需要花费多少，那么家务劳动的价值就是多少。② 但事实是，舒尔茨、贝克尔的研究建立起了人力资本的理论体系，这一体系为人力资本水平的计量提供了理论基础，但却没有系统地关注人力资本本身的计量估价估值，或者说，在他们的大部分研究中回避了人力资本估值这十分复杂的命题。③家务劳动的边界存在模糊性和争议性，缺乏质的比较和计量的困难性，因此，家务劳动的估算方法存在许多可操作性的难题，比如家务劳动与闲暇活

---

① 参见最高人民法院民法典贯彻实施工作领导小组主编：《中华人民共和国民法典婚姻家庭编继承编理解与适用》，人民法院出版社 2020 年版，第 314 页。

② 参见[美]加里·贝克尔、[美]吉蒂·贝克尔：《生活中的经济学》，章爱民、徐佩文译，机械工业出版社 2021 年版，第 278 页。

③ 参见钱雪亚：《人力资本水平：方法与实证》，商务印书馆 2011 年版，第 29－30 页。

动叠加,不同的家务劳动叠加,计量标准的非客观性,等等,[①]使得家务劳动难以度量和估算。有学者认为,补偿数额的认定与计算,应当围绕着“特定牺牲决策”展开,因为特定牺牲决策所带来的收入能力损失相对容易计算和识别。在补偿数额的计算上,还可以参照类似教育背景,职业背景人士现阶段平均收入等官方统计资料。[②] 但在人力资本的研究中,人力资本的存量与收入无直接关联,由人力资本转为人力资本收入受诸多因素的影响,工薪收入也并不是由人力资本构成的,非人力资本因素在收入中发挥更大的作用。经济学研究认为,尽管家务劳动对提升配偶人力资本进而导致其收入的增长的影响很大,但并不起唯一的决定性作用。夫妻收入差距拉大是各种相关因素不同作用的结果,需要与所处的社会经济发展环境相结合来分析。[③]更何况绝大多数人一生最重要的人力资本是在其人生早期阶段积累的。[④]21 世纪以来,随着数据可得性的大大提升和估算方法的发展,无酬家务劳动价值估算体系日益完善,家务劳动价值测算取得了重大进展。[⑤] 但每一个婚姻都有其独特性,实证研究仍在经济学、统计学、社会学等领域进行,尚未有可以用于司法裁判的评估和计算方法。

相较之短期内离婚经济补偿标准的无解,现阶段更应关注的是,司法裁判依据个案具体情况确定的补偿金额对社会家务劳动分工的影响。调查显示,当代美国社会中家庭分工状况对婚姻关系质量的影响已超过夫妻宗教信仰和政治态度的协同性,其重要性甚至远远超过收入、子女等家庭核心因素。[⑥] 家庭分工既可以成为经营和维护婚姻关系的能动性手段,也会诱发婚

---

① 参见廖宇航:《家务劳动价值的估算》,载《统计与决策》2018 年第 8 期。

② 参见汪洋:《共同财产制下离婚经济补偿的价值基础、教义构造与体系协调》,载《妇女研究论丛》2021 年第 5 期。

③ 参见焦斌龙等:《人力资本差异与收入分配差距》,商务印书馆 2011 年版,第 121 页。

④ 参见杜丽群、王欢:《家庭经济学视角下人力资本理论研究进展》,载《经济学动态》2021 年第 5 期。

⑤ 参见关成华、左玲:《中国居民无酬家务劳动经济价值的估算》,载《统计与决策》2022 年第 4 期。

⑥ 参见牛建林:《转型期中国家庭的家务分工特征及其在生命周期中的变化》,载《劳动经济研究》2020 年第 4 期。

姻家庭矛盾,甚至导致婚姻危机。[①] 在不平等和经济增长之间的权衡取舍,不仅是经济学要考虑的问题,也是司法实践适用离婚经济补偿时需要衡量的利弊。

从现有研究成果看,家庭领域性别分工模式变化的可能性及其潜在方向并不清晰。一方面,由于家务劳动的繁杂且缺乏直接的经济回报,导致单纯从直接经济利益来考虑,改变现有的家务分工状况不具有帕雷托改进效应。夫妻双方作为具有合作关系和共同目标的理性行为者,为了实现经济效益的最大化以及家庭目标,多数会倾向于通过分工的方式进行合作,因此彻底改变的内在动力有限,从长远的角度看,整个社会的家庭分工模式并不会在根本上改变。[②] 另一方面,女性通过参与社会劳动能够实现自身独立、发展和自我价值,因而对于改变现状往往具有更强的内在动力和积极性。[③] 在过去的几十年里,各国已婚女性的劳动参与率出现大幅度上升,但这都是以女性消减在不计报酬的家庭生产上投入的时间为代价换来的。[④] 以美国为例,过去的几十年里越来越多的女性投身于事业,将更多的时间花在工作上,也正是因为她们的这个选择,大大改变了她们在现代经济生活中的角色。推动妇女就业率和工资收入的逐年增长的最主要因素是市场的力量。[⑤] 值得关注的是,妇女的时间价值的提高,不仅对于家务生产中各种形式的物质资本的替代使用是一个刺激因素,而且由于父母要在孩子身上花费大量的时间,所以对孩子的需求有所减少。[⑥]

从某种意义上讲,离婚经济补偿的适度极为重要,在没有客观补偿标准

---

① 参见牛建林:《转型期中国家庭的家务分工特征及其在生命周期中的变化》,载《劳动经济研究》2020 年第 4 期。

② 参见牛建林:《转型期中国家庭的家务分工特征及其在生命周期中的变化》,载《劳动经济研究》2020 年第 4 期。

③ 参见牛建林:《转型期中国家庭的家务分工特征及其在生命周期中的变化》,载《劳动经济研究》2020 年第 4 期。

④ 参见[美]加里・贝克尔、[美]吉蒂・贝克尔:《生活中的经济学》,章爱民、徐佩文译,机械工业出版社 2021 年版,第 278 页。

⑤ 参见[美]加里・贝克尔、[美]吉蒂・贝克尔:《生活中的经济学》,章爱民、徐佩文译,机械工业出版社 2021 年版,第 283 页。

⑥ 参见[美]西奥多・舒尔茨:《对人进行投资:人口质量经济学》,吴珠华译,商务印书馆 2019 年版,第 95 页。

的情形下，不宜过度追求诉讼的数量和补偿的金额，过高或过低的经济补偿标准，都会向社会释放错误信号。离婚经济补偿的标准不应激励家务劳动较多一方义无反顾地付出和鼓励家务劳动较多一方的配偶无所顾忌地索取，而是要激励家务劳动分工中付出较多一方为避免受到损害而采取预防措施，同时让受益方因忌惮有可能会面临的补偿而选择分担家务。人民法院的裁判要从有利于引导社会朝着均衡家务劳动分工的方向发展，从而促进和改善性别分工造成的男女不平等。

结　语

《民法典》第 1088 条规定的离婚经济补偿扩大了家务劳动补偿的适用范围，实现了《中国妇女发展纲要（2011—2020 年）》提出的“在离婚案件审理中，考虑婚姻关系存续期间妇女在照顾家庭上投入的劳动、妇女离婚后的生存发展以及抚养未成年子女的需要，实现公平补偿”的目标。但鉴于经济学理论对家庭分工、家务劳动价值以及人力资本的研究远未形成共识，因此，离婚经济补偿的法学理论有待司法的进一步实践和检验。要强调的是，离婚经济补偿的实质只是对家务劳动价值的认可，而传统“男主外、女主内”的两性分工模式，受男女生理差别、家庭财产效益最大化以及最有利于子女利益等多重因素影响，并不会因离婚经济补偿适用范围的扩大而发生根本性的改变。虽然能否以扩大补偿范围、提高补偿金额来缩小两性家务劳动时间的差距也需要探讨和尝试，但可以肯定的是，从事家务劳动较多的一方如在离婚时能获得高额补偿金，势必会激励部分女性无后顾之忧地回归家庭。从发展的角度看，女性对家庭的人力投资在退出特定的婚姻关系时因不可收回而沉没，最终沦为向法律寻求救济的弱势群体，是与追求男女实质意义上的平等背道而驰的。因此，正确认识和谨慎适用离婚经济补偿，探索合理的补偿范围与标准更有利于引导社会朝着家庭合理分工的方向发展，对推动《中国妇女发展纲要（2021—2030 年）》提出的鼓励支持妇女为推动经济高质量发展贡献力量、充分发挥妇女在家庭生活中的独特作用、倡导和支持男女共担家务，最终实现妇女的获得感、幸福感、安全感显著提升的总体目标更具有积极的意义。

共同财产制下离婚经济补偿的价值基础教义构造与体系协调*

汪　洋**

摘　要　相较于2001年《婚姻法》第40条,《民法典》第1088条将离婚经济补偿制度的适用范围拓展至夫妻共同财产制,具有正当的价值基础。在共同财产制下,只有离婚时可供分割的共同财产数额较少,以及家务劳动贡献方在婚姻存续期间未从他方收入中获取必要收益这两种例外情形,家务劳动贡献方方可主张补偿家务劳动价值。基于家庭效用最大化作出的家庭分工,夫妻一方因家务劳动或者其他义务作出特定牺牲,造成面向未来的人力资本损失,应当予以补偿。特定牺牲决策在"家庭利益最大化"层面应具有正当合理性,判断时不能单采经济理性标准。离婚损害赔偿与离婚经济补偿两项制度原则上并行不悖,如若原本"生活困难"的客观状况因损害赔偿或经济补偿而得以消解,则不能叠加适用离婚经济帮助制度。

关键词　离婚经济补偿　共同财产制　离婚救济　家务劳动　特定牺牲

*　该文发表于《妇女研究论丛》2021年第5期。

**　汪洋,清华大学法学院教授、博士生导师。研究方向:民法、婚姻家庭继承法、土地法。

一、问题的提出

2001 年《婚姻法》第 40 条规定:“夫妻书面约定婚姻关系存续期间所得的财产归各自所有,一方因抚育子女、照料老人、协助另一方工作等付出较多义务的,离婚时有权向另一方请求补偿,另一方应当予以补偿。”该条首次确立了我国法上的离婚经济补偿制度,明确以夫妻书面约定分别财产制为适用前提。《民法典》编纂过程中,2017 年“室内稿”增加了尊重当事人意思自治的表述:“具体办法由双方协议;协议不成时,由人民法院判决。”2018 年“征求意见稿”删除了“夫妻书面约定分别财产制”这一适用前提。最终《民法典》第 1088 条规定,“夫妻一方因抚育子女、照料老年人、协助另一方工作等负担较多义务的,离婚时有权向另一方请求补偿,另一方应当给予补偿。具体办法由双方协议;协议不成的,由人民法院判决”。由此引发的问题是:离婚经济补偿制度删除分别财产制的适用前提,是否具有实质合理性?在夫妻共同财产制下,如何具体构建离婚经济补偿的教义学结构?在离婚救济的制度框架下,如何对离婚经济补偿、离婚帮助以及离婚损害赔偿三者进行体系协调?1992 年《妇女权益保障法》对离婚经济补偿制度未予规定,2005 年修正《妇女权益保障法》时吸纳了 2001 年《婚姻法》第 40 条的内容,于第 47 条第 2 款增设离婚经济补偿制度,并于 2018 年修正《妇女权益保障法》时予以保留。《民法典》正式施行时恰逢《妇女权益保障法》正在酝酿新一轮修正,对上述问题的研究,有利于在吸纳《民法典》第 1088 条内容的基础上,于立法层面上进一步完善离婚经济补偿制度。

二、共同财产制下离婚经济补偿制度的价值基础

2001 年《婚姻法》第 40 条为何将离婚经济补偿制度的适用范围限制在分别财产制?官方释义书的理由是,“因夫妻双方婚前和婚后所得财产归属各自所有,当一方付出较多义务,并因此牺牲自身的发展机遇,致使其在婚姻关系存续期间无经济收入,或者经济收入远低于另一方,她们的利益无法在婚姻关系终结时得到必要保障;而在共同财产制下,婚姻关系存续期间所得财产属于夫妻共同财产,并在离婚时予以分割,法院在分割之时会尤其注

意维护家务劳动繁重而经济收入较少的妇女一方的权益”。[①] 可见,在婚姻法时代,离婚经济补偿制度的规范目的是作为克服分别财产制固有缺陷的纠偏措施,解决一方家务贡献难以在夫妻分别财产制下获得合理评价的问题。[②] 共同财产制下,离婚时的共同财产均等分割已承认了家务劳动的价值,若叠加适用离婚经济补偿制度,会导致家务贡献的重复计算与评价。[③] 因此应当将离婚经济补偿制度的适用范围限缩在夫妻分别财产制下。

2001 年《婚姻法》施行之后,由于分别财产制并非我国法定财产制类型,适用分别财产制的家庭数量相对较少,从而极大限缩了离婚经济补偿制度在实践中的适用空间。[④] 在裁判文书库中,中级人民法院审理的涉及 2001 年《婚姻法》第 40 条的婚姻家庭与继承纠纷裁判文书才共计 100 余件,且绝大多数案件中,法院以不符合分别财产制的适用前提为由,拒绝了当事人的离婚经济补偿请求。[⑤] 一些地方高级人民法院的指导意见明确反对在法定财产制下承认离婚家务劳动补偿。例如《广东省高级人民法院关于审理婚姻案件若干问题的指导意见》(已失效)第 24 条规定:“夫妻没有书面约定婚姻关系存续期间所得的财产归各自所有(即实行共同财产制),离婚时,一方以抚育子女、照料老人等付出较多义务为由,根据《婚姻法》第四十条的规定要求另外一方补偿的,不予支持。”

《民法典》第 1088 条为何将离婚经济补偿制度的适用范围拓展至共同财产制?官方释义书的理由是,“一方因付出较多义务牺牲了自身的发展机遇,致使自己在婚姻关系存续期间无经济收入,或者经济收入远低于另一方,不论是分别财产制,还是共同财产制,如果他们的利益在婚姻关系解体

---

① 胡康生主编:《中华人民共和国婚姻法释义》,法律出版社 2001 年版,第 167 - 169 页。

② 参见王歌雅:《家务贡献补偿:适用冲突与制度反思》,载《求是学刊》2011 年第 5 期。

③ 参见马忆南:《婚姻家庭继承法学》,北京大学出版社 2019 年版,第 137 页;夏吟兰主编:《婚姻家庭继承法》,中国政法大学出版社 2017 年版,第 142 页。

④ 参见薛宁兰:《民法典离婚救济制度的功能定位与理解适用》,载《妇女研究论丛》2020 年第 4 期。

⑤ 参见四川省内江市中级人民法院(2016)川 10 民终 495 号民事判决书;四川省眉山市中级人民法院(2017)川 14 民终 145 号民事判决书;山西省吕梁市(地区)中级人民法院(2016)晋 11 民终 921 号民事判决书;云南省西双版纳傣族自治州中级人民法院(2016)云 28 民终 108 号民事判决书;海南省海口市中级人民法院(2020)琼 01 民终 1959 号民事判决书;辽宁省大连市中级人民法院(2019)辽 02 民终 241 号民事判决书。

之时得不到有效保障，将对子女的成长极为不利，对社会的稳定产生重大影响”。[①] 从2001年《婚姻法》与《民法典》的官方释义的表述中可以得知，无论是分别财产制还是共同财产制，离婚经济补偿制度的适用前提都在于“一方付出较多义务”，其正当性便源自对家务劳动价值的承认。[②] 家务劳动是指无法直接产生经济效益的、为满足家庭成员的生活需要所从事的劳动。[③]家务劳动的价值在直接、间接两个层面得以体现：直接层面，家务劳动作为一种劳动形态，自身具有市场价值，如果双方都不承担家务劳动，则需要有偿方式由家政服务人员承担，由此导致夫妻共同财产的减少，因此家务劳动对于家庭财富的积累具有间接贡献；[④]间接层面，家务劳动的总量是恒定的，一方从事更多的家务劳动意味着另一方从事更少，从而可以把更多时间精力投入职业工作，使得从事家务劳动较少一方有更大概率提升自己的收入水平和人力资本市场价值，这一结果受益于另一方从事的家务劳动。[⑤]

共同财产制缘何也存在适用离婚经济补偿制度的可能？第一个正当性理由在于官方释义所言的“利益在婚姻关系解体之时得不到有效保障”。一方面，生活经验告诉我们，家庭共同财产的积累是一个非线性发展的过程。婚姻初期往往对应着青年阶段，双方事业在起步期，无论是收入还是人力资本价值都处于缓慢积累爬坡阶段；婚姻关系存续一段时间后，人生步入壮年阶段，通常意味着收入增长和职业晋升，家庭财富积累初具规模，人力资本价值也得到较大提升；婚姻关系持续至人生进入中年阶段，收入与人力资本价值曲线或都处于高点，夫妻共同财产基本达到最大化。因此，若在婚姻初期或婚姻关系存续时间不长便离婚，此时尚未积累到足以补偿付出较多义

① 黄薇主编：《中华人民共和国民法典婚姻家庭编解读》，中国法制出版社2020年版，第229页。

② 胡康生主编：《中华人民共和国婚姻法释义》，法律出版社2001年版，第166页。

③ 马忆南：《婚姻家庭继承法学》（第4版），北京大学出版社2019年版，第137页。

④ 许莉主编：《婚姻家庭继承法学》（第3版），北京大学出版社2019年版，第159页。

⑤ 参见陈苇、于林洋：《论我国离婚经济补偿制度的命运：完善抑或废除》，载《法学》2011年第6期；林秀雄：《夫妻财产制之研究》，中国政法大学出版社2001年版，第155页。

务一方的家庭财产,[①]出现付出较多义务一方有分割夫妻共同财产之权,却无财产可供分割之实的失衡状态。另一方面,考虑到目前中国家庭的主流情形是"双薪制"而非"主妇制",但传统观念下"男主外、女主内"的家务分工模式并未因女性外出工作而发生实质性改变,[②]大多数家庭中妻子在辛勤工作的同时,承担了更多抚养子女、照料老人等家务劳动,仅仅依靠夫妻共同财产的分割,未必能够合理评价双薪制下家务劳动付出方的贡献和价值。[③]

前民法典时代,鉴于离婚经济补偿制度只能适用于分别财产制,有学者就主张在共同财产制下,通过分割共同财产时对承担较多义务一方予以照顾,迂回实现家务劳动补偿的目的。[④] 一些地方法院也采取了迂回方案,强调法院可以通过夫妻共同财产分割来间接补偿付出较多义务的一方。[⑤]

第二个正当性理由在于官方释义所言的"一方因付出较多义务牺牲了自身的发展机遇",涉及基于家庭效用最大化作出的家庭分工造成面向未来的人力资本损失及其补偿问题。付出较多义务一方在职业发展方面受到不可逆的负面影响,未来的收入水平和人力资本价值都面临不同程度的下降,而从事家务劳动较少一方有更大概率提升自己的收入水平和人力资本价值。婚姻存续期间,遭受收入能力损失的一方通过共同财产制,得以分享另一方收入的提升而得到相应回报,并使得整个家庭共同体的利益最大化。一旦离婚,当初基于家庭效用最大化而作出的家庭分工,却使得双方面临天壤之别的损失抑或收益。[⑥] 付出较多义务一方未来职业发展机会的丧失,无法继续通过另一方收入的提升而得以弥补,付出较多家务劳动这一抉择所造成的负面影响在未来依旧持续;但是得利一方继续享受着之前家务劳动

---

① 参见陈苇、曹贤信:《论婚内夫妻一方家务劳动价值及职业机会利益损失的补偿之道——与学历文凭及职业资格证书之"无形财产分割说"商榷》,载《甘肃社会科学》2010 年第 4 期;陈苇、何文骏:《我国离婚救济制度司法实践之实证调查研究——以重庆市某基层人民法院 2010—2012 年被抽样调查的离婚案件为对象》,载《河北法学》2014 年第 7 期。

② 许莉主编:《婚姻家庭继承法学》,北京大学出版社 2019 年版,第 158 页。

③ 参见李洪祥:《论离婚经济补偿制度的重构》,载《当代法学》2005 年第 6 期。

④ 参见杨大文主编:《亲属法与继承法》,法律出版社 2013 年版,第 165 页。

⑤ 参见《江苏省高级人民法院婚姻家庭案件审理指南》(2010)。

⑥ Ira Mark Ellman, *The Theory of Alimony*, 77 California Law Review 1, 40 – 50 (1989).

付出较少而在职业发展方面带来的红利。[①] 这一面向未来的失衡局面无法通过离婚时的共同财产分割得以矫正,需要引入离婚经济补偿制度解决人力资本价值损失的补偿问题。

第三个正当性理由在于官方释义所言的“将对子女的成长极为不利,对社会的稳定产生重大影响”,即在后果层面由于未能在离婚之际对收入能力损失予以重新分配,扭曲的激励机制导致婚姻行动的扭曲,[②]对子女抚养以及社会稳定产生负面影响。如若可以合理预期从事家务劳动带来的收入损失在离婚时将会得到补偿,家务劳动一方在婚姻关系中会以家庭整体利益为出发点,采纳最佳的婚姻分工模式,通常也最有利于子女教育和抚养。如若不能合理预期从事家务劳动带来的收入损失在离婚时将会得到补偿,则原本投入家务劳动一方会以自身利益而非家庭整体利益作出选择,放弃最佳的婚姻分工模式,投入相对较少时间精力用于家务劳动以及子女教育和抚养,对子女成长产生不利影响;同时既然夫妻双方都以个人利益而非家庭整体利益为重,婚姻家庭何以稳定运行? 收入和人力资本价值更高一方可能的离婚动机何以得到抑制?

综上所述,在共同财产制下,离婚经济补偿制度的正当性基础在于:避免婚姻关系不同阶段家庭财产积累的差异导致双方利益失衡;矫正家务劳动牺牲一方未来收入无法通过离婚共同财产分割得以完全弥补的损失;避免不当的激励机制扭曲婚姻行动从而对子女抚养以及社会稳定产生负面影响。

三、离婚经济补偿制度的教义构造

《民法典》第 1088 条在构成要件以及补偿标准等方面都过于笼统,需要在不同类型下进行更细致化的教义构造,以期为后续司法实践提供更为清晰的指导。

---

① 参见王歌雅:《家务贡献补偿:适用冲突与制度反思》,载《求是学刊》2011 年第 5 期;李洪祥:《论离婚经济补偿制度的重构》,载《当代法学》2005 年第 6 期;何俊萍:《论我国离婚补偿制度应适用夫妻共同财产制》,载陈苇主编:《家事法研究》2007 年卷,群众出版社 2008 年版,第 83 页。

② Ira Mark Ellman, *The Theory of Alimony*, 77 California Law Review 1, 40 – 50 (1989).

(一)例外情形下对家务劳动价值进行补偿

依据《民法典》第1088条文义,夫妻一方只要负担较多义务的,离婚时无论分割到多少夫妻共同财产,均有权请求另一方予以额外补偿。一方面,这无异于重复计算了家务劳动的价值,不符合本条的规范意旨。另一方面,若制度导向是精准计算家务劳动总量及双方承担的比例,会陷入由司法对家庭贡献进行实质性评价的歧途。婚姻共同体本应是相互奉献、支持,彼此牺牲、妥协且受益的关系,对双方日常生活中的付出和抉择进行精确计算,无异于消解了婚姻家庭共同体赖以存在的基石。有鉴于此,在共同财产制下,原则上不对家务劳动贡献方的家务劳动价值进行补偿。只有在符合"离婚时通过分割夫妻共同财产不能得到适当补偿的"例外情形下才适用《民法典》第1088条的规定,使离婚经济补偿制度与共同财产制相衔接。

正如前文所言,共同财产制适用离婚经济补偿制度的第一个正当性理由在于付出较多义务一方有分割夫妻共同财产之权,却无财产可供分割之实的失衡状态,以及双薪制下家务劳动付出方在家务劳动上的贡献和价值仅仅依靠分割共同财产无法得到合理评价。因此,例外予以补偿的构成要件为"离婚时可供分割的共同财产数额较少"[①],"家务劳动贡献方在婚姻存续期间未从他方收入中获取必要收益"[②]。囊括实践中离婚时夫妻无共同财产、夫妻双方因外出打工或感情不和等长期异地分居且未负担家庭开支、一方将收入挥霍于个人消费、双薪制下夫妻一方主要负担了家务劳动等情形。[③] 另外,夫妻一方用夫妻共同财产供一方继续深造或职业培训,因此获得的学位文凭、技术职称、职业证书等无形资产并未计入夫妻共同财产,使得这类由夫妻共同财产转化而来的无形资产成为一方的个人财产,离婚时

---

① 陈苇、于林洋:《论我国离婚经济补偿制度的命运:完善抑或废除》,载《法学》2011年第6期。

② 孙若军:《离婚救济制度立法研究》,载《法学家》2018年第6期。

③ 参见湖南省益阳市中级人民法院(2015)益法民一终字第499号民事判决书;四川省宜宾市中级人民法院(2015)宜民终字第1115号民事判决书;云南省曲靖市中级人民法院(2015)曲中民终字第1355号民事判决书。

也无法分割,通过经济补偿制度无疑可以在一定程度上减少这一不公平现象。[①]

(二)对"负担较多义务"或"特定牺牲决策"导致收入能力受损的补偿

正如前文所言,共同财产制适用离婚经济补偿制度的第二个正当性理由在于"一方因付出较多义务牺牲了自身的发展机遇",即基于家庭效用最大化作出的家庭分工造成面向未来的人力资本损失。应当对《民法典》第1088条"负担较多义务"的表述采广义解释,本条中的"义务"如"协助另一方工作",并不限于履行法定义务,包括因"抚养子女、照料老年人"等家务劳动所作出的特定牺牲决策,以及因"协助另一方工作等"非家务劳动范畴作出的特定牺牲决策两种类型。

特定的牺牲决策要求在后果层面造成该方未来收入能力的损失。例如,夫妻一方因育儿或养老等家务劳动,辞去工作、拒绝了收入更丰厚的工作机会、拒绝了岗位晋升机会、选择了收入低但工作量小的工作、延迟或取消了可以提升未来收入的进修计划,以及并非因家务劳动,而是为了配合另一方工作迁移至某地,放弃了原工作机会或潜在就业岗位。特定的牺牲决策要求符合"家庭利益最大化"原则。如果仅仅是牺牲自己的闲暇时间用于育儿或养老,则不应认为存在特定的牺牲决策,只有符合前文所述的例外情形,才能主张针对家务劳动价值本身要求补偿。如果不存在育儿或养老负担如在无孩家庭中,夫妻一方退出就业市场担当家庭主妇,可能仅仅是出于个人生活方式的偏好,[②]不符合家庭利益最大化原则,不应予以补偿。成年人只有存在特殊需求如生病、年老或残疾时,配偶一方完全或部分退出劳动力市场以满足这一需求,进而主张补偿的才被认为是适当的。[③]

判断是否符合家庭利益最大化原则时,考虑到婚姻家庭并非一个完全依照经济理性进行决策的共同体,需要平衡家庭的短期收益与长远收益,以

---

① 参见许莉主编:《婚姻家庭继承法学》,北京大学出版社2019年版,第160页;余延满:《亲属法原论》,法律出版社2007年版,第355页。

② Ira Mark Ellman, *The Theory of Alimony*, 77 California Law Review 1, 64 (1989).

③ American Law Institute, Principles of the Law of Family Dissolution: Analysis and Recommendations (LexisNexis, 2002), § 5.11 Comment a.

及情感和伦理因素对行为决策的导向作用。例如,鉴于目前中国一线城市家长对子女教育的重视程度,如果子女升学构成了夫妻婚姻生活至关重要的目标,并且夫妻双方对此有相同的意愿,则夫妻一方即便辞职照料临近升学的子女,导致家庭总收入的下降和自身人力资源价值的减损,也应当认定为符合家庭利益最大化的判断标准。

(三)补偿数额的认定和计算

因家务劳动价值在离婚时通过分割夫妻共同财产不能得到适当补偿的例外情形下,对家务劳动贡献方进行补偿时,补偿数额可以根据当地同种类家政服务的市场价值为参照标准,结合婚姻存续期间以及育儿或养老期限,[①]在个案中根据具体事实进行评判。

因负担较多义务或特定牺牲决策致使收入能力损失的情形下,应该如何认定补偿数额?在前民法典时代,司法实践中根据原《婚姻法》第40条作出的支持离婚经济补偿主张的判决,补偿金额通常为5000元至5万元。法院依据的参考因素包括"当地生活水平及支付方的过错程度""未尽子女抚养义务时间的长短、支付方的经济能力"等。

美国法律学会(American Law Institute)于2002年颁布《家庭解体法的原则:分析与建议》(Principles of the Law of Family Dissolution: Analysis and Recommendations),将受损配偶的收入能力损失与配偶双方的收入差距挂钩,认为"相较于随机抽取的人群,配偶双方在结婚之初的社会经济地位一般要更为接近,将请求权人的收入能力与其配偶而非一般群体相比较,所得出的对收入能力损失的估算或许要更为精确"[②]。《民法典》官方释义书也表述为"自己在婚姻关系存续期间无经济收入,或者经济收入远低于另一方"[③],暗含着对夫妻双方的收入水平进行比较的意味。但是,单个个体的收入能力受到家庭条件、自身天赋个性、勤奋程度、专业选择、人力资本投资、

---

① 参见余延满:《亲属法原论》,法律出版社2007年版,第356页。

② 参见河南省鹤壁市中级人民法院(2014)鹤民终字第71号民事判决书;四川省宜宾市中级人民法院(2015)宜民终字第1115号民事判决书。

③ 黄薇主编:《中华人民共和国民法典婚姻家庭编解读》,中国法制出版社2020年版,第229页。

行业发展趋势等诸多因素的影响,简单将收入能力差距归结于家务劳动负担较为牵强。

具有实操性的补偿标准仍然应当围绕着特定牺牲决策展开,因为特定牺牲决策所带来的收入能力损失相对容易计算和识别。可以对比家务劳动贡献方作出特定牺牲决策前后的收入能力进行判定,如辞职之前的收入、放弃更好的工作岗位的收入与现有收入之差等。在补偿数额的计算上,还可以参考类似教育背景、职业背景人士现阶段平均收入等官方统计资料。

四、离婚经济补偿制度的体系协调

2001 年《婚姻法》在离婚经济帮助制度基础上,增设了离婚经济补偿和离婚损害赔偿,三项制度共同构成我国离婚救济的制度框架。《民法典》第 1088 条规定了离婚经济补偿制度、第 1090 条规定了离婚经济帮助制度、第 1091 条规定了离婚损害赔偿制度,延续了 2001 年《婚姻法》以来的离婚救济框架和格局。《民法典》第 1091 条吸收了 2001 年《婚姻法》第 46 条列举的四种过错情形,并新增"(五)有其他重大过错的"作为兜底条款,为其他重大过错情形适用离婚损害赔偿制度提供了可行空间。《民法典》第 1090 条相较于 2001 年《婚姻法》第 42 条,明确了经济帮助以具备负担能力为前提,并且删除了住房等帮助形式的具体列举。

三项制度的规范意旨虽各不相同,但在功能层面均旨在消除离婚过程中存在于婚姻关系当事人之间的权利缺损状态。[①] 2001 年《婚姻法》第 40 条对分别财产制这一适用前提的限制,使得离婚经济补偿制度与其他两项制度有了显著区分。《民法典》第 1088 条将适用范围扩大至共同财产制下,意味着三项制度重叠适用的可能性显著增大。当离婚案件中付出较多义务一方同时是导致离婚的过错方,并且存在生活困难的情形,同时满足三项制度的构成要件,如何具体适用三项制度,从而达到离婚救济法的价值融贯与体系协调?

三项制度服务于不同的价值目标。经济补偿是基于权利人为家庭共同生活所作贡献抑或牺牲等事实的客观评价,与夫妻哪一方过错导致离婚并

---

① 参见李俊:《离婚救济制度研究》,法律出版社 2008 年版,第 340 页。

无关联。即便付出较多义务一方是导致离婚的过错方,也不能因导致离婚的过错而忽视甚至否认该方在婚姻存续期间对家庭作出的贡献或牺牲。离婚损害赔偿制度已经对过错行为作出了评价,在离婚经济补偿制度的适用过程中不应予以考虑,否则构成重复评价。离婚经济帮助的前提则是一方生活困难且另一方有负担能力,着眼于生活困难一方的客观需求,不考虑双方在婚姻存续期间的贡献或牺牲以及对于离婚是否存在过错。

离婚损害赔偿与离婚经济补偿两项制度原则上并行不悖,独立判断是否符合各自的构成要件。经济补偿数额与损害赔偿数额也分别计算,如若付出较多义务一方是导致离婚的非过错方,则补偿数额与赔偿数额相加;如若付出较多义务一方是导致离婚的过错方,则补偿数额与赔偿数额可以适用抵销规则。在损害赔偿以及经济补偿之后,再行判断赔偿金额或补偿金额与分割所得的共同财产相加之后,双方的客观状况是否仍满足《民法典》第 1090 条的"生活困难"以及"具备负担能力"。如若原本"生活困难"的客观状况因损害赔偿或经济补偿而得以消解,则不能叠加适用离婚经济帮助制度。换言之,是否存在生活困难这一客观需求,受到经济补偿和损害赔偿后果的影响。因此,应当在《民法典》第 1088 条与第 1091 条得以适用的法律效果之上,评估具体案件是否仍然符合《民法典》第 1090 条的构成要件。

另外,根据《民法典》第 1084 条第 2 款的规定,"离婚后,父母对于子女仍有抚养、教育、保护的权利和义务",子女抚养费源于父母对未成年子女的抚养教育义务,该义务不因夫妻双方婚姻关系的解除而受到影响。《民法典》及相关司法解释对于抚养费的规定较为细致,[①]直接抚养子女的一方仍然需要继续付出家务劳动或作出特定牺牲决策。但离婚之后,直接抚养子女的一方无权再通过离婚补偿制度得到救济,只能根据《民法典》第 1085 条第 1 款的规定,主张由不直接抚养的另一方负担部分或全部抚养费,通过减少直接抚养子女一方支付的抚养费比重的方式,对其继续付出的家务劳动或作出的特定牺牲决策进行间接补偿。

---

① 参见《民法典》第 196 条、第 1067 条、第 1085 条,《最高人民法院关于适用〈中华人民共和国民法典〉婚姻家庭编的解释(一)》第 42 条、第 49-53 条、第 55 条、第 58 条。

结　论

《民法典》第 1088 条对 2001 年《婚姻法》第 40 条进行了重大修改,将离婚经济补偿制度的适用范围拓展至夫妻共同财产制。正当性基础有三:一是有分割夫妻共同财产之权、却无财产可供分割之实情形下,双方利益失衡;双薪制下家务劳动的贡献和价值依靠分割共同财产未能得到合理评价。二是基于家庭效用最大化作出的家庭分工,造成牺牲一方的收入能力损失,这一面向未来的失衡局面无法通过离婚时共同财产分割得以矫正。三是后果层面上,由于未能在离婚之际对收入能力损失予以重新分配,不当的激励机制导致婚姻行动的扭曲,对子女抚养以及社会稳定产生负面影响。

《民法典》第 1088 条在构成要件以及数额确定等方面规定得过于笼统,需要进行更细致化的教义构造。首先,在共同财产制下,原则上不对家务劳动贡献方的家务劳动价值进行补偿,只有在符合"离婚时可供分割的共同财产数额较少"以及"家务劳动贡献方在婚姻存续期间未从他方收入中获取必要收益"两种例外情形下才进行补偿,补偿数额以当地同种类家政服务的市场价值为参照标准。其次,针对基于家庭效用最大化作出的家庭分工造成面向未来的人力资本损失应当予以补偿。应对《民法典》第 1088 条"负担较多义务"采广义解释,包括因"抚养子女、照料老年人"为代表的家务劳动所作出的特定牺牲决策,以及因"协助另一方工作等"非家务劳动范畴作出的特定牺牲决策两种类型。最后,特定牺牲决策在家庭利益最大化层面应具有正当合理性。判断是否符合家庭利益最大化时不能仅仅采用经济理性标准,需要考量家庭短期收益与长远收益,以及情感和伦理因素的导向作用。补偿标准应当围绕特定牺牲决策所带来的收入能力损失进行判定。

离婚经济帮助、离婚经济补偿和离婚损害赔偿三项制度共同构成我国离婚救济的制度框架。离婚损害赔偿与离婚经济补偿两项制度原则上并行不悖,独立判断是否符合各自的构成要件,经济补偿数额与损害赔偿数额也分别计算。在损害赔偿以及经济补偿之后,再行判断赔偿金额或补偿金额与分割所得的共同财产相加之后,双方的客观状况是否仍满足离婚经济帮助制度适用前提的"生活困难"以及"具备负担能力"。如若原本"生活困难"的客观状况因损害赔偿或经济补偿而得以消解,则不能叠加适用离婚经济帮助制度。离婚之后直接抚养子女一方继续付出的家务劳动或作出特定牺牲决策,放在子女抚养费的框架下处理。

《妇女权益保障法》正在酝酿新一轮修正,可以在《民法典》第 1088 条内容的基础上进一步完善离婚经济补偿制度。笔者建议将《妇女权益保障法》第 47 条第 2 款修改为:"女方因抚育子女、照料老年人、协助男方工作等家庭利益需要,负担较多义务或者牺牲了自身的发展机遇,利益在离婚时得不到有效保障的,离婚时有权向另一方请求补偿,另一方应当给予补偿。具体办法由双方协议;协议不成的,由人民法院判决。"

离婚经济补偿的理解与适用研究*

金　眉**

摘　要　离婚时的经济补偿，既应当是对具体家务劳动的补偿，也包括对凝结于具体劳动中的抽象价值的补偿。全职家务劳动者与夫妻均为双职工的情形不同，在离婚时要享有经济补偿请求权不仅需要具有承担家务劳动的事实，还需要存在抽象价值的损失，以免出现法律对家务劳动的价值评价高于社会劳动的结果。对家务劳动宜作扩张解释，凡属围绕家庭共同生活所需的劳动均应包括在其中。“较多义务”中的“较多”应当包括对劳动强度和时间的考量，比较的基准则是另一方承担家务劳动的强度和时间。经济补偿的具体数额需要综合考虑家务劳动的强度、婚姻存续时间的长短、受益配偶所获得的利益、家庭经济状况等因素，以个人财产予以补偿。

关键词　离婚经济补偿　法律解释　抽象价值

---

* 该文发表于《江苏社会科学》2021 年第 4 期。基金项目：该文系国家社科基金重大项目《民法典编纂的内部与外部体系研究》（18ZDA141）和中国政法大学科研创新资助项目《民法典·婚姻家庭编的内在体系与外在体系研究》（1000－10820346）、中央高校基本科研业务费专项资金资助项目的阶段成果。

** 金眉，法学博士，中国政法大学教授、博士生导师。研究方向：婚姻家庭法及其历史。

问题的缘起

《民法典》第 1088 条规定:“夫妻一方因抚育子女、照料老年人、协助另一方工作等负担较多义务的,离婚时有权向另一方请求补偿,另一方应当给予补偿。具体办法由双方协议;协议不成的,由人民法院判决。”从法律规范的构成看,这是一款完全规范,它既规定了补偿的构成要件,也规定了满足构成要件后的法律效果,即夫妻一方在承担了较多家务劳动和协助配偶工作的情形下,在离婚时享有向另一方配偶请求经济补偿的权利。自《民法典》施行以来,已陆续有法官援引此条款判案。在笔者看来,从 2001 年《婚姻法》规定此规范仅适用于分别财产制到民法典时代适用于共同财产制,不仅是制度上的改变,更是法律理念上的改变。但是促成这一改变的立法理由并不透彻,裁判经济补偿是基于对具体劳动的补偿还是应当包括对凝结于具体劳动中的抽象价值的补偿?对此,目前并无法律解释可寻,却会直接影响法官裁判时对补偿数额的确定。而且,当经济补偿有可能演变为今后离婚案件当事人普遍的诉求时,如果法官不加区分地一味支持补偿请求,是否又可能形成新的问题——社会劳动与家务劳动在价值上的评价偏差?为此我们不仅需要对这一法律规范的正当性基础进行追问,还需要对其适用条件与限制、补偿的性质、标准与责任财产等问题作进一步的探讨。

一、离婚家务劳动补偿还是离婚经济补偿——价值选择下的裁判定位

《民法典》第 1088 条是应当解释为离婚时的家务劳动补偿还是经济补偿?进一步讲,法律是停留于对家务劳动本身的补偿还是对隐藏于家务劳动之中的抽象价值的补偿?如果解释为前者,那么补偿的就是劳务,法官裁判时需要考量的就是劳务量的大小、强弱问题;但若解释为后者,那么补偿的就是超越具体劳动的抽象价值的损失,此时法官需要考量的就不仅仅是劳务量大小与强弱的问题,还应该考量受益者所获利益与家务劳动付出者人力资本减损、机会成本减损之间的关系。需要回答的本质问题是,通过法律解释我们应当赋予这一法律规范什么样的制度功能。

从《民法典》第 1088 条的立法宗旨而言,立法者意在用法律承认家务劳动的价值,使经济地位较弱而承担较多家务劳动的一方(大多为女性)在离

婚时享有经济上的补偿请求权，[①]因此有不少著述将其称为"离婚家务劳动经济补偿"[②]"离婚家务劳动补偿"[③]"离婚经济补偿"[④]。有关《民法典》第1088条的解释可见之于王晨代表全国人大常委会所作关于《中华人民共和国民法典（草案）》的说明："将夫妻采用法定共同财产制的，纳入适用离婚经济补偿的范围，以加强对家庭负担较多义务一方权益的保护（草案第一千零八十八条）。"[⑤]此解释虽简短，但显然已经将其定性为离婚经济补偿，这是立法的本意。这样的态度，在立法和司法机关编纂的《民法典》解读系列著作中也是一以贯之[⑥]的。从《民法典》第1088条和该条立法说明的内容看，立法者之所以赋予一方配偶在离婚时享有经济补偿请求权，其正当性在于一方配偶在抚育子女、照料老年人、协助另一方工作等方面负担了较多义务。但若将对《民法典》第1088条的理解仅仅停留于这一层面的话，随之而来的结论就是，所谓的补偿也就仅仅是对劳务的补偿。既然是对劳务的补偿，那么在心理上就容易与劳动力的市场价值相关联，于是就有学者主张可以参照家政服务标准计算补偿额。[⑦] 但是将补偿定性为劳务的补偿是不妥的，因为这样不仅限制了补偿的范围，还会导致家庭生活中的计较。

在笔者看来，对《民法典》第1088条正当性的第二层理解要回到法律规范本身，在法律规定的适用条件中，"协助另一方配偶工作"也属于离婚时经济补偿适用的一种情形。这在性质上显然已经超出了家务劳动的范围，也不属于法定的义务。换句话说，在法律规范的层面，法律确定给予配偶离婚时经济补偿请求权的理由并不仅仅是基于家务劳动的存在，还包括协助另

---

① 参见黄薇主编：《中华人民共和国民法典婚姻家庭编解读》，中国法制出版社2020年版，第227页。

② 夏吟兰：《民法典离婚家务劳动经济补偿制度完善的人权内涵》，载《人权研究》2020年第2期。

③ 薛宁兰：《民法典离婚救济制度的功能定位与理解适用》，载《妇女研究论丛》2020年第4期。

④ 黄薇主编：《中华人民共和国民法典婚姻家庭编解读》，中国法制出版社2020年版，第3页。

⑤ 此即本文所探讨的《民法典》第1088条。

⑥ 将《民法典》第1088条定义为离婚经济补偿可见于黄薇主编《中华人民共和国民法典婚姻家庭编解读》，中国法制出版社2020年版，第3页；最高人民法院民法典贯彻实施工作领导小组主编：《中华人民共和国民法典婚姻家庭编继承编理解与适用》，人民法院出版社2020年版，第312－317页。

⑦ 参见陈丽娟：《家务补偿请求权的法经济学分析》，载《妇女研究论丛》2007年第2期。

一方工作的情形。随之而来的疑问则是,既然是协助,就肯定不是工作的主要承担者,劳动强度自然不能与被协助一方的工作强度相比,在此情形下,寻求经济补偿的正当性在哪里呢?对此,我们要将对《民法典》第1088条正当性的理解推进到第三层,即与夫妻财产制的关联与超越,承认在具体劳动之中存在法律应当保护的抽象价值。与2001年《婚姻法》相比,《民法典》第1088条确立的经济补偿适用的范围由原来的分别财产制扩展至共同财产制,这一适用扩张的理论基础是什么?从家务劳动获得经济补偿的历史看,它发轫于夫妻适用分别财产制的情形,原因在于分别财产制下,取得的财产为夫妻各自所有,承担更多家庭义务、协助配偶工作的一方无从分享配偶的财产收益,在此情形下法律需要另一方的个人财产对其给予补偿。但在共同财产制的情形下,这样的解释就会遇到挑战。因为在共同财产制下,承担家务劳动、协助另一方工作等较多劳动的一方通过共同财产制的适用已经分享了另一方配偶的财产收益,在此基础上法律还要对其给予经济补偿,就存在双重补偿是否正当的问题。破解这一难题的关键是如何摆脱经济补偿与家务劳动表象的关联,寻求隐藏于具体劳动之中的抽象价值。

事实上,人们对于家务劳动贡献的认识不是一蹴而就的,早期我国学者对于家务劳动价值的认识来自对日本学术研究成果的吸纳。这一时期对家务劳动的研究成就还停留在论证其具有与社会劳动同等价值的阶段。① 学者们认为,在夫妻约定婚后实行分别财产制的情形下,婚姻关系存续期间各自所得的财产就归各自所有,那些没有参加社会经济生活、没有工作或者收入很少、主要在家中从事家务劳动、抚养子女、照顾老人的一方配偶,在离婚时就无法分享对方在婚姻存续期间增加的财产,其家务劳动的价值也就被忽视,无法转换为经济价值,从而导致一方配偶在婚姻家庭中的奉献成为无经济价值的劳动,在离婚时如果不予补偿就难以体现公平。2001年《婚姻法》显然采纳了承认家务劳动价值的学理,由此直接促成了第40条"夫妻书面约定婚姻关系存续期间所得的财产归各自所有,一方因抚育子女、照料老人、协助另一方工作等付出较多义务的,离婚时有权向另一方请求补偿,另一方应当予以补偿"的规定。法律正是基于对分别财产制下从事家务劳动

---

① 参见林秀雄:《夫妻财产制之研究》,中国政法大学出版社2001年版,第145-163页。

者(主要是家庭主妇)对家庭共同生活贡献的肯定,在法律上承认家务劳动的价值,以此体现社会公平。

但 2001 年《婚姻法》第 40 条创设的经济补偿请求权因苛刻的适用前提而成为一种摆设,为学界所诟病。[①] 特别是现代职业女性在婚姻家庭与社会工作双重生活、双重角色中所承受的双重挤压并没有因为经济补偿制度的存在而得到救济。不可否认的现实是,生活中家务劳动的承担者大多是女性,正如学者所言:"在婚姻家庭生活中,由于受到家务劳动的羁绊,夫妻双方在事业上比翼双飞大多是理想状态,现实中更多的是一方牺牲自己提高人力资本的机会,在家庭中承担主要的家务劳动或为对方提高人力资本而在生活上予以支持。……与男性相比,女性在家务劳动中投入了更多的时间和精力。对职业女性而言,过多的家务劳动影响了其在劳动力市场中的表现和收入。"[②]不仅如此,过多家务劳动和协助另一方工作带来的还有离婚时期待利益的落空:"妻子在作出这些牺牲成就丈夫的同时,因放弃发展自己事业的机会,从而阻碍了自身人力资本的正常增长。如果不离婚,妻子的这些牺牲将在未来的婚姻生活中因分享丈夫的收益、从丈夫和孩子身上得到感情的慰藉以及拥有一个稳定的婚姻和家庭而得到平衡。"[③]

我们尤其需要关注的一个现实是,中国婚姻中的双职工夫妻比例位居世界前列,从第三期中国妇女社会地位调查的数据来看,家庭中妻子多从事大量日常的、费时的、琐碎的家务,如做饭、洗碗、洗衣服、打扫卫生、照料孩子等;而丈夫则多从事偶发的、技术性的家务劳动,如日常维修、换煤气、辅导孩子功课等。尽管男女共同分担家务的观念得到了越来越多的认同,但相比丈夫,妻子仍然承担着更多、更繁重的家务劳动。[④] 随着中国城市化进程的继续推进,夫妻双职工的数量还会进一步增加,在传统"男主外、女主

---

① 在北京、上海、哈尔滨三个城市中,夫妻财产制主要是婚后所得共同制,占案件总数的 90%,分别财产制低于 10%,参见王歌雅:《排挤与救济:女性的离婚权益》,载《学术交流》2011 年第 9 期。

② 夏吟兰:《民法典离婚家务劳动经济补偿制度完善的人权内涵》,载《人权研究》2020 年第 2 期。

③ 夏吟兰:《民法典离婚家务劳动经济补偿制度完善的人权内涵》,载《人权研究》2020 年第 2 期。

④ 马忆南:《民法典时代妇女权益保障的进展与挑战》,载《中华女子学院学报》2021 年第 1 期。

内”习惯的影响下,女性通常在婚姻家庭和生育中较之男性都存在更多的付出,而在家庭内部,这些超过另一方配偶的付出都不能直接转换为经济价值。正如学者们所指出的,“我国现阶段无论是城市还是乡村,妇女都是家务劳动的主要承担者,家庭中性别劳动角色分工的男主外女主内模式仍然占据主流。即便妻子在外从事社会工作,她们料理家务的付出还是远远多于丈夫。妻子在婚姻期间对子女的抚育、老人的照料以及对丈夫工作的协助,均是人力资本的生产与再生产。在这个过程中,她们自身的人力资本价值受到贬损,一旦离婚,难免在就业和经济收入方面处于劣势”①。不仅如此,与之相伴的还有机会成本的减损:“婚姻中,负担较多家务义务的一方出于对婚姻前景的信赖、付出较多精力从事家务劳动,带来的就是其自我发展空间的压缩,无形中付出了个人工作选择、收入能力等方面的机会成本。”②

显而易见,就中国社会当下婚姻的现状而言,仅仅通过夫妻共同财产制来实现家务劳动的社会价值还是不够的,法律需要将承担家务劳动、协助另一方工作所导致的人力资本价值贬损和机会成本减损作为确立经济补偿的另一正当性基础。在此意义上,家务劳动、协助另一方工作虽然都是法律认定经济补偿的事实原因,但经济补偿并不仅仅是对应于家务劳动的补偿,它也是对隐藏于家务劳动中的人力资本减损和机会成本损失的补偿,否则经济补偿的计算就变得简单起来,按照社会上的家政服务报酬计算即可,但这显然不应当是立法的初衷。

在经过上述三个层面的解释后,我们会发现,《民法典》第 1088 条所承担的制度功能已经从对具体劳动的保护延展至对抽象劳动价值的保护,而随着经济补偿正当性基础的扩展,这一制度所承载的功能也就不单纯是对家务劳动和协助另一方工作的补偿,还包括对付出方人力资本减损和机会损失的补偿,此时的经济补偿制度显然已经被赋予了新的价值。需要指出的是,在上述三个层面的解释中,第一、二层面属于基础性解释,即离开了付出较多义务和协助另一方工作的具体劳动,第三层面的解释就无从谈起;如

---

① 薛宁兰、金玉珍主编:《亲属与继承法》,社会科学文献出版社 2009 年版,第 178 页。

② 最高人民法院民法典贯彻实施工作领导小组主编:《中华人民共和国民法典婚姻家庭编继承编理解与适用》,人民法院出版社 2020 年版,第 316 页。

果我们仅仅看到具体劳动的价值,忽视隐藏于具体劳动中的抽象价值,则会限制《民法典》第1088条承担的制度功能的发挥。

综上所述,2001年《婚姻法》第40条所确立的离婚经济补偿标志着法律首次对家务劳动社会价值的认可,而《民法典》第1088条将其适用范围扩张至共同财产制则是立法的又一次革新,它意味着凝聚于家务劳动、协助另一方工作等具体劳动中的配偶利益损失不仅仅是劳动的付出,还包括人力资本价值和机会成本的损失。显然,从对具体劳动社会价值的肯定发展到对其抽象价值的肯定,才应当是《民法典》第1088条将最初保护分别财产制下从事家务劳动者(主要是家庭主妇)的利益扩展至夫妻共同财产制也适用的恰当解释,这是法律理念和制度的创造性突破,更是对双职工情景下女性职工生存状态的积极回应。可以想象,未来社会随着男女平等的推进,家庭之中也会出现男性承担较多的家务劳动、协助另一方工作的情形,经济补偿也应当平等适用于他们,以此鼓励夫妻对家庭的投入。

二、关于离婚经济补偿的适用条件

从《民法典》第1088条的规定看,享有和行使离婚经济补偿请求权的条件是:(1)权利主体与义务主体是夫妻一方,离婚经济补偿请求权是法律专为婚姻共同体所设,旨在对婚姻中从事了家务劳动与协助另一方工作的配偶给予补偿,它在权利性质上是一种债权,具有相对性,其适用的主体只是夫妻一方。① (2)权利人承担了较多的义务,即一方配偶在抚育子女、照料老年人、协助另一方工作等方面负担了较多义务。(3)过错不是排除适用的因素。与离婚损害赔偿制度不同,经济补偿请求权的设立旨在鼓励夫妻双方对家庭的投入,补偿因家务劳动和协助对方工作所致的损失,因此法律不问当事人是否存在过错,即使从事家务劳动与协助配偶工作的一方存在过错,也不影响其权利的享有。(4)经济补偿请求权只能在离婚时行使。由于此权利的设置旨在弥补配偶一方的贡献,因此其适用排除了婚姻存续期间和

---

① 有学者主张非婚同居关系解除可以参照适用《民法典》婚姻家庭编离婚经济补偿,对此笔者以为,同居关系本就是当事人选择的一种较婚姻更为松散的结合方式,法律不宜为同居关系解除设置经济补偿请求权。

离婚以后适用的可能。在上述前提条件中最值得关注、也最具有争议的是,如何理解经济补偿的适用前提"夫妻一方抚育子女、照料老年人、协助另一方工作等负担较多义务"。笔者认为,围绕此问题,我们可以在以下三个层面展开探讨。

(一)经济补偿的适用范围

通常人们都将《民法典》第 1088 条解释为对家务劳动的认可。对于家务劳动的定义,学界的表述虽有不同,但基本上是"指家事、育儿等家庭内的劳动"①。它是与社会劳动相对立而存在的一种劳动分工,是发生于家庭内部、没有直接经济价值的劳动。抚育子女、照料老年人当属家务劳动,属于法律认可的经济补偿的范畴;但是对"协助另一方工作"如何理解呢?尤其是在互联网的时代,居家办公已属常态,劳动的场所已经可以家庭化,此时如何区分社会劳动与家务劳动呢?在笔者看来,此处的工作并不是按照劳动单位的性质区分,而是从家庭内外的视角定义另一方的工作,即具有社会劳动性质的工作,包括另一方从事的社会劳动,也包括以家庭为生产单位的社会工作。因此,协助另一方工作就是一方配偶对另一方所从事社会劳动的协助,在此并不需要区分劳动场所和劳动单位的公私性质,它只是来自家庭的一种劳动协助。从内容上讲,这种协助既包括对另一方工作专业上的帮助,也包括对另一方工作的非专业帮助,比如预订交通工具、宾馆等;从强度上讲,这种帮助的性质只是协助,即法律并不要求主张经济补偿的配偶是社会劳动的主要承担者,而只要求是协助者。

与经济补偿适用范围相关的一个问题是,在夫妻采用共同财产制,彼此存在家庭劳动与社会劳动分工,即一方为职场的工作者,另一方为全职家庭主妇(夫)的情形下,后者是否仍然享有经济补偿请求权?如果我们仅从《民法典》第 1088 条经济补偿的适用条件看,夫妻只要存在家庭劳动与社会劳动的分工,全职家庭主妇(夫)就已经符合获取经济补偿的条件,但这样理解仍有商榷的余地。全职家务劳动者是否应当享有经济补偿请求权,法律还要考虑利益的平衡,避免因过度保护形成新的不平等。

---

① 林秀雄:《夫妻财产制之研究》,中国政法大学出版社 2001 年版,第 147 页。

在笔者看来,夫妻一方为全职家务劳动者与夫妻均为双职工时承担家务劳动的情形是相当不同的。在夫妻均为双职工的情形下,对一方配偶"付出较多义务"的考量就是对彼此家务劳动和协助另一方工作付出多少的比较,但这个考量标准不应当适用于全职家务劳动者的情形。在夫妻采用共同财产制、夫妻内部又存在明确的内外劳动分工的情形下,全职家务劳动者从事的是与职场上的配偶同等价值的劳动,双方的劳动成果作为共同财产为家庭成员共享,此时如果仅仅因为全职家务劳动的角色在离婚时就获得经济补偿请求权,就有可能形成另一种意义上的不公平,导致出现法律对家务劳动的价值评价高于社会劳动的结果。不仅如此,如果站在家庭共同体的高度看,此时双方虽有劳动分工但都是在为家庭作贡献,各自的贡献所形成的成果也为另一方配偶所分享,此时单纯基于劳动的分工赋予在家劳动者经济补偿请求权就是不当的。对于婚姻家庭法的立法与适用而言,无论我们如何强调家务劳动和协助另一方工作的贡献,也不能将其凌驾于社会劳动之上,因为对于家庭的存在和维持而言,家务劳动与社会劳动都是不可缺少的劳动,法律不能厚此薄彼。

因此,全职家务劳动者在离婚时要享有经济补偿请求权仅仅具有承担全部家务劳动的事实还是不够的,需要同时存在前文所言第三层面的解释事由,即存在抽象价值的损失。原因是一个不可否认的社会现实,与外出工作的配偶相比较,家务劳动、协助另一方工作对于劳动者而言不仅意味着人力资源资本的减损,也意味着机会成本的减损。生活实践表明,长期或过多从事家务劳动、协助另一方工作的一方,存在牺牲发展机会、社会经验与交际减少、专业素质下降、重新获取工作困难等问题。因此,如果我们承认隐藏于具体劳动之中的抽象价值,那么即便存在家庭内外分工,也存在经济补偿的可能性,条件就是存在因长期全职从事家务劳动导致人力资本和机会成本减损的事实。

(二)法律规定的"较多义务"是否仅限于法定义务?

在法律上,一个家庭之内的法定义务包括夫妻之间、父母子女之间的扶养、抚养与赡养义务,但这并不能囊括所有的家务劳动。在此之外的家务劳动如果不属于法定义务,是否也属于法律认可的家务劳动呢?对此疑问,若从《民法典》第1088条所规定"较多义务"的文义解释而言,易将其理解为仅仅是法定义务。一旦理解为法定义务,即意味着家务劳动分为具有法定义务性质的家务劳动和不具有法定义务性质的家务劳动,前者才是法律要补偿的对象,后者则不是。确实,在现实生活中,围绕家庭共同生活的劳作并非都具有法定义务性质,比如为另一方配偶准备服装、餐食、搜集资料、协助另一方工作、必要的社交和亲属之间的互助往来等,都不属于法定义务,甚至就现行法律规范而言,赡养另一方父母也不属于法定义务,只是道德义务而已。但是,这些行为却是一个家庭正常的共同生活内容,不可分割,就此而言,笔者赞成对家务劳动作扩张解释,[①]因为就《民法典》第1088条设立的初衷而论,它是立法者对家务劳动价值的认可,[②]因此不应将其仅仅理解为是配偶的法定义务。在法理上,凡属围绕家庭共同生活所需但不直接产生经济价值的劳动均应在其中,即超出法定义务之外的家务劳动、协助另一方工作也应当在补偿的适用范围之内。

(三)法律规定的"较多义务"的认定

家务劳动是每个家庭的日常存在,但从经济补偿请求权的享有而言,并不是只要承担了家务劳动、协助另一方工作的配偶就当然享有经济补偿请求权。在笔者看来,《民法典》第1088条规定的权利需要强度和时间的考量,即需要主张权利的一方付出了"较多义务"。此处的"较多"应当是对劳动强度和劳动时间的考量,比较的基准则是另一方承担的家务劳动强度和时间,对此宜理解为夫妻一方从事家务劳动所耗时间和体力明显多于另一方。需要指出的是,法律要求家务劳动付出必须达到"较多"的用意并不在鼓励当事人对家务劳动的承担斤斤计较,在夫妻存在有效协助的常态情形下也不存在经济补偿的可能,它应当是对家庭共同生活中一方承担的家务劳动在时间和强度上明显多于另一方的救济,并不是人们想象中可以普遍适用的一种制度。

---

① 参见薛宁兰:《民法典离婚救济制度的功能定位与理解适用》,载《妇女研究论丛》2020年第4期。

② 详细论证参见王歌雅:《家务贡献补偿:适用冲突与制度反思》,载《求是学刊》2011年第5期。

同理,“协助另一方工作”能否成为独立享有经济补偿请求权的构成要件则需要区别对待:如果协助另一方工作的强度与时间都属普通情形,此时单独依据“协助另一方工作”就主张享有经济补偿请求权恐怕难以成立,因为同样有一个彼此劳动强度的比较。通常“协助另一方工作”须与“从事其他家务劳动较多”一道才能构成经济补偿适用的前提条件;至于“协助另一方工作”要成为独立享有经济补偿请求权的情形,则必须是一方配偶对另一方的工作付出了超常的协助,此处的超常付出至少应当体现协助的难度、强度和时间的长期性,如若只是一般的协助,并未达到“较多付出”的要件,也就不宜赋予其经济补偿请求权。因为法律之所以认可家务劳动与协助另一方工作的价值,不仅在于认可其对家庭的贡献,还在于应当承认家务劳动、协助另一方工作存在导致配偶自身人力资本减损和机会成本减损的现实,但是一般的协助工作并不存在这种损失风险。因此,在夫妻财产共同制下,法律不必为配偶通常的协助工作行为设立经济补偿请求权,只有在配偶的协助工作具有超常的程度时,赋予此项权利才是正当的。

三、关于经济补偿的标准与责任财产

(一)经济补偿的标准

按照《民法典》第 1088 条的规定,离婚时经济补偿的具体办法由双方协议;协议不成的,由人民法院判决。那么法院判决依据的标准是什么呢?目前没有明确的法律规范和相关的司法解释,这显然是一个有待解决的问题。关于经济补偿的标准问题,学术界已有不少讨论,大致主张包括:(1)“具体补偿的方法,可参考夫妻双方的收入差距、婚姻关系存续期间以及一方付出的相应贡献等因素”①。(2)统一补偿标准。“具体补偿的方法,可参考夫妻双方的收入差与婚姻关系存续时间以及相应贡献等因素。简单的补偿方法应为:家务贡献补偿 =(夫妻双方的年收入差 ÷ 2)× 婚姻存续年限。”②(3)家务补偿金 = 当地家政服务人员(如保姆、钟点工等)单位时间平均工

① 夏吟兰:《民法分则婚姻家庭编立法研究》,载《中国法学》2017 年第 3 期。

② 王歌雅:《家务贡献补偿:适用冲突与制度反思》,载《求是学刊》2011 年第 5 期。

资×家务时间。[①]

依笔者之见,学界通常将家务劳动的补偿视为离婚救济的一种制度,由于它不是基于侵权而成立,因此在救济的性质上也就不具有惩罚性,而只具有补偿损失的性质。如此一来,进一步的问题就是,承担较多家务劳动的一方损失了什么呢?如果我们仅仅将经济补偿解释为对一方配偶付出了较多家务劳动和协助另一方工作的补偿,即前文解释的第一层面,那么补偿的标准就变得简单起来,补偿一方配偶劳动的付出即可,与之参照的标准就可以是社会家政服务的标准。[②] 但这显然是不妥的。《民法典》第 1088 条经济补偿的适用范围从分别财产制扩展到共同财产制,实现这一跨越的正当性在于立法者承认在财产共同制下离婚时财产的分割不能满足承担较多家务劳动者的公平诉求,此诉求从表面看是劳动的付出,内藏其中的则是人力资本减损和机会成本损失。因此,笔者以为个案处理不失为解决问题的方法,理由是虽然家务劳动存在于每个家庭之中,但是各个家庭的具体情况存在较大差异,协助另一方工作的情形也很复杂,正如有学者所言:"对个案进行利益衡量的目的在于保证双方之间的利益平衡,对家务劳动者进行补偿,不能单方强调家务劳动方的损失不谈获益,不能只关注较少家务劳动方的受益而无视其贡献。"[③]为此需要法官根据具体情况具体裁判。裁判的具体数额需要考虑下列因素:

(1)依据前文的解释,经济补偿的具体数额首先是要考虑家务劳动和协助另一方工作的强度、时间、繁杂程度,没有具体的劳作,也就没有抽象价值的损失;在此基础上,我们还要考虑因照顾家庭、协助另一方工作而放弃的个人发展机会等,考量在具体劳动之外是否还存在抽象价值的损失,即是否存在诸如人力资本、机会成本等的减损。

(2)婚姻存续的时间:婚姻存在时间的长短是决定经济补偿的一个重要因素,如果是短暂婚姻,对当事人而言就不存在人力资本减损和机会成本减

---

① 参见陈丽娟:《家务补偿请求权的法经济学分析》,载《妇女研究论丛》2007 年第 2 期。

② 参见陈丽娟:《家务补偿请求权的法经济学分析》,载《妇女研究论丛》2007 年第 2 期;沈海星:《民法典离婚经济补偿制度的改善及司法适用》,载《上海法学研究》集刊 2020 年第 9 卷;马忆南:《民法典时代妇女权益保障的进展与挑战》,载《中华女子学院学报》2021 年第 1 期。

③ 孙若军:《离婚救济制度立法研究》,载《法学家》2018 年第 6 期。

损的问题。笔者赞成这样的主张:“如果婚姻关系持续时间较短,则只有一方因另一方家务劳动获益较大时,才能确定较多的经济补偿数额;如果婚姻关系持续时间较长,双方所承担的家务劳动有显著差异时,可以考虑提供较多经济补偿。”①

(3)受益配偶所获得的利益:包括因此获得的有形与无形财产利益,包括学历文凭和职业资格证书等。

(4)家庭经济的状况:无论是采用分别财产制还是采用共同财产制,经济补偿都既需要考虑受益一方配偶的收入状况和支付能力,也要考虑家庭经济的现状。

(二)经济补偿的责任财产

在确定了离婚经济补偿的适用条件和范围之后,需要探讨的问题是用以经济补偿的财产是来自婚姻存续期间形成的夫妻共同财产还是来自离婚分割财产后的个人财产或者其他个人财产?甚至扩展至婚前个人财产?对此,学术界存在下列不同观点。

(1)先用夫妻共同财产补偿,不足部分由个人财产补偿。赞成者认为:“将家务劳动补偿有条件地延展至共同财产制,夫妻未书面约定婚姻关系存续期间所得的财产归各自所有,一方因抚育子女、照顾老人、协助另一方工作等付出较多义务的,离婚时分割夫妻共同财产不能得到适当补偿的,有权请求另一方以个人财产给予补偿。具体补偿的方法,可参考夫妻双方的收入差距、婚姻关系存续期间以及一方付出的相应贡献等因素。”②“本条(指《民法典》第1088条,笔者注)对于双方婚后剩余夫妻共同财产较少,可供分割的财产较少的情况,也有特别意义。在此情况下,一方承担较多家庭义务的,不限于共同财产,可以从另一方的婚前个人财产中获得补偿。”③

(2)用夫妻共同财产补偿。有学者主张经济补偿的计算方法是:家务责

---

① 马忆南:《民法典时代妇女权益保障的进展与挑战》,载《中华女子学院学报》2021年第1期。

② 夏吟兰:《民法分则婚姻家庭编立法研究》,载《中国法学》2017年第3期。

③ 杨晓林、段凤丽:《〈民法典·婚姻家庭编〉对离婚财产分割的影响》,载《妇女研究论丛》2020年第4期。

献补偿 =(夫妻双方的年收入差 ÷2)× 婚姻存续年限。[①] 从这一计算公式可以看出,设计者对用于补偿的责任财产的认定显然只限于夫妻共同财产,即用夫妻婚后共同生活期间形成的共同财产补偿,排除个人财产用作责任财产。

(3)个人财产补偿。主张者认为:"基于家务劳动价值的经济补偿之财产来源,应为另一方所拥有的个人合法财产。换言之,应从另一方所分得的或另一方的个人财产中拿出一部分,来补偿提供了家务劳动的一方,而不是从夫妻共同财产中予以多分。"[②]

上述三种主张都是针对夫妻采用共同财产制而言的,在笔者看来,此问题的解决需要我们回溯至最初的 2001 年《婚姻法》第 40 条,"夫妻书面约定婚姻关系存续期间所得的财产归各自所有,一方因抚育子女、照料老人、协助另一方工作等付出较多义务的,离婚时有权向另一方请求补偿,另一方应当予以补偿"的规定。此条款由于将离婚经济补偿的适用范围仅仅限于实行分别财产制的夫妻,因此经济补偿的财产来源就是一方个人所有的财产,但是在夫妻财产共同制下,经济补偿的财产来源于婚姻存续期间形成的夫妻共同财产还是来自离婚分割财产后的个人财产呢?这要考量制度设立的目的。

依笔者之见,尽管《民法典》第 1088 条将经济补偿的范围扩展至适用共同财产制的夫妻,但是对于离婚经济补偿的责任财产,我们仍然需要区分财产制的性质而论。在实行分别财产制的情形下,用于经济补偿的责任财产只能是个人财产,此时财产制的性质决定了经济补偿的责任财产承担,此与《民法典》制定前后并无二致。但当经济补偿扩展至夫妻财产共同制的情形后,用于经济补偿的责任财产是否仍然是个人财产呢?《民法典》第 1088 条没有提供答案。对此问题的回答,既涉及夫妻财产制与经济补偿的关系,也涉及经济补偿的制度功能。如果我们从财产制与经济补偿的关联考虑,就会发现在夫妻共同制下,作为普通情形存在的家务劳动在离婚分割财产时

---

① 参见王歌雅:《家务贡献补偿:适用冲突与制度反思》,载《求是学刊》2011 年第 5 期。

② 杨彤彤:《关于民法典第 1088 条规定的理解与解读——离婚纠纷中的经济补偿》,载锦天城律师事务所网 2021 年 1 月 2 日,https://www.allbrightlaw.com/CN/10475/7d45e801e6316a6d.aspx。

已经通过财产共同制体现其价值,即财产共同制已经能够满足从事家务劳动者的公平诉求。能够进行经济补偿的是在强度和时间上超过普通情形的家务劳动,即付出较多家务劳动和协助另一方工作的情形,这一情形之所以法律要给予补偿,是基于财产共同制不能满足其公平的诉求。因此,当我们仅仅将家务劳动理解为对其社会性价值的认可,那么对家务劳动的补偿也就停留于对其等同于社会劳动的认可,在此情形下,补偿的责任财产要延展至用个人财产来补偿就缺乏正当性。但是如果我们采用前文所言的第三层面的解释,将承担家务劳动和协助另一方工作的损失扩展至因为付出而导致人力资本减损和机会成本减损,那么单纯依靠夫妻共同财产制就难以承担利益平衡的功能,此时用婚后的个人财产和离婚后的个人财产进行补偿就是正当的。

综上所述,在通常情形下,夫妻双方均会分享家务劳动,对另一方的工作也会存在一定的协助,其价值在离婚分割共同财产时就已体现,不属于经济补偿需要救济的情形。经济补偿只存在于超常的家务劳动和协助另一方工作的情形,它承载的制度功能不仅仅是对家务劳动具有社会价值的认同,更是对内存于家务劳动中的人力资本、机会成本价值的认同,由于家务劳动、协助另一方工作的贡献是向后惠及家庭和配偶,即不仅存在于婚姻存续期间,还常常延展至离婚之后,因此,经济补偿的责任财产应当是个人财产。即便如此,婚前个人财产还是应当排除在责任财产之外,理由在于家务劳动与协助另一方工作所生效益在时间上只能向后延展而不能回溯,为此我们不能因为强调家务劳动、协助另一方工作的贡献而违反生活的逻辑。

第四专题

意定监护研究

《民法典》意定监护监督法律路径探析

吴国平　张舒彤*

摘　要　我国《民法典》沿袭了2017年《民法总则》有关意定监护制度的相关规定，其具体内容没有变化。现行立法中的一般监护监督制度(《民法典》第36条)并不能完全囊括意定监护监督制度的内容，也无法体现意定监护监督的特殊性。同时，现行立法上还存在意定监护登记制度、与意定监护相配套的监督措施缺失等方面的问题。在我国已经进入民法典时代的大背景下，我们应当抓紧通过立法解释和司法解释确立意定监护监督制度、建立意定监护登记制度、赋予公证机构监督主体地位、明确意定监护监督人的选定及资格规则和完善意定监护监督相应的配套措施，以进一步建立和完善具有中国特色与时代特色的意定监护监督法律制度。

关键词　监护　意定监护　公证监督　配套措施

我国《民法典》第33条和第36条已将意定监护和监护监督制度纳入其中，但是现行的一般监护监督制度(《民法典》第36条)并不能完全囊括意定

* 吴国平，福建江夏学院教授，家事法研究院院长，中国法学会婚姻家庭法学研究会常务理事。研究方向：婚姻法学。张舒彤，福建省泉州椰子科技有限公司法务专员。

监护监督制度的内容。同时,现行立法上还存在意定监护登记制度缺失、配套的监督措施没有跟上等方面的问题。在我国《民法典》已施行的大背景下,鉴于意定监护制度广泛的适用群体以及日益加剧的老龄化现象,我们应当抓紧通过立法解释、司法解释等途径确立与意定监护制度相配套的监护监督制度,使我国的意定监护制度更加先进、完善。

一、意定监护监督制度法理分析

(一)意定监护监督制度的基本内涵

意定监护是被监护人行使意思自治的典型表现,主要是借助意定监护人之手处理本人的事务。[①] 意定监护是指在本人拥有健全的民事行为能力时,借助与监护人预先签订监护协议的方式,自主决定监护的设定、监护内容等监护事务的一种监护形式。通过意定监护,具有完全民事行为能力的成年人就可以对其在民事行为能力不足时的人身照料、财产管理以及医疗看护等监护事务进行预先规划。

在日常生活中,委托人可以自行监督一般委托协议的履行,而意定监护协议是在被监护人的意志清醒时签订,并在被监护人部分或者全部丧失民事行为能力时启动监护,此时本人(被监护人)已经无法对监护人的行为进行监督,如果第三人没有察觉或不便干涉,该意定监护协议将处于无人监管的境地。监护实践表明,多数监护人能够忠于职守、勤勉地执行监护事务,但监护人怠于履行、不履行或者滥用监护权侵害被监护人利益的情况也时有发生。概而言之,如果没有设立相应的监督机制对监护人的行为进行规制,极易造成监护人监护权利的滥用,这将使被监护人权益受损。综上,笔者认为,意定监护监督是在尊重成年人本人订立意定监护协议表达出的意思自治的基础上,通过公权力或者第三方主体适度地对监护人的监护事务履行状况进行监管,从而预防和纠正监护人的不当监护行为的法律制度。

---

① 参见吴国平:《民法总则监护制度的创新与分则立法思考》,载《中华女子学院学报》2017 年第 5 期。

(二)意定监护监督的基本类别

意定监护监督的类别可分为两种:第一,从意定监护监督中占主导地位的主体来看,可以分为公力监督和私力监督,这两种监督是意定监护监督的主要形态。公力监督是指对意定监护事务的履行是否恰当的审查和监管,主要由法定国家公权力机关进行。与此相对,私力监督通常是指借助私人力量(通常是利害关系人)来实现对监护执行行为的监督,从而排除国家公权力的主动干预。通常由与被监护人相关的人,就监护人涉及的侵权行为或者违约行为向法院提请司法审查。第二,以监督力量何时介入为判断依据,可以具体细分为事前的监督、事中的监督以及事后的监督。值得强调的是,关于"事"的时间节点指的是意定监护人正式开始履行监护事务时。事前的监督是指在意定监护设立时,或者是意定监护开始生效时,对这两个环节予以审查并进行确认,通过对意定监护进行登记以及人民法院对成年人欠缺民事行为能力的宣告程序予以实现。事中的监督主要侧重于在意定监护的实施过程中,监督人或者监督机构有权对监护事务的日常执行情况进行全方位监督,采取包括但不限于走访以及批准等手段。事后的监督主要指的是监督人或利害关系人在监护人有不当代理行为时,有权采取向人民法院提请司法审查的救济方式。

二、我国意定监护监督制度的现状及不足

(一)我国立法上对意定监护监督制度的规制及不足

1. 与意定监护监督制度相关联的立法规定

到目前为止,包括《民法典》在内的我国现行立法上并没有对意定监护监督制度作出明确规定,意定监护监督制度的规定尚未形成体系。纵览我国监护立法发展历程,与监护监督有关联的法律条文也为数不多,仅包括《民法通则》第 18 条第 3 款、[①]《最高人民法院关于贯彻执行〈中华人民共和

---

① 1986 年《民法通则》第 18 条第 3 款:"监护人不履行监护职责或者侵害被监护人的合法权益的,应当承担责任;给被监护人造成财产损失的,应当赔偿损失。人民法院可以根据有关人员或者有关单位的申请,撤销监护人的资格。"

国民法通则〉若干问题的意见(试行)》(已失效)第 20 条、[①]2017 年《民法总则》第 36 条以及《民法典》第 36 条[②]的规定,但是,这些规定都是针对一般性的监护监督,没有体现出意定监护监督的特殊需求。2022 年 3 月 1 日起施行的《最高人民法院关于适用〈中华人民共和国民法典〉总则编若干问题的解释》(以下简称《民法典总则编司法解释》)第 11 条[③]对《民法典》第 33 条规定的意定监护制度作了一定程度的补充,解决了意定监护协议的任意解除权和对意定监护的监督方法的问题,[④]但该制度还有一些重要问题值得探讨。笔者在下文主要围绕我国《民法典》第 36 条来展开探讨。

2. 我国意定监护监督制度存在的不足

(1)一般性的监护监督规定不能适应意定监护监督需要。第一,不当限缩了意定被监护人选择意定监护监督人的范围。从内容上看,意定监护监督人的范围以及职责范围已在我国《民法典》第 36 条中作出规定,监护人的权利滥用可以通过该规定予以处置,被监护人的自主决定权在某种程度上能够得到尊重。但美中不足的是,针对自然人在作为意定监护监督人时的范围被不当施加了限制性条件,即要求是“其他依法具有监护资格的人”。

---

① 《最高人民法院关于贯彻执行〈中华人民共和国民法通则〉若干问题的意见(试行)》(已失效)第 20 条规定:“监护人不履行监护职责,或者侵害了被监护人的合法权益,民法通则第十六条、第十七条规定的其他有监护资格的人或者单位向人民法院起诉,要求监护人承担民事责任的,按照普通程序审理;要求变更监护关系的,按照特别程序审理;既要求承担民事责任,又要求变更监护关系的,分别审理。”

② 《民法典》第 36 条规定:“监护人有下列情形之一的,人民法院根据有关个人或者组织的申请,撤销其监护人资格,安排必要的临时监护措施,并按照最有利于被监护人的原则依法指定监护人:(一)实施严重损害被监护人身心健康的行为;(二)怠于履行监护职责,或者无法履行监护职责且拒绝将监护职责部分或者全部委托给他人,导致被监护人处于危困状态;(三)实施严重侵害被监护人合法权益的其他行为。本条规定的有关个人、组织包括:其他依法具有监护资格的人,居民委员会、村民委员会、学校、医疗机构、妇女联合会、残疾人联合会、未成年人保护组织、依法设立的老年人组织、民政部门等。前款规定的个人和民政部门以外的组织未及时向人民法院申请撤销监护人资格的,民政部门应当向人民法院申请。”

③ 《民法典总则编司法解释》第 11 条规定:“具有完全民事行为能力的成年人与他人依据民法典第三十三条的规定订立书面协议事先确定自己的监护人后,协议的任何一方在该成年人丧失或者部分丧失民事行为能力前请求解除协议的,人民法院依法予以支持。该成年人丧失或者部分丧失民事行为能力后,协议确定的监护人无正当理由请求解除协议的,人民法院不予支持。该成年人丧失或者部分丧失民事行为能力后,协议确定的监护人有民法典第三十六条第一款规定的情形之一,该条第二款规定的有关个人、组织申请撤销其监护人资格的,人民法院依法予以支持。”

④ 参见杨立新:《民法典总则编司法解释对成年意定监护制度的完善》,载《人民法院报》2022 年 2 月 28 日,第 2、4 版。

易言之,意定被监护人的自主决定权并不能得到充分尊重。同时,意定监护监督人要能被囊括在“其他依法具有监护资格的人”之中,这种扩大解释恐怕值得商榷,逻辑上难以自洽。笔者认为,意定监护监督人的选任条件不应多加限制,而应当与意定监护人一致,即只要满足一定条件并且基于被监护人本人的真实意愿就能被选任。如果将自然人继续限定在只有满足“具有监护资格”时,才可以成为被监护人决定的意定监护监督人,那就是对被监护人自由选择的范围进行了不当的缩小,并未对被监护人的协议自由予以尊重。[①] 由此观之,《民法典》第 36 条规定的监护监督人范围实际上无法完整包含所有意定监护监督人,存在法律逻辑上的漏洞,难以自圆其说。同时,找不到合适的监护人或者法定监护人不认真履职,是老年人在实践中选择意定监护的主要缘由。寻找合适的监护人对于老人来说有难度,更何况是监督人,而且该监督人还得“具有监护资格”,该监护资格还得根据我国《民法典》第 28 条[②]的规定予以确定。根据我国《民法典》第 28 条的规定,意定监护监督人还必须具备近亲属身份或者是愿意承担监护责任的人,然而意定监护监督人仅仅是愿意承担对意定监护人的监督职责的人,却还要被如此限制。[③] 综上,笔者认为,意定监护监督人的妥当设置问题并不能通过我国《民法典》第 36 条进行全盘解决。这无疑会挫伤当事人选择意定监护的积极性,限制其自我决定权,并且也不能最大化地维护被监护人利益。更重要的是,如若被监护人自己选择的监护监督人不是“具有监护资格的人”,那么问题来了,该监督人是否会因为主体不适格而被排斥在撤销监护人之诉之外呢?如果会,则该法律条文的设置意旨将无法得到实现。

第二,撤销事由过于严苛,且未区分未成年人监护和成年人监护。我国《民法典》第 36 条撤销事由之一,要求以下所有条件具备才能提起撤销之诉:①怠于履行或者无法履行;②拒绝转委托;③导致危困状态。但这会引

---

① 参见李宜鸿:《以比例原则为视角改造我国意定监护制度——兼评〈民法总则〉第 33 条》,载《民商法争鸣》2018 年第 1 期。

② 《民法典》第 28 条规定:“无民事行为能力或者限制民事行为能力的成年人,由下列有监护能力的人按顺序担任监护人:(一)配偶;(二)父母、子女;(三)其他近亲属;(四)其他愿意担任监护人的个人或者组织,但是须经被监护人住所地的居民委员会、村民委员会或者民政部门同意。”

③ 参见杨立新:《〈民法总则(草案)〉自然人制度规定的进展与改进》,载《法治研究》2016 年第 5 期。

出一系列问题,如意定监护人无法执行监护事务时,虽然拒绝将监护职责转委托他人,但被监护人可能会因为其他亲戚朋友的救助而不至于陷入困境或危险状态。这种情况下无法撤销监护,就会让监护人享有监护的名头却没有监护的事实,甚至还可能享有报酬。更有甚者,如果意定监护人不能作出拒绝转委托的意思表示,是因为其吸食毒品或者长期酗酒导致失去意思能力,这种情况下,为了被监护人利益着想,监护人资格撤销之诉本应该被提起,但是事实恰恰相反,这显然不利于该条的适用。另外,该条文本质上是对未成年人监护撤销相关规定的承继。对于未成年人监护,慎重对待父母监护权的撤销有其合理性,因为父母对子女享有的亲权是建立在自然血缘纽带上的,国家对父母应当充分信任。[①] 但对于父母以外的其他监护人来说,失职就应撤销其监护资格,而不是等到损害结果发生了再予以撤销。我国《民法典》规定的撤销条件对成年人监护失职的容忍超过了必要限度。

第三,在监护人资格撤销之诉的审判阶段,申请人的诉请得不到法院支持,通常是因为无法提供有证明力的证据证明监护人侵犯被监护人的人身权或财产权。[②] 林建军教授针对 A 市 11 家基层法院 2003 年至 2012 年涉及成年人监护法律适用的 50 份判决书样本的调研显示,尽管有部分监护人确实存在怠于履职的情形,甚至是给被监护人合法权益造成损害,然而因为有力的内部监督的严重缺失,被监护人丧失民事行为能力无法进行自我救济,即使其他具有监护资格的人提起诉讼,也往往由于证据不足或者只有间接证据而不被法官支持。在涉及"申请变更监护人"和"申请撤销监护人资格"的 39 件判决书中,有接近一半的判决书中原告的诉请没有得到法院支持。[③] 鉴于以上原因,监护人撤销制度可能会成为"沉睡的制度",难以达到理想的效果。监护人撤销制度是从反面来约束监护人的,然而建立正面的监护监督制度,反而更能从根本上对监护人进行有效制约。

---

① 参见刘征峰:《被忽视的差异——〈民法总则(草案)〉"大小监护"立法模式之争的盲区》,载《现代法学》2017 年第 1 期。

② 参见李国强:《我国成年监护制度运行中的问题及其立法修改趋向》,载《当代法学》2014 年第 6 期。

③ 参见林建军:《我国成年监护法律之缺失与完善——以民事审判实践为依据》,载《中华女子学院学报》2014 年第 5 期。

(2)事前与事中预防机制缺失。我国《民法典》第36条并未就意定监护和法定监护在监督方面的不同之处作出差别规定,不具有完整性以及妥当性。[①] 而且该条文为事后性、临时性的救济性监护监督,而不是对意定监护人的日常性、个别性、预防性的监护监督。除了让公权力在创设监护的时候就进行审查监督以外,在监护人实施监护事务时引入第三方监督主体的常态化监督,一样可以起到防止监护人滥用监护权从而对被监护人权益造成损害的作用。一旦监护人在代理被监护人采取针对重大财产的处分行为,或者是代理采取医疗决策措施等人身管理事项时,做出不适当的代理行为,不可避免会对被监护人的权益造成难以挽回的损失,因此,应当对此类行为的授权设置必要的事前许可程序,并由独立的第三方来对代理行为的妥当性进行审查。

综合比较现今世界各国的法律规定,意定监护监督制度要足够完整,就应当囊括事前、事中和事后监督一系列流程,同时将公力和私力的共同协作力量发挥出来。具体说来,应当由意定监护登记制度、意定监护监督主体的监督、监护人资格撤销制度等方面组成。

(二)我国实践层面对意定监护监督制度的探索及不足

1. 我国意定监护监督制度的实际探索

从权利制衡的角度看,缺少监督的权利难以保障被监护人利益的最大化。公证机构在这方面的监督实效性就走到了立法的前面。综观上海普陀公证处的李辰阳公证员摸索着办理的几个意定监护公证的案件,可以寻觅到对意定监护的监督的踪迹。在凌老先生案件中,李辰阳在为凌老先生和护工秀英办理意定监护公证手续前,通过社区走访,调查了秀英的工作是否尽职,是否虐待老人或者有刑事犯罪记录,确认没有问题后,才为其起草了

---

① 由于意定监护为私人定制,自治性较为明显,应强化公权监督机构对意定监护合同的审查和对意定监护人的监督。对于公权机关居主导地位的法定监护,则更应当强化私力监督的重要作用,节约司法资源,提高监督效力。因为意定监护人是当事人协商一致的,而法定监护人是法院通过司法程序结合调查走访,为无民事行为能力人或限制民事行为能力人利益而指定的,二者存在选任程序上的不同。参见李欣:《〈民法总则(草案)〉第34条和第29条评析——以成年监护监督制度为中心》,载《安徽大学学报(哲学社会科学版)》2016年第6期。

意定监护协议书,并进行公证。在钱某昌与钱某梅案中,公证机构负责代管钱某昌的钱款,钱某梅有需要再找公证处支取。钱某梅作为意定监护人还要向李辰阳提交监护报告:包括监护事务以及监护事务所产生的费用明细。在兰姐与杨先生案中,兰姐的朋友作为意定监护监督人,约定如果杨先生作为意定监护人失职或不作为,有权向公证机构报告。①

2. 我国意定监护监督制度实施层面的阻碍

(1)实践操作缺乏标准。由于法律规定的缺失,虽然公证机构在意定监护实施之路上是"领头羊",但是仍然有一系列问题:首先,不同公证机构对意定监护委托人的民事行为能力的审查标准不同,没有统一的审查细则。其次,公证机构将意定监护协议上传系统备案能否等同于意定监护的登记公示功能尚待商榷。再次,公证机构的职能定位不够明晰,能否认定其拥有意定监护监督的公权力有待考量。最后,是否还有其他的公权力机关更能胜任对意定监护创设的预先监管?在上海李辰阳公证员办理的我国首例意定监护生效案(即周杏芳意定监护公证案)中,李辰阳公证员通过对委托人的实际状况的判断以及精神卫生中心出具的健康诊断书为受托人出具了监护资格公证书。该做法固然值得肯定,但是依旧存在问题:公证机构对被监护人的民事行为能力作出的认定是否有效?与人民法院的司法文书相比,由公证机构出具的监护资格公证书效力如何?此外,不同地区公证机构收费标准不一,有的要求监督监护执行费用须额外缴纳,才能享受该公证服务。

(2)民众缺乏意定监护监督的意识。在日本,意定监护配套有监督人制度,当办理人进入失能失智阶段后,由法院指派监督人。在中国,意定监护大多缺少监督环节。上海李辰阳公证员经手的诸多案例中,没有监督人的占到90%,许多委托人出于对监护人的信任表示不需要监督。② 然而意定监护关系一旦确立,被监护人的"生杀大权"就牢牢掌握在监护人手里。在委托人没有选定监督人的案例中,实际上是由公证机构承担监督职能。婚姻

① 《孤老将房产遗赠女护工"意定监护"成关键词》,载微信公众号"看看新闻Knews"2019年1月11日,https://mp.weixin.qq.com/s/jafO2QMNpoxOmkSxX7uQFQ。

② 参见卫潇雨:《一张托付生命的协议书》,载微信公众号"剥洋葱people"2019年8月29日,https://mp.weixin.qq.com/s/vE2zQzpmLnforhgvA6nwqA。

的义务是法定的，如互相忠诚、经济扶助、相互扶养、照顾救护等，是必须履行的责任，若违反将面临惩罚。意定监护更类似一种权利的授予，可能相对缺少义务的规范、责任的制约和违反的罚则。相较于婚姻，防范意定监护中的道德风险显得尤为重要。当然，民众对于意定监护应该设置监督主体的意识的缺乏，归根结底是因为我国在意定监护监督制度规定方面的缺失，目前我国法律对于什么人可以作为监督人、监督人的权利义务、保障监督行为落实到位的具体举措尚未予以规定。

三、意定监护监督法律路径构想

（一）通过立法解释和司法解释确立意定监护监督制度

我国2017年《民法总则》创设了意定监护、临时监护、监护人资格撤销以及恢复等制度，对原有规则的缺陷进行完善，增加了实际可操作性。但是，2017年《民法总则》的"监护"立法仍留存许多制度空隙。[①] 意定监护制度的落地，"需要强化监护的国家责任和政府职责"。[②] 换言之，这需要构建公权力适度介入意定监护监督的配套制度予以跟进，从而确保立法目的的全面实现。在我国法律层面，意定监护最早规定在《老年人权益保障法》中，但规定得较为单薄。这本应在2017年《民法总则》予以丰富，但2017年《民法总则》中的一般性监护监督规定并不能完全满足意定监护监督的需要，而《民法典》也没有很好地解决这一问题。因此，意定监护制度的实效性尚待评估。中国残疾人联合会、中国精神残疾人及亲友协会、中国智力残疾人及亲友协会也认为监护监督人是《民法典》的"闭眼工程"，是《民法典》监护制度最需要补上的"短板"，应当就监护监督人的资格、指定程序以及监护监督人的职责作出具体规定。[③] 虽然有学者在关注意定监护监督制度，但该制度在我国实施的时间很短，经验还不够成熟，故将该内容纳入《民法典》婚姻家

---

① 参见李世刚：《〈民法总则〉关于"监护"规定的释评》，载《法律适用》2017年第9期。

② 参见刘金霞：《试论我国成年监护制度的立法完善》，载《北京社会科学》2012年第4期。

③ 戴蕾蕾：《呼唤民法典中的"闭眼工程"》，载新浪财经2020年1月7日，https://baijiahao.baidu.com/s?id=1655120061699255447&wfr=spider&for=pc。

庭编立法者持否定态度。[①] 2020年5月通过的我国《民法典》婚姻家庭编也未有关于监护监督的条文。故现如今对意定监护监督制度的研究,应侧重于如何规定使其将来能够通过立法解释或者司法解释的形式得到认可。杨立新教授提出主张:"意定监护监督制度应当由最高人民法院在对《民法总则》进行司法解释时进行规定,要明确监护监督机关,并且确立意定监护监督人制度,从而对意定监护制度的立法漏洞予以填补。"[②]笔者赞成其主张。有效的监督是维护监护制度正常运转的重要保障,是监护制度不可或缺的组成部分。因此,有必要在日后的立法解释或者司法解释中,对意定监护监督制度的具体规则予以填补。针对目前在意定监护公证实践中出现的民众监督意识比较淡薄的问题,笔者认为,今后相关立法解释或者司法解释的出台,对于民众有指引的作用,能够让民众对意定监护的监督理念有进一步认识。

如前所述,《民法典总则编司法解释》第11条规定了意定监护协议的任意解除权问题,这一规定为实践中解决意定监护协议的双方当事人是否享有任意解除权提供了依据。笔者认为,今后还应当在立法解释或者司法解释之中对监护人撤销制度予以优化,充分考虑到意定监护监督实施的现实需要。首先,不应当对意定监护监督人中自然人的范围予以限定,不应当将其限定在"其他依法具有监护资格的人"这一条件之中,只要直接或间接基于被监护人真实意思选定,就应当尊重监护人的自我决定权,尊重双方当事人的协议自由。杨立新教授认为,根据《民法典总则编司法解释》第11条第2款的规定,对《民法典》第33条规定的意定监护协议的监督适用《民法典》第36条的规定,意定监护协议的监督人,包括《民法典》第36条第2款规定的"其他依法具有监护资格的人"村民委员会、居民委员会等相关组织等。[③]据此,被监护人与该条款规定的主体签订意定监护监督协议就能够产生意定监护监督权。但《民法典总则编司法解释》第11条第2款没有明确与不

---

① 全国人大法工委对2019年12月16日公布的《〈民法典各分编(草案)〉的解读》已经明确表示"对于那些还处于发展变化中、经验还不成熟、拿不准的内容,暂不纳入"。

② 杨立新:《我国〈民法总则〉成年监护制度改革之得失》,载《贵州省党校学报》2017年第3期。

③ 杨立新:《民法典总则编司法解释对成年意定监护制度的完善》,载《人民法院报》2022年2月28日,第2、4版。

属于"其他依法具有监护资格的人"签订意定监护监督协议是否有效的问题。对此,杨立新教授认为,依据合同自愿原则和意思自治原则,"没有不认可其效力的理由"[①]。笔者完全赞同这一观点。其次,对于监护人资格撤销的启动程序不应当设置过于严苛的条件,应当区分成年人监护撤销和未成年人监护撤销条件,意定监护人只要失职(如空有监护之名,无监护之实),就应当撤销监护。若等到损害结果发生再采取措施,恐怕为时已晚。换言之,不能等到结果发生,再做"事后诸葛亮",不能对其过于容忍。

另外,在立法解释或者司法解释中规定意定监护监督制度意味着要对监护监督模式予以明确。基于私力监督与公权监督的优缺点,我国事中监督应以私力监督为主,事前和事后监督应以公权监督为主。意定监护监督制度应融私力监督与公权监督为一体,采双轨制监护监督模式。从监护制度的设立、变更和终止,到监护整个过程,私力和公权监督均应贯穿始终。当然,由于意定监护的自治性较为明显,应强化公权监督机构对意定监护协议的审查和对意定监护人的监督。李霞教授认为国家参与监督私人之间的合同是成年人监护领域私法公法化的必然趋势,监督职责的行使主体应当包括意定监护监督人和人民法院。[②] 有的专家认为应当由公证机构作为监督机构与意定监护监督人共同监督,互相牵制。[③] 笔者认为,对意定监护监督机构的确立,应当结合我国目前的实情。要注重发挥公证机构的职能作用,从立法层面上确定公证机构作为意定监护的登记机关。同时,公证机构作为监督机构与意定监护监督人共同监督,公证机构工作人员也可直接作为意定监护监督人。

(二)建立意定监护登记制度

1. 确立公证机构为意定监护的登记机关

从维护本人利益及保障交易安全方面考虑,应当确立意定监护登记制

---

① 杨立新:《民法典总则编司法解释对成年意定监护制度的完善》,载《人民法院报》2022 年 2 月 28 日,第 2、4 版。

② 参见李霞:《成年监护制度研究——以人权的视角》,中国政法大学出版社 2012 年版,第 301 - 304 页。

③ 参见陈军:《公证参与成年人意定监护监督模式探析》,载《中国公证》2019 年第 5 期。

度。考虑到对本人意志的尊重,以及把意定监护的设立成本控制在最低的现实需要,应当采取登记对抗主义,如果意定监护协议未经登记,则不能对抗善意第三人。登记作为公权力机关对意定监护的预先审查机制,选择谁来专职登记,尚不统一。目前关于登记机关的选择有基层法院、民政部门及公证机构三种声音。笔者认为,由于案件不停地堆积、审判人员精力非常有限,我国法院目前并没有充足的人力以及物力资源,能够去判断本人在订立意定监护协议时的民事行为能力状态、细致地审核意定监护协议的内容以及确保本人真实意思得到体现,并且审判是法院的主要职能,法院侧重于处理事后纠纷,而不是处理预先登记的事项,因而法院作为意定监护登记机关和其职能并不匹配。民政部门作为对我国人身关系进行登记的专职行政机关,其大部分负责登记的人员不是法律专业出身,因此,民政部门只能作为意定监护登记的备选机关。这是因为意定监护涉及审查本人在订立意定监护协议时的民事行为能力状态、细致地审核意定监护协议的内容等问题,专业性太强,故而对意定监护的审查登记需要由具有法律素养的专业人士进行。对此,世界上一些国家已有成功的实践。例如,法国意定监护的登记机构为公证机构。公证人具有深厚的法律功底,一般持有法律职业资格证书,在意定监护协议生效前,他们能够确保意定监护协议的专业性,审核当事人意思表示的真实性、明晰意定监护人的权限范围,进而实现对本人合法权益的保障。[①] 此外,在监护变更和终止时,被监护人、监护人、监护监督人也应及时向公证部门登记。此项登记的意义在于保护被监护人利益,维护交易安全,且方便公证处根据登记簿更好地进行监督。公示对于意定监护登记来说虽然是必不可少的环节,但个人隐私也要注重保护,应该坚决杜绝以交易安全保护为由,肆无忌惮地侵犯个人隐私现象的出现。瑞士就规定自己预定的委托书的委托人可以请求户籍登记部门登记,登记并不具有强制性,并且也注重对个人隐私的保护。[②] 笔者认为,在我国,目前公证机构是意定监护登记机构的最优选择。具体理由下文详述。

---

① 参见刘彦琦:《成年意定监护登记研究》,华东政法大学 2018 年硕士学位论文,第 40 页。

② 参见《瑞士民法典》第 43 条规定:“强调联邦委员会确保在户籍证书上登记的有关身份和个人基本权利的信息得到保护,身份状态登记簿原则上不对公众开放。”

2. 意定监护登记系统的设立

目前公证机构办理的意定监护协议公证,往往是由公证机构上传备案在本机构的登记系统中,统一的意定监护登记系统还没有建立起来,但这项工作又是非常重要的。统一的登记系统的意义不仅在于它能够作为意定监护协议的查询系统,还在于它可以作为国家公权力机关对意定监护整体情况的了解、保障和监督的窗口。值得一提的是,但凡建立意定监护登记制度的国家通常也会配备统一的登记系统。鉴于我国老龄化局势的不可逆转以及意定监护具备的普适性,建立全国统一的意定监护公证登记系统必不可少。再者,由中国公证协会负责运作近3年的全国公证遗嘱备案查询平台,如今已经保存了全国将近200万条公证遗嘱信息,有效的被查询次数已经超过115万次,因此,我国公证行业在公证遗嘱平台建设方面积攒了足够多的经验,同时拥有专业的信息化技术和资源整合能力,完全可以胜任意定监护协议备案查询平台建设事宜。总而言之,通过公证机构在全国公证遗嘱备案查询平台的得天独厚的经验,建立全国意定监护登记系统,进而实现对意定监护的统一登记是尤为可行的。[①]

(三)赋予公证机构以监督主体地位

1. 把公证机构作为主要监督主体的缘由

目前,许多国家以法院作为意定监护的监督机构,但是在我国,基层人民法院存在突出问题是案件数量多,人力不足。在没有建立专职的家事法院或家事法庭的情况下,再让人民法院承担监督任务(包括间接监督),无疑是给人民法院加重负担,也难以达到理想中的监督效果。笔者认为,由公证机构作为监护监督机构比较符合现阶段的实际。第一,公证是法律信用体系必不可少的组成部分,因此公证的显著特征是具有公信力。依法行事、客观中立、不偏不倚是公证机构及其工作人员在工作中必须坚持的准则。公证机构凭借其较强公信力能够在发挥监护监督作用时为民众所信赖。第二,公证机构经过长期实践,在调查、取证方面卓有成效。特别是对于已经经过公证的意定监护协议,如果监督人是公证机构,就更加有利于监督。因

① 参见李辰阳:《老年人意定监护的中国公证实践》,载《中国公证》2017年第6期。

为公证机构独特的优势,它在办理公证时就知晓各方当事人的基本情况。第三,随着公证体制改革的推进,合作制公证处试点不断地递增,公证机构有灵活和充足的人力配置,可以发挥该优势把监督职责履行好。当然,针对各地公证机构办理意定监护公证以及监督费用标准不一,有的地区收费过于昂贵的问题,笔者认为,从社会公共利益方面审视,国家福利惠及老年人尤其是丧失民事行为能力的老年人是其题中应有之义。政府可以通过统一购买法律服务的方式(包括对困难成年人的法律援助采购方式),为意定监护协议支付办证成本以及监督成本。显然,这也符合弱势群体共享社会发展福祉的理念。第四,笔者认为由公证机构主要承担监督任务,并不意味着排斥其他机关以及社会组织的监督,而是要使其发挥主要作用。其他机关或组织诸如村委会、居委会、学校、医疗机构、妇女联合会、依法设立的老年人组织等,仍然要在监护人资格撤销制度中发挥重要作用,特别是民政部门仍然要切实承担起监护人撤销之诉的兜底监护责任。此外,人民法院应当发挥其作为最后一道防线的作用,如确认意定监护的生效,对意定监护协议效力予以裁判,并对严重损害被监护人利益的监护人予以撤职。易言之,公证机构出具的监护资格公证书并不能替代法院对意定监护生效启动的认定程序。值得注意的是,在办理公证时,应要求当事人将意定监护协议交一份至委托人所在地的基层组织备案存放,以便基层组织知道意定监护协议的存在,从而实施监督。

2. 对公证机构的监督措施进行统一规定

为了督促和确保意定监护人能够按照被监护人的意愿认真、尽职、负责地履行监护职责,公证处可以为意定监护人办理承诺书或保证书公证,并加以确认。[①] 作为监督人,公证机构需要保持对意定监护协议生效条件是否具备的关注,并且要定期对被监护人民事行为能力状态进行评估。结合监护实际,公证机构既可以是直接监督,也可以是间接监督。公证机构可以采取的直接监督方式有对重大财产处分行为的确认、定期回访、台账核查等。公证机构的间接监督,即由监护人自己选定的监督人直接进行监管,而公证机

---

① 参见戴伟:《〈民法总则〉第三十三条“意定监护”之公证解读》,载《中国公证》2017 年第 7 期。

构扮演间接监管的角色。在这种情况下，公证机构要先审查委托人选定的监督人是否符合法定资格要件，同时不对监督人具体的人数进行限定，委托人可以根据实际情况选择一个人当监督人，也可以是复数，要强调的是，数人之间要分工明确。监督人要随时应公证机构的要求对监护人的履职行为、履职情况进行汇报，并且随时按照指示对被监护人的财产进行核查并汇报。因为各地公证机构具体监督措施不同，因而应当由司法部就一些基本的监督措施出台统一的实施细则，同时允许各地公证机构就一些特殊事项灵活处理。

（四）明确意定监护监督人的选定及资格规则

意定监护制度的初衷就是要对当事人的意思自治充分给予尊重，所以在监护监督人的选择方面当事人拥有绝对的话语权。首先，要尊重当事人和监督人达成的合意。只有在当事人无法选定监督人的情形下，监督机构才可以为当事人挑选监督人，如若监督机构找不到合适的监督人，可由公证机构作为监督人直接监督。意定监护监督人必须是中立于意定监护人和本人、能适当进行监督的人。实践中，虽然也有居委会指定工作人员作为意定监护监督人的实例，但是要找到合适的意定监护监督人没有想象中的那么简单，因而笔者认为不应该过分限缩意定监护监督人中自然人的资格，年满18 周岁、无刑事犯罪记录即可。当然，这亟须国家立法机关出台立法解释或者最高人民法院出台司法解释进行确定。其次，因为意定监护人和监督人可能联合起来损害被监护人的合法权益，意定监护人的配偶、直系亲属、兄弟姐妹不能担任意定监护监督人。针对法定监护和意定监护能否同时存在，并由法定监护人监督意定监护人的问题。有的学者认为，法定监护和意定监护存在竞合，如果委托人事先没有确定监护监督人，这时属于法定监护人范围内的亲属并不是完全脱离在监护之外，而是应当作为监护监督人发挥作用。[①] 还有的学者认为，“如果意定监护制度对监护人职责范围有明确约定的情况下，法定监护人承担补充监护职能。如果意定监护人的职责范

---

① 参见李国强：《成年意定监护法律关系的解释——以〈民法总则〉第 33 条为解释对象》，载《现代法学》2018 年第 5 期。

围能够实现监护职能的全覆盖,在监护监督制度缺位的情况下,法定监护人可以替代行使监护监督人的职能"[①]。但笔者不赞成该观点。从国外情况看,虽然德国也规定照管人可以监督意定代理人,但意定监护优先于法定监护适用,属于各国通例。正是由于对法定监护人失去信任,意定监护制度的利用者才选任意定监护人。如果此时仍允许法定监护人参与监护事务的处理,很可能会蓄意干扰意定监护人行使职权,反而不利于保护被监护人。概而言之,应该排除被监护人的法定监护人、与监护人有利害关系的人作为意定监护监督人的机会,保证那些能够切实保障被监护人利益的个人和组织作为监护监督人。

需要注意的是,公证机构直接作为监督人的情况下,公证机构不需要作为监督机构再去监督自己的工作人员。当然,监督人也可以是没有利害关系的第三方,如专业的社会组织,而目前我国并没有此类组织。因此,在将来条件成熟时,可以设立专门的意定监护监督机构,也可以授权某些组织承担监护监督的职责。[②] 社会组织可以是慈善基金会等机构。

(五)完善意定监护监督相应的配套措施

1. 将意定监护监督内容作为意定监护协议必备条款

根据《民法典总则编司法解释》第 11 条第 2 款的规定,对意定监护协议的监督可适用《民法典》第 36 条的规定。[③] 虽然该司法解释第 11 条第 2 款本身并没有规定当事人可以通过签订意定监护监督协议确定意定监护监督人,但却为协议确定意定监护监督人留出了必要的解释空间。笔者认为,今后当事人在签订意定监护协议时,都应当在协议中明确意定监护监督的条款。具体的做法可以有两种:一是在意定监护协议中明确意定监护监督的相关条款;二是在意定监护协议之外另行签订一份意定监护监督协议,该监督协议与意定监护协议同时生效。被监护人选定的意定监护监督人可以是

---

① 张素华:《意定监护制度实施中的困境与破解》,载上海市法学会网 2020 年 3 月 9 日,https://sls.org.cn/levelThreePage.html? id = 11557。

② 参见吴国平:《家事法疑难问题研究》,吉林大学出版社 2019 年版,第 70 页。

③ 参见杨立新:《民法典总则编司法解释对成年意定监护制度的完善》,载《人民法院报》2022 年 2 月 28 日,第 2、4 版。

《民法典》第 36 条第 2 款中规定的“其他依法具有监护资格的人”,也可以是“其他依法具有监护资格的人”以外的人,[①]例如被监护人的姻亲、远房亲戚、律师事务所、公证机构等。

2. 建立意定监护人与监督人的定期述职制度

意定监护监督人应比较意定监护人定期提供的监护情况报告,确认和上一监护周期提供的报告相比,在监护支出以及安置措施采取上是否存在比较明显的出入。此外,要是进行了意定监护公证登记,而意定监护监督人是公证机构工作人员以外的人,监护监督人就要定期将监护事务监督情况向公证机构汇报,同时要将书面监督材料交给公证机构,公证机构应当先细致审查,然后再留档备案保存。

3. 确立意定监护的查访与投诉制度

意定监护监督人、民政部门、居委会、村委会、公证机构以及其他相关的组织或机构要主动将举报热线电话进行公开。之所以这样做,目的在于使任何民众在任何时候只要发现意定监护人有怠于履职、不能履行或者损害被监护人利益的苗头,及时与监督主体取得联系,能让意定监护监督主体及时知晓。监督主体只要接到举报电话,就应该第一时间走访现场、进行相关的核查,并客观地将相应的调查记录留存在监护档案内。另外,无论是公证机构还是意定监护监督人,对意定监护人的监护情况进行不定期实地探访都是必要的,通过主动与被监护人交流沟通,观察被监护人的精神状态以及行为举止,查探被监护人是否有过于不正常的举动,从而全面、彻底地了解意定监护人的监护情况。

结　语

我国《民法典》诞生于伟大的新时代,它对于在新的历史条件下我国法治建设与发展的重大意义是不言而喻的。但《民法典》的颁布并不意味着我们可以一劳永逸地解决民事法治建设的所有问题,还需要在实践中不断补充与完善,意定监护制度也是如此。在《民法典》实施过程中,我们可以通过

① 参见杨立新:《民法典总则编司法解释对成年意定监护制度的完善》,载《人民法院报》2022 年 2 月 28 日,第 2、4 版。

总结经验,不断丰富民法监护理论的内容,并通过立法解释、司法解释乃至颁布配套的实施条例等途径,进一步完善具有中国特色与时代特色的意定监护监督规则,使意定监护制度更加符合《民法典》的立法宗旨,将监护权利保护与监护救济规则落到实处。

《民法典》背景下意定监护监督制度本土化研究*

王丽萍　王风瑞**

摘　要　我国《民法典》中虽然规定了意定监护制度，但是意定监护监督制度并没有得到应有的重视。美国、英国、法国、日本等国家在长期的意定监护实践中积累了较为丰富的经验，形成了私力监督、公力监督、公私混合监督的三种不同形式的意定监护监督模式。借鉴域外规定，立足我国国情，笔者认为意定监护监督制度应当在确保尊重被监护人真实意思、保护被监护人和监护人合法权益、保障监护人依法履行监护职责的前提下，通过明确监督人的监督职责、强调民政机关的国家监督责任，协同公力监督机关与私力监督主体，构建多元化、体系化的意定监护监督制度。同时，基于我国国情，可以探索行政委托的方式，由民政部门在其职权、职责范围内依法委托有关的行政机关、社会组织或者个人履行意定监护监督职责。

关键词　意定监护　监督　公力监督　私力监督

* 该文是2020年山东省社会科学规划重点项目“社会主义核心价值观融入民法典婚姻家庭继承制度研究”的阶段性成果，项目号20BFXJ01。

** 王丽萍，山东大学法学院教授、博士生导师，中国法学会婚姻家庭法学研究会常务理事。研究方向：民法学。王风瑞，山东大学法学院2019级民商法学硕士研究生，研究方向：民法学。

一、问题的提出

2017年《民法总则》第33条正式确立了我国意定监护制度,2020年通过的《民法典》承继了这一制度设计及相关内容。[①] 意定监护是在本人未来由于意思能力的障碍而对事理的辨识能力不充分时,将自己的生活、医疗看护以及财产管理等事务的决定权全部或部分委托给受托人的制度,委托事项具有强烈的人身属性,因此意定监护协议属于具有身份属性的代理协议,对被监护人影响巨大;同时,基于意定监护协议,监护人集照管和保护双重职能于一身,极易引发监护人滥用监护地位损害被监护人权益的道德风险。[②] 为确认意定监护协议的有效性、保证监护人依法履行职责、防止被监护人在丧失行为能力之后权益受到侵害,建立配套的意定监护监督制度确有必要。2020年,上海市宝山区一88岁老人为自己设定意定监护,同时将自己价值300万元的房产赠与意定监护人,其近亲属在担心意定监护人将来对老人不履行或者不恰当履行监护责任的同时,认为该老人在设立意定监护时因患有阿尔茨海默病而导致意定监护无效。[③] 此案引发了社会的广泛关注和巨大争议。由此可见,意定监护监督制度在确认监护协议效力、减少争议、保证监护人履行职责、保障被监护人合法权益方面具有重要意义。

但是,我国意定监护监督制度一直未受到应有的重视。《老年人权益保障法修正案(专家建议稿)》第44条曾规定:"被监护人或被照管人所在单位、居民委员会、村民委员会为监督机关,对于监护人或照管人履行义务情况进行监督。"第24条规定:"监护人不履行监护职责或者侵害老年人权益的,监护监督人有权要求有关部门处理,或者依法向人民法院提起诉讼。"但

---

① 《民法典》第33条规定:"具有完全民事行为能力的成年人,可以与其近亲属、其他愿意担任监护人的个人或者组织事先协商,以书面形式确定自己的监护人,在自己丧失或者部分丧失民事行为能力时,由该监护人履行监护职责。"

② 参见朱晓喆:《意定监护与信托协同应用的法理基础——以受托人的管理权限和义务为重点》,载《环球法律评论》2020年第5期。

③ 参见何源:《上海赠水果摊主300万房产老人家属发声:老人患老年痴呆 意定监护不合情理》,载央广网,http://china.cnr.cn/xwwgf/20201126/t20201126_525343634.shtml。

是这些立法建议均未被采纳。[①] 只有《老年人权益保障法》第20条[②]规定了基层群众性自治组织、老年人组织或者赡养人所在单位对于赡养义务人的监督责任以及《民法典》第36条[③]对于撤销监护人资格的规定，但是这些规定过于笼统：一是没有明确的主体对于监护人监护职责的落实进行监督，个人监督与国家监督均处于缺位状态；[④]二是在监护人发生监护权滥用之时缺乏明确主体发起监护人资格撤销程序，监护人资格撤销的启动困难使得《民法典》第36条规定的意定监护监督难以落到实处。

此外，当前理论界对于意定监护监督制度的系统性研究较少，多数仅是在意定监护制度的总体框架下进行研究。[⑤] 本文旨在通过对意定监护监督制度基础理论、制度设计及实务经验的系统研究，探索建立符合我国国情的意定监护监督制度及本土化的监督体系。

二、域外意定监护监督制度及其借鉴

域外各国的意定监护监督制度，依据主要监督主体的性质，可以分为私力监督模式、公力监督模式以及公力与私力相结合的监督模式。其中，私力监督模式以美国为代表，公力监督模式以英国和法国为代表，而公力与私力

---

① 参见杨立新：《我国〈民法总则〉成年监护制度改革之得失》，载《贵州省党校学报》2017年第3期。

② 《老年人权益保障法》第20条："经老年人同意，赡养人之间可以就履行赡养义务签订协议。赡养协议的内容不得违反法律的规定和老年人的意愿。基层群众性自治组织、老年人组织或者赡养人所在单位监督协议的履行。"

③ 《民法典》第36条规定："监护人有下列情形之一的，人民法院根据有关个人或者组织的申请，撤销其监护人资格，安排必要的临时监护措施，并按照最有利于被监护人的原则依法指定监护人：（一）实施严重损害被监护人身心健康的行为；（二）怠于履行监护职责，或者无法履行监护职责且拒绝将监护职责部分或者全部委托给他人，导致被监护人处于危困状态；（三）实施严重侵害被监护人合法权益的其他行为。本条规定的有关个人、组织包括：其他依法具有监护资格的人，居民委员会、村民委员会、学校、医疗机构、妇女联合会、残疾人联合会、未成年人保护组织、依法设立的老年人组织、民政部门等。前款规定的个人和民政部门以外的组织未及时向人民法院申请撤销监护人资格的，民政部门应当向人民法院申请。"

④ 参见杨立新：《〈民法总则〉制定与我国监护制度之完善》，载《法学家》2016年第1期。

⑤ 作者通过在"中国学术文献总库"进行检索，仅有四篇针对意定监护监督制度进行专门研究的文章，分别是高拉杰：《民法典编撰视野中成年意定监护监督问题研究》，载《山东行政学院学报》2019年第4期；李静静：《我国成年人意定监护的监督制度构建》，载《吉首大学学报（社会科学版）》2017年第S2期；卢文敏：《意定监护下的公权力监督救济》，载《现代交际》2018年第23期；王玮玲：《英美持续性代理权制度中的监督模式比较》，载《山东社会科学》2016年第1期。

相结合的监督模式则以日本、韩国为代表。

(一)私力监督模式下的意定监护监督制度

在美国,意定监护依靠持续性代理权实现。在美国意定监护制度发展的过程中,出现了 1964 年的《小财产权益特别授权书示范法》、1969 年的《统一遗嘱认证法》、1974 年的《统一持续性代理权法》以及 2006 年的《统一代理权法》。美国对于监护人的监督,主要依靠限制代理人的代理权限、制约代理人权力的行使以及对代理人的行为进行事后法律审查三方面实现。

在限制代理权限方面,美国《统一代理权法》规定了代理人的一般权限和特殊权限,只有当委托人明确授予代理人某些权限之后,代理人才可以从事某些交易行为,如进行赠与、建立或撤销信托以及使用其他非遗嘱认证的遗产规划工具,从而限制了一般授权的范围。① 此前,《小财产权益特别授权书示范法》还规定代理的财产价值必须在一定范围之内,否则代理权将会终止,财产限额由各州议会规定。② 对于制约监护人的权力行使,委托人可以委托多个代理人,并且可以在授权书中说明多名代理人可独立为法律行为抑或须共同行为。③ 此外,如果委托人认为授权书中可能存在代理权滥用的行为,可以要求代理人进行会计报告。④ 密苏里州还规定,任何委托人的家庭成员以及对委托人利益感兴趣的人可以申请代理人进行会计报告。⑤ 对于会计报告的范围,根据《得克萨斯州遗嘱认证法典》498D(b)条规定,包括:(1)代理人所知或拥有的委托人财产;(2)所有代理人的行为和决定;(3)完整记录在案代理人的收支,支出和其他行动,包括其来源和性质,分别显示本金和收入的收据;(4)一份清单,充分描述代理人对其行使控制权的

---

① Jennifer L. Rhein, *No One in Charge: Durable Powers of Attorney and the Failure to Protect Incapacitated Principals*, Elder Law Journal, 2009(17): 181.

② See Catherine Seal, *Power of Attorney: Convenient Contract or Dangerous Documents?*, Marquette Elder's Advisor, Spring 2010(11): 310.

③ See Andrew H. Hook & Thomas D. Begley, *Jr. The Elder Law Durable Power of Attorney*, Estate Planning, October, 2002(29): 540.

④ See John C. Craft, *Preventing Exploitation and Preserving Autonomy: Making Spring Powers of Attorney the Standard.* University of Baltimore Law Review, Summer 2015(44):455.

⑤ See Lawrence A. Frolik, *Keep Powers of Attorney in Check*, Protecting the Elderly, April, 2009 (45):42 – 45.

所有财产;(5)手头现金余额,余额存放地名称、所在地;(6)所有已知负债;(7)实务律师知道的对于全面了解财产的确切状况可能是必要的其他信息和事实。[①]

在事后审查方面,授权书可因不当得利、胁迫、无行为能力、专业代理人的虚假陈述等原因而被认定无效。[②] 除此之外,一些州规定了特定人群的强制报告义务,即委托人遭受虐待或者经济剥削时,须向有关当局报告,这些人群包括了神职人员、医师、外科医生、体检医师、验尸官、牙医、足病医生、验光师、社会工作者、精神卫生专业人员、警务人员、地方检察官、律师、公共会计师、所得税纳税人或银行机构等,但具体范围因各州规定而有所不同。[③]

虽然美国意定监护监督处于私力监督模式之下,但是近些年来,一些公力监督方式也逐渐被引进。一是成立了公共监护办公室,委托人在委托两个以上代理人的情况下可以在公共监护办公室进行登记;[④]二是一些州将虐待、金融剥削等作为刑事重罪加以处罚,以刑事责任防止持续性代理权的滥用。[⑤]

(二)公力监督模式下的意定监护监督制度

所谓意定监护制度的公力监督模式,是指公共权力机关主动介入意定监护关系,对监护人进行监督。虽然美国亦有公共权力机关参与监督,但是公共权力机关不会主动介入,须经当事人或者相关人员发动才能进入监督程序。而在英国和法国,公共机关进行主动参与监督的程度异常之高。

英国通过《意思能力法案》建立了监护办公室和保护法院。监护办公室

---

① See Mark R. Caldwell, Elliott E. Burdette & and Edward L. Rice, *Winning the Battle and the War: A Remedies - Centered Approach to Litigation Involving Durable Powers of Attorney*. Baylor Law Review, Spring 2012(64): 464.

② See Julia Patterson Forrester, *Rethingking Powers of Attorney in Real Estate Transactions*, SMU Law Review, Winter, 2018(71): 376.

③ See Julia Calvo Bueno, *Reforming Durable Power of Attorney Statutes to Combat Financial Exploitation of the Elderly*, NAELA Quarterly, Fall, 2003(16): 25.

④ Russell E. Haddleton, *The Durable Power of Attorney is on the Way*, Probate and Property, 2010, 24, no. 3: 51.

⑤ Karen E. Boxx, *The Durable Power of Attorney' s Place in the Family of Fiduciary Relationships*, Georgia Law Review, Fall, 2001(36): 48.

作为保护法院的执行委员会,负责对持续性代理授权书进行登记;监护办公室日常对代理人进行监督,代理人还需要将其完成代理任务的情况向监护办公室进行报告。[①] 保护法院负责就持续性授权书进行登记、记录,并对缺乏行为能力的委托人的所有类型的事务进行决策,建立先例。[②] 在特定情况下,保护法院有权派出"保护法院观察员",针对特定代理人的行为进行监督。[③]同时,《意思能力法案》提出了一系列的程序性要求:授权协议须使用标准格式、授权协议须经监护办公室登记、登记时需提供本人与代理人签名、本人与代理人签名时需有见证人、登记时需有资格的独立第三方出具证明,以证明不存在欺诈或胁迫等情形。[④]

法国意定监护监督的公共权力监督主要来自公证机关和法院。在公证机关监督上,受托人需要在每年或者监护完成时制定管理账目,将其提交给公证人;[⑤]公证人需要对管理账目进行检验,如果受托人有不符合委托书或者违背受托人利益的行为,则公证人具有警告义务。法院监督则来自三个方面:第一,法院制定了司法受托人名单,委托人对于受托人的指定须来自司法受托人名单;第二,监护法官在受托人出售、签署或中止与委托人主要住宅及其动产相关的租赁合同,受托人就委托人财产实施无偿处分行为,签订、购买、更改人寿保险合同以及更改银行账户户名时必须介入;第三,在相关人员就受托人监护行为提出异议时,监护法官有中止监护委托或者附加补充保护措施的权利。[⑥]

与美国的持续性代理权制度相比,英国、法国通过注册、登记、证人、报告以及监护人的撤销等一系列制度,强化了在意定监护监督过程中公共权

---

① Denzil Lush, *The Mental Capacity Act and the New Court of Protection*, Journal of Mental Health Law 2005: 39.

② Jennifer L. Rhein, *No One in Charge: Durable Powers of Attorney and the Failure to Protect Incapacitated Principals*, Elder Law Journal, 2009(17): 186.

③ 参见李霞:《成年监护制度的现代转向》,载《中国法学》2015 年第 2 期。

④ 参见王玮玲:《英美持续性代理权制度中的监督模式比较》,载《山东社会科学》2016 年第 1 期。

⑤ 如果被监护人与受托人之间的监护委托属于私署文书,则受托人需要将年度管理账目或者监护完成账目提交给法院。

⑥ 参见[法]蒂芙尼·阿提亚:《意定监护制度》,载《上海中法公证法律交流培训中心〈通讯〉》2017 年第 61 期,http://www.cnfr - notaire.org/admin/UpImages2/20170917100726323 80.pdf。

力的参与,同时结合私人力量的辅助,起到了很好的防止代理权滥用的效果,这对于无行为能力人、限制行为能力人来说无疑是必要的。[①]

(三)公私混合监督模式下的意定监护监督制度

在日本公私混合监督模式下,监护契约属于附条件法律行为,须在选任监督人之后经过公证方可生效。[②] 由于监护契约属私人契约,当事人意思自治具有优先性,因此被监护人具有选任监护人的权利,这为意定监护之中监督制度的意思自治提供了空间。同时,日本还成立了家庭法院,为监督监护人提供了全方位的保障:被监护人有权利选择监护人,但是家庭法院在监护人的选任上具有最后决定权,以保障选任监护人的合理性与可靠性;家庭法院认为如有必要,可根据最有利于被监护人原则,根据被监护人的实际情况选任监护监督人、保佐监督人和辅助监督人;[③]家庭法院认为如有必要,可命令监督人就监护人对被监护人的事务和财产处理情况进行调查,做出处分;还可以根据监督人、被监护人及其亲属、检察官的请求解除监护人职务。[④]

日本公私混合监督模式在制度设计上具有极大的优势。首先,在监督人选任上尊重当事人的意思自治,充分尊重了当事人的自我决定权,是人权保障在意定监护制度中的重要体现;其次,公证制度使得监护人与被监护人、监督人均意识到设立监护的重要性,当事人会更加审慎设立监护、履行职责;再次,登记制度为意定监护制度的设立提供了原始证据,即使在被监护人丧失行为能力之后,也可对监护的内容进行全面了解;最后,家庭法院为意定监护制度提供了兜底且周密的保护,并且相对于私人监督,公共权力机关的监督更具强制执行力,为被监护人建立起强有力的保护屏障。[⑤]

从各国监督制度的发展过程来看,无论是私力监督模式、公力监督模式还是公私混合监督模式,私力监督与公力监督相结合的方式已成为各国监

---

① 王竹青:《成年人监护类型解析》,载《首都师范大学学报(社会科学版)》2018 年第 2 期。

② 参见官玉琴:《意定监护制度框架下的老龄人财产信托》,载《东南学术》2019 年第 2 期。

③ 参见卢文敏:《意定监护下的公权力监督救济》,载《现代交际》2018 年第 23 期。

④ 参见李霞:《成年监护制度研究:以人权的视角》,中国政法大学出版社 2012 年版,第 264 页。

⑤ 参见王竹青:《成年人监护中行为能力认定域外考察》,载《法律适用》2017 年第 11 期。

督制度的发展方向:采私力监督模式的美国引入了公共监护办公室,并且刑事监督措施也融入其中;采公力监督模式的英国、法国也逐渐加入了私力监督,相关人员可以向法院提出异议,弥补了公力监督的消极性、事后性的缺陷;而日本、韩国则自最开始的制度设计就采取了公私混合监督的模式。我国意定监护制度确立时间较短,经验较为缺乏,应当借鉴各国的成功经验,采取公力与私力相结合的监督方式,利用自然人、社会组织、国家机关等多元社会主体,建立起公力与私力相配合、多元主体相协调的监督体系。

三、我国意定监护监督的基本原则

任何制度的建立都不可能尽善尽美,在假定条件模式—法律后果的制度设计之下,由于现实条件同法律设定的条件不可能完全契合,需要进行解释以满足实际情况的需要。因此,需要确定意定监护监督制度的基本原则,作为法律解释时的基本遵循。虽然我国在构建现行意定监护的制度时,确立了尊重当事人意思自治原则和最有利于被监护人原则,①但这两项原则的作用在于指导监护人履行监护职责,并不能作为意定监护监督的基本原则。在意定监护启动之后,不可能一味机械地固守尊重被监护人的意思自治,而应探求被监护人的真实意思。另外,监督人作为独立于被监护人与监护人之外的第三人,在保障被监护人的合法利益的同时,不能影响监护人依法履行监护职责。因此,尊重被监护人真实意思原则、最有利于被监护人原则、依法履行监护职责原则便成为我国意定监护监督的基本原则。

(一)尊重被监护人真实意思原则

虽然在意定监护协议订立之时双方均具有行为能力,遵循合同订立的一般原则,对于双方的意思表示一般不加干涉,②但是自意定监护开始实施之时,被监护人已经处于欠缺行为能力的状态,若完全尊重被监护人的意思自治,可能陷被监护人于不利之境地,因此监督人不应完全尊重被监护人的

---

① 参见丁丽文、李梦雅:《论我国成年监护制度的发展与完善》,载《法律适用(司法案例)》2018年第16期。

② 参见叶英萍:《未成年人意定监护立法研究》,载《现代法学》2017年第5期。

意思自治,而应尊重被监护人的真实意思,即推定被监护人在具备完全行为能力之时其应该作出的意思表示。

尊重被监护人真实意思的权利基础来自自我决定权。自我决定权的内涵在于个人拥有对自己的人身、财产和生活方式的决定权利,对于人格的构建具有决定性的作用,自我决定能力直接形成了人的特点。[①] 根据《奥地利民法典》第 242 条的规定,自我决定权是指"本人在自己能力的范围内,根据自己的愿望和观念(Vorstellungen)可以形成自己的生活关系,应尽量自己的事务由自己处理"[②]。他人的协议、法律制度,仅应当为当事人能够根据自己的意思形成生活关系提供辅助。被监护人在具备完全行为能力之时,对于个人事务、财产、生活方式已经有了最初设计,因担心自己在丧失行为能力之后不具有按照自己的意思处理个人事务的能力而设立意定监护人。监督人的职责在于保证监护人依照被监护人的真实意思履行监护职责,以实现被监护人对于未来生活的最初设计。因此,监督人的一个重要任务在于了解并在被监护人欠缺民事行为能力之后能够推断其真实意思,并依据被监护人的真实意思监督监护人履行监护职责。

国外采取了众多的决策支持措施,以实现对于被监护人真实意思的尊重。英国的《意思能力法案》提供了五项基本准则:第一,除非另有说明,假定每个成年人都有决策能力;第二,个人有权在他人认为自己缺乏决策能力时提供帮助;第三,个人有权作出被一般认为是不明智的决策;第四,任何代表缺乏决策能力的人都必须以该人的最大利益行事;第五,任何代表缺乏决策能力的人行事都应选择对其个人基本权利干预最少的措施。[③] 美国爱荷华州更是建立了支持决策办公室,以协助那些决策能力有限或没有决策能力的人就意定监护监督进行个人决定,[④]目的在于保证被监护人真实意思的实现。

---

① 参见周奥杰、张家勇:《我国老年监护制度的建立与完善》,载《人口与社会》2014 年第 2 期。

② 参见[日]冈孝、杜生一:《意定监护制度的改革方案——以奥地利为鉴》,载《上海师范大学学报(哲学社会科学版)》2021 年第 1 期。

③ Jennifer L. Rhein, *No One in Charge: Durable Powers of Attorney and the Failure to Protect Incapacitated Principals*, Elder Law Journal, 2009(17): 183.

④ See Alexis Rowe, *Overseeing Durable Power of Attorney in Iowa: Discouraging Abuse, Honoring Principals*, Drake Law Review, 2015, 63(4): 1225, 1226.

被监护人欠缺民事行为能力之后,得出被监护人真实意思的过程已经不再是一个事实认定过程,而是一个意思推定的过程,是根据已知的事实推定未知的事实。[①] 因此,被监护人的真实意思就不仅是被监护人明确表示出的意思,而应考虑到被监护人残存的意思能力,根据其年龄、智力、精神健康状况以及对于法律行为效果的辨认能力、控制能力等因素,科学判断被监护人的意思,包括:被监护人在具备意思能力时可能作出该种选择的合理期待,被监护人过去或者现在的感情、希望、信仰价值观等要素,以及被监护人的亲属等的意思。[②] 基于对被监护人真实意思推定所产生的意思表示既可能与被监护人现时的意思表示相同,也有可能与被监护人现时的意思表示相左,正是这种真实意思的推定,才能更好地为被监护人在行为能力欠缺时实现自我决定权提供决策支持。

(二)最有利于被监护人原则

虽然《民法典》第36条确立了最有利于被监护人原则为意定监护制度的基本原则,但是所谓的"最有利于被监护人"并非在人身、财产权利上对被监护人绝对倾斜,第三人所理解的"最有利于被监护人"并不一定与被监护人所认知的最有利于自身的方式相契合,因而"最有利于被监护人"应当在探求被监护人真实意思的基础上,基于第三人的公正视角,依据最有利于被监护人的方式实现被监护人的真实意思,即在当前社会背景下,如果被监护人的该利益受到损害,该利益有可能得到法律的适当保护,则应依据被监护人的真实意思加以保护。这种被监护人的最佳利益是监督人能够知道的被监护人的合理期待,这种合理期待根植于被监护人的真实意思之中。对于被监护人最佳利益的保护源自对于理性、有道德的人自主权的尊重——在被监护人是一个理性人的情况下,被监护人会根据自己的理性对生活进行连贯的、完整的安排,如果一个人的行为的后果是完全出乎意料的,那么他

① 参见纪格非:《论法律推定的界域与效力——以买受人检验通知义务为视角的研究》,载《现代法学》2020年第6期。

② 参见秦红嫚:《我国监护制度的发展、问题与完善建议——兼评〈民法典(草案)〉总则中的相关规定》,载《浙江理工大学学报》2020年第3期。

就很难被认为是一个负责任地处理自己事务的、自主的、有道德的人。[①] 监督人在监督监护人履行职责的过程中,需要判断监护人为履行监护职责代替被监护人所做出的行为是否符合被监护人在具有理性的状态下所作出的决定,即是否符合被监护人的最佳利益。同时,被监护人的最佳利益要求在客观事实上必须是可以预见的,并且被监护人最佳利益的保护不会妨碍监护人监护职责的履行。[②] 美国《科罗拉多州法案》在立法设计时就采取了被监护人最佳利益的标准,其目的在于监护人在履行监护职责的过程中,系为被监护人进行替代性决定,这种替代性决定应以尊重被监护人的自我决定权为目标。[③] 因此,保护被监护人的最佳利益是更有利于实现被监护人的真实意思的方式。

(三)依法履行监护职责原则

意定监护制度的目的在于保证监护人履行监护职责,保证监护人依法履行监护职责是监督人必须恪守的原则。我国《民法典》第 35 条规定,"监护人应当按照最有利于被监护人的原则履行监护职责",法律对于监护人履行职责的要求,即为"最有利于被监护人",依法履行监护职责,就是以最有利于被监护人的方式履行监护职责,[④]这种监护职责履行的法律要求并非为我国法律所首创,《德国民法典》亦采取了相似的规定,认为照管人处理被照管人一切事务时的行为准则是被照管人的最佳利益。[⑤]

我国《民法典》第 35 条规定,监护人应当按照最有利于被监护人的原则履行监护职责。为保护被监护人的利益、监督监护人履行职责,我国法律中还规定了监护人应当承担损害赔偿责任,即监护人不履行监护职责、致使被

---

① See Bailey H. Kuklin, *The Justification for Protecting Reasonable Expectations*, Hofstra Law Review 29, no. 3 (Spring 2001): 868.

② See Justin Tan, *Proximity as Reasonable Expectations*, Singapore Journal of Legal Studies 2019, no. 1 (March 2019): 148.

③ See Dennis N. Whitmera, *The Durable Power of Attorney: Defining the Agent's Duties*, Colorado Lawyer, May, 2012(41): 56.

④ 参见刘安宁:《〈民法总则〉视角下的老年人监护制度研究——以意定监护为中心》,载《辽宁师范大学学报(社会科学版)》2018 年第 2 期。

⑤ 参见[德]迪特尔·施瓦布:《德国家庭法》,王葆莳译,法律出版社 2010 年版,第 464 页。

监护人的人身、财产和其他合法权益受到损害的,以及监护人因故意过失,给被监护人造成财产损失的情形下,监护人承担损害赔偿责任。[①] 关于监护人按照最有利于被监护人的原则履行监护职责,美国《统一代理法案》提供了一系列的参考标准,包括:(1)代理人的忠诚义务;(2)避免利益冲突;(3)代理人的勤勉义务;(4)记录所有代表委托人进行的收据,支出和交易;(5)在代理人实际知悉的范围内履行委托人的合理期望等。[②] 最有利于被监护人原则与尊重当事人真实意思原则、保护被监护人合理利益原则存在共通性,即在判断是否"最有利于被监护人"时,首先,应依"尊重被监护人真实意思原则",判断某种有利于被监护人的行为是否包含在被监护人的真实意思之内;[③]其次,监督人应当判断该利益是否属于被监护人的合理利益,若该利益在客观事实上不可预见,或者保护被监护人该利益将有碍于监护人监护职责的履行,则不能认为该种行为属于最有利于被监护人的行为。尊重被监护人真实意思原则、保护被监护人合理利益原则以及依法履行监护职责原则的内在一致性及互协调,为监督人履行监督职责提供了基本准绳。

四、意定监护的监督人

对于意定监护监督人的范围,除了现有主体之外,有的学者提出过一些关于监督人的创造性建议。有的学者曾建议成立亲属会议,由亲属会议担任监督人。[④] 有的学者提出了一种顺位性的监督人设置建议:委托告知指定的监督人为第一顺位;与被监护人血缘关系最近的有监督能力的人为第二顺位;当地民政部门或者社会保障部门为第三顺位。[⑤] 但是从我国国情来看,我国司法、执法资源有限,"应当选择成本最小的方式选择监督人,在现

① 参见梁慧星:《民法总论》(第6版),法律出版社2021年版,第112-113页。

② Catherine Seal, *Power of Attorney: Convenient Contract or Dangerous Documents?*, Marquette Elder's Advisor, Spring 2010(11):338,339.

③ 参见朱广新:《论监护人处分被监护人财产的法律效果》,载《当代法学》2020年第1期。

④ 参见于海涌编著:《中国民法典草案立法建议(提交稿)》,法律出版社2016年版,第30页。

⑤ 参见李国强:《我国成年监护制度运行中的问题及其立法修改趋向》,载《当代法学》2014年第6期。

有的机构或者公民个人中选择担任意定监护监督人”①。因此,《民法典》并未设立新的监督人,而是将现有的机关或者公民个人作为监督人,其他依法具有监护资格的人、居民委员会、村民委员会、学校、医疗机构、妇女联合会、残疾人联合会、未成年人保护组织、依法设立的老年人组织、民政部门等均可以作为监督人。

从当前我国意定监护制度来看,监督人的产生包括三种方式:一是具有血缘关系的亲属依据原有的监护关系而成为监督人;二是被监护人自己选任监督人;三是依据法律规定负有监护职责的机关或者组织成为监督人。根据主体的性质,依据上述三种方式产生的主体包括了自然人、社会组织以及国家机关。

就监督人的职责而言,其分为三个层面:一是对监护人能力以及监护协议进行监督,即确保监护人具有实际履行监护职责的能力或者基于合理期待监护人能够妥善履行监护职责,确保监护协议中不存在恶意损害被监护人合法权益的约定;二是对监护人实际履行监护义务的行为进行监督,防止监护人在义务履行过程中发生侵害被监护人合法权益的事件;三是在被监护人合法权益遭受侵害之时,采取补救措施使被监护人合法权益恢复到未受侵害的状态。监督人只有从这三个层面履行职责,才能实现事前预防、事中防止、事后补救的效果。但是当前立法规定的监督人的主体范围以及职责划分仍然是一个开放体系,且各监督人的职责分工尚不明确,造成意定监护监督制度的启动存在困境。② 因此,应当根据监督人的性质与特点明确其监督职责,才能更好地保护被监护人的利益。

(一)自然人作为监督人

从《民法典》的规定来看,自然人作为监督人主要包括因血亲关系而具有监护资格的人以及被监护人指定的监督人。监护人之外、其他具有监护资格的人,对被监护人具有抚养、教育、保护义务,有权对意定监护人履行监

---

① 马忆南:《成年监护制度与残障人士权益保护——以民法视角观察》,载《残疾人研究》2012年第4期。

② 参见张玲玲:《成年意定监护制度的中国范式》,载《大连海事大学学报(社会科学版)》2018年第2期。

护职责的过程进行监督;被监护人指定的监督人基于被监护人的授权或协议而负有监督义务。无论是其他具有监护资格的人还是被监护人指定的监督人,其通常与被监护人有着较为密切的人身关系,在日常生活中与被监护人接触较为频繁,监督职责应当侧重于事中监督、过程性的监督。

一般而言,应当首先尊重被监护人的意思来确定监督人的职责范围。如果被监护人没有明确监督人的职责范围,则应当遵循一般规则。美国持续性代理制度将监督职责范围区分为两方面:一是处理与日常生活有关的事务,包括人身事务和财产事务,如财产处分、教育等;二是涉及卫生保健领域的事件。① 由于监护人替代被监护人作出医疗决策需要被监护人特别授权,因此对于医疗决策的监督也属于特殊授权监督事项。我国意定监护制度并未就监护人的特殊领域进行决策作出特别规定,因此监督人的监督职责范围应当根据被监护人的事务类型进行总体划分:其一,监护人应就处理监护日常事务以及维护被监护人人身权益的事项进行监督,特别是被监护人遗嘱、医疗决策等涉及被监护人重大人身权益的事件;其二,就处理或处分监护人财产的事项进行监督,特别是涉及不动产、赠与合同、人寿合同、财产信托等事项;其三,就被监护人赋予监护人监护权利的特殊领域进行监督。②

(二)社会组织作为监督人

在我国,对意定监护人具有监督职责的组织包括学校、医疗机构、妇女联合会、残疾人联合会以及依法设立的老年人组织等社会组织。这些组织通常不能与被监护人在日常生活中建立密切联系,难以及时了解监护人日常履行监护职责的情况,只有在被监护人权益遭到侵害之后才发现问题、履行监督职责。另外,有些组织,如妇女联合会、残疾人联合组织、老年人组织等,针对的群体具有特定性,难以涵盖全体被监护人。因此,社会组织的监督多侧重于事后监督,即在被监护人权益受到侵害后,及时向有关部门进行

---

① See Sheila O. Zakre, *Guardianships for Adult Disabled Children*, GPSolo, July/August, 2020, 37(4):71.

② 参见秦红嫚:《我国监护制度的发展、问题与完善建议——兼评〈民法典(草案)〉总则中的相关规定》,载《浙江理工大学学报》2020 年第 3 期。

报告或者提起诉讼,以防止侵害的继续与扩大。

(三)国家机关作为监督人

国家机关作为监督人与自然人、社会组织有不同之处。民政部门作为意定监护的兜底监督部门,在其他组织和个人未履行监督职责时,具有法定监督职责。基于国家机关的独特性质,国家机关作为监督人在事前监督、事后监督方面有着不可替代的作用。

事前监督的重点在于对监护人资格以及监督协议的效力进行审查。当监护人存在可能影响监护职责履行的事由或者故意隐瞒上述事由的不诚信行为,或者有理由相信监护人不能全面履行监护职责时,[①]以及"有侵害被监护人之违法或犯罪行为的人、无经济能力的人、有酗酒、吸毒等明显劣迹的人、与被监护人存在诉讼纠纷的人、去向不明的人等"[②],均不宜作为监护人。监护协议审查的重点在于防止协议中含有损害被监护人利益的约定。在美国,持续性代理授权书可因欺诈、胁迫、不当得利、虚假陈述等因素而无效,因此,监督人的事前审查义务亦应当包括对监护协议的审查。协议中存在可能损害被监护成年人利益内容的,应当予以禁止。[③]

事后监督包含停止损害以及损害填补措施。损害停止措施的首要任务在于防止损害的继续发生。美国得克萨斯州在实务中出现了临时禁令和临时约束令,此时,"锁住"现存权益比追回已受损权益更为重要。尽管得克萨斯州法律未提供法定机制,但是已经被有效使用。[④] 当监护人滥用监护权利时,监督人应当立即采取措施停止监护人的行为,防止损害的扩大。损害填补措施更多针对损害已经发生,或者监护人实施的法律行为被确认有效的情况下。监护人因故意或者重大过失造成被监护人损害的,可依据《民法

---

① 参见费安玲:《我国民法典中的成年人自主监护:理念与规则》,载《中国法学》2019 年第 4 期。

② 刘金霞:《完善民法总则(草案)监护制度之思考》,载《中华女子学院学报》2016 年第 5 期。

③ 参见费安玲:《我国民法典中的成年人自主监护:理念与规则》,载《中国法学》2019 年第 4 期。

④ Mark R. Caldwell, Elliott E. Burdette & and Edward L. Rice, *Winning the Battle and the War: A Remedies – Centered Approach to Litigation Involving Durable Powers of Attorney*. Baylor Law Review, Spring 2012(64):455.

典》中的相应规定,要求监护人承担损害赔偿责任。

五、关于我国意定监护监督制度体系建构的思考

如前所述,不同国家对意定监护的监督,朝向了公力监督与私力监督均参与其中的模式,这为我国意定监护监督制度的建构提供了可资借鉴的经验。基于不同类型的监督人在意定监护监督中功能的互补性,建议我国建立公力监督与私力监督相结合、包含多元主体的全方位监督制度,并特别注意以下两点:一是明确监督的主体,无论是私力监督还是公力监督,空泛地列举监督主体可能导致监督主体的相互推诿;二是需要明确各监督主体的职责,形成完整的监督链条,以防止各主体之间监护职责的重合、缺位和错位。①

(一)公力监督的主体与职责定位

基于公力机关的社会公信力、社会公益性,公力机关更宜在事前监督和事后监督中发挥作用。对意定监护进行登记,是公力机关提前介入对意定监护协议进行审查监督的重要措施。② 美国和英国均成立了登记的专门机构,由监护办公室来负责监护协议的登记;而法国和日本则是专门成立了监护法院,由监护法院负责登记的执行。我们认为,在我国登记制度亦为必要,须由登记机关对监护协议进行审查,以确认监护人是否适格、监护协议中是否包含损害被监护人利益的条款以及监护协议中是否包含欺诈、胁迫、不当得利、虚假陈述等可能致使监护协议无效、被撤销的内容。

关于登记机关,有学者建议监护协议的登记应当由法院来进行,笔者认为不现实。从我国法院审理婚姻家庭、继承类的案件数量来看,法院一审收案件数从 2011 年的 1,593,743 件增加到 2019 年的 1,836,638 件,③基层法院面临着巨大的压力,人民法院难以再承担监护协议登记任务。另外,人民

---

① 参见李国强:《成年意定监护法律关系的解释——以〈民法总则〉第 33 条为解释对象》,载《现代法学》2018 年第 5 期。

② 参见刘红艳:《浅析我国意定监护制度的细化及完善》,载《文化学刊》2020 年第 8 期。

③ 《数据查询—年度数据—公共管理、社会保障及其他—人民法院审理婚姻家庭、继承一审案件收案数》,载国家统计局网,https://data.stats.gov.cn/easyquery.htm? cn = C01。

法院没有作为登记机关的先例,缺乏相关的机构设置,不具备作为意定监护登记机关的资质。那么,民政部门可否作为监护协议的登记机关呢?长期以来,我国民政部门承担着婚姻登记的功能,有着丰富的登记工作经验,[①]基于《民法典》第36条第3款规定的“前款规定的个人和民政部门以外的组织未及时向人民法院申请撤销监护人资格的,民政部门应当向人民法院申请”,可见法律将民政部门设置为兜底机关,国家作为社会救助和保障的最后一道防线,意定监护监督的最后责任一定要由国家来承担。[②] 我国的监护制度是以家庭监护为基础、社会监护为补充、国家监护为保障的,民政部门作为意定监护的兜底监督人是强化国家监护义务的表现,[③]民政部门在其他监督人无法发挥作用时负有不可推卸的责任。公力机关的监督,主要为事后监督,在其他监督人没有适当履行监督职责时,民政部门应当及时启动监督程序,保护被监护人的利益。

客观而言,民政机构多从事的是社会管理工作,而非专门的法律机构,在法律素养上存在一定的欠缺,在涉及审查协议人订立意定监护协议时的行为能力、起草意定监护协议内容等专业性问题上,可能存在法律支撑不足的问题。[④] 并且,民政部门人力、物力、财力有限,负责快速老龄化背景下的成年监护及其监督的确会有力不从心之忧。笔者建议:基于我国国情,可以探索行政委托的方式,由民政部门在其职权职责范围内依法委托有关的行政机关、社会组织或者个人履行意定监护及其监督职责;行政委托后,并不发生职权职责、法律后果及行政主体资格的转移,受委托人以民政部门的名义活动并由民政机关承担法律责任。公证处、律师事务所可以作为受委托人,履行意定监护监督人的监督职责。事实上,上海市已开意定监护公证之

---

① 2019年,民政部门办理结婚登记927.33万对,办理离婚登记470.06万对。《数据查询—年度数据—社会服务—婚姻服务》,载国家统计局网,https://data.stats.gov.cn/adv.htm?m=advquery&cn=C01。

② 参见石宏主编:《中华人民共和国民法总则条文说明、立法理由及相关规定》,北京大学出版社2017年版,第81页。

③ 参见王利明主编:《中国民法典释评·总则编》,中国人民大学出版社2020年版,第233页。

④ 参见刘德高:《公证机构作为意定监护登记机构的制度探析》,载《中国公证》2021年第3期。

先河,将公证作为意定监护协议的生效条件。① 从上海市公证处的实践来看,公证处能够及时向被监护人告知意定监护的法律意义、法律风险和法律后果,保证被监护人在监护人选择、监护事项范围等方面意思表示的真实性。公证处、律师事务所能够从法律专业的角度审查意定监护协议或者协助当事人起草意定监护协议,对意定监护协议进行录音录像等证据确认,②在意定监护监督的事前介入方面有着独特优势,是进行意定监护登记的良好选择。

(二)私力监督的主体及职责定位

虽然公力监督机关在意定监护中发挥着不可替代的作用,但是公力机关缺乏意定监护监督的内在驱力。由于意定监护监督是一项连续性的工作,需要对被监护人进行定期回访、探求被监护人的真实意愿,同时涉及监护报告的审查、财务票据的核准、监护工作的考察等工作,公力机关虽然介入了意定监护监督的始末,短期履行了监护监督职责,但不可持续,需要由其他主体进行有效补充。③

作为与公力监督相配合的监督方式,私力监督的重点在于弥补公力监督持续性不足的缺点,这就要求私力监督人在对监护人进行持续性监督时,要与被监护人有着更加密切的接触。在私力监督人中,首选应当是被监护人自己选定的监督人。但是,就当前实践来看,被监护人自己同时选任监护人与监督人的情况极少,依然需要法律规定监督主体。其次,法律规定其他有监护资格的人能够成为监督人。如果被监护人存在其他亲属等有监护资格的人,其可以对意定监护人履行监护职责的状况进行定期查看,检查监护人处理被监护人的人身、财产事务是否适当,并对相关财产报告、财务票据等进行核查。如果被监护人已经没有近亲属等其他具有监护资格人,居民

① 《上海市老年人权益保障条例》第18条第1款规定:“具备完全民事行为能力的老年人,可以在近亲属或者其他与自己关系密切、愿意承担监护责任的个人、组织中协商确定自己的监护人,并通过公证等方式予以明确。”

② 参见《×××意定监护公证案》,载中国法律服务网,http://alk.12348.gov.cn/Detail?dbID=44&dbName=GGGY&sysID=42;《一则意定监护协议公证》,载中国法律服务网,http://alk.12348.gov.cn/Detail?dbID=44&dbName=GGGY&sysID=7142。

③ 参见李欣:《意定监护的中国实践与制度完善》,载《现代法学》2021年第2期。

委员会与村民委员会相较于其他监督人更具有优势。居民委员会、村民委员会往往与被监护人处于同一社区或村庄，与被监护人在日常生活中有着更加密切的接触，在意定监护设立之后，居民委员会与村民委员会具有及时了解监护人职责履行情况的现实可能性。在监护人履行监护职责不当、但尚未侵害被监护人权益时，居民委员会、村民委员会可以及时进行监督，纠正监护人的行为。在我国尚未建立监护人强制报告义务的情况下，居民委员会与村民委员会应当成为私力监督主体，履行监督职能。

同时，医疗机构、妇女联合会、残疾人联合会、依法设立的老年人组织等，基于自身一定的社会救助职能，可以对监护人进行补充监督。实践中，由于其针对的主体具有特定性，并且其职能由组织章程确定，因此，在意定监护监督中仅具有补充作用，难以作为意定监护监督的主要责任承担者。

综上，我国的意定监护监督体系应当是由公力监督机关与私力监督主体相配合、涵盖节点性监督与持续性监督的多主体、多层次的监督体系。建议发挥公证部门的作用，在意定监护设立之时，由公证部门进行登记，并对意定监护协议、监护人资格等内容进行审查，保证意定监护设立的合法性、合理性；在监护实施过程中，由其他具有监护资格的人、村民委员会或者居民委员会对监护人的监护职责履行状况进行适当监督，保证监护人监护职责履行的适当性；当发生监护人侵害被监护人合法权益之时，则《民法典》第33条规定的主体可以提起诉讼，撤销意定监护人资格。民政部门作为国家机关，应发挥国家监督职责并作为意定监护监督的兜底部门，在其他主体无法有效发挥监督职责时，民政部门应当履行监护监督职责。

结　语

自《老年人权益保障法》和2017年《民法总则》中确立了意定监护制度，意定监护进入民众生活，相关纠纷逐渐增多。在我国社会老龄化不断加速的背景下，意定监护在保护老年人权益，实现"老有所依、老有所养、老有所伴、老有所乐"，提升广大老年人的获得感、幸福感、安全感等方面发挥着积极的作用。为避免监护人借意定监护谋取私利，意定监护制度必须辅之以配套的监督制度。在意定监护监督制度中，仅有监护人资格的撤销、变更是不够的,需要建立系统的、本土化的意定监护监督制度。期待后民法典时代,适应国情及社会发展需要,及时出台意定监护及监督制度的细化规定,以规范意定监护人的监护行为。

《民法典》视域下成年意定监护与患者知情同意制度的冲突与调和*

王 龙 阚 凯**

摘 要 2017年《民法总则》第33条成年意定监护制度的确立备受赞许,《民法典》承继了这一立法成果。通过对成年意定监护制度在知情同意场景下适用的现状进行梳理,认为其适用冲突主要存在于与知情同意的制度错位,具体包括立法原意的冲突、成年意定监护人在知情同意领域的权限不清、知情同意的实践异化与成年意定监护天然排斥、解决多位监护人诊疗意见分歧的制度缺位。成年意定监护的制度优化应当明确成年意定监护适用于知情同意场景,具体包括:明确成年意定监护人享有知情同意权;成年意定监护人的意见明显不利时,医方才有权采用近亲属意见;多位监护人意见分歧时,转交医疗服务提供者决定以及加强伦理审查,防止制度变异。

关键词 成年意定监护 知情同意 民法典

---

* 该文发表于《医学与社会》2021年第11期。基金项目:辽宁省社会科学规划基金青年项目课题,编号为L15CFX001;四川医事卫生法治研究中心重点课题,编号为YF18-Z01。

** 王龙,浙江工商大学法学院硕士研究生。阚凯,大连医科大学人文与社会科学学院副教授,法学博士,硕士生导师。研究方向:医事法学、民法学。

意定监护是相对于法定监护而言的,凡监护人是依相关当事人(具有监护资格的人或被监护人)的意愿而非直接依法律的规定而产生的,都为意定监护。包括《民法典》第 29 条规定的遗嘱监护、第 30 条规定的协议监护和第 33 条规定的成年意定监护。前两者是针对未成年人设定的特殊监护制度,而本文所指的"成年意定监护"特指《民法典》第 33 条的规定,意在探讨成年人在法定监护制度之外对自身医疗健康人身利益的委托边界问题。

我国《民法典》的立法进程几经坎坷,总体来看,在"两步走"的战略部署下,2017 年《民法总则》正式出台,其中第 33 条确立了成年意定监护制度,《民法典》总则编承继了相关规定,续写这一制度在民法典时代的篇章。成年意定监护制度使完全民事行为能力者可自主选择其监护人,在丧失完全民事行为能力后履行监护职责。随着社会的发展,这一制度被广泛地用于实践当中,但是在涉及自然人生命权和健康权的知情同意领域,这一制度的适用存在着一系列的现实难题,使得其在医疗实践中的运行并不理想,故而在民法典的视野下应进一步完善成年意定监护制度,以增强该制度在医疗领域的适用性。

一、涵盖医疗决策在内的成年意定监护制度概观

在人口老龄化的社会背景下,成年意定监护人在履行监护职责的过程中必将面临医疗护理决定的问题。在个体权利意识不断强化的当下,医师在诊疗过程中必须明确告知患者的真实病情、治疗方式、替代方案及诊疗风险,并由患者作出有效同意。① 然而当成年意定监护生效时,被监护人(在本文语境下即患者)已然丧失完全行为能力。虽说享有完全的知情同意权的主体是患者本人,但从成年意定监护的立法目的以及域外立法实践来看,在医疗护理活动中,成年意定监护人应当享有与患者本人同等效力的医疗决策权利。遗憾的是,在我国目前确立的、并被《民法典》所承继的以患者和近亲属的知情同意为核心的法律体系下,对于监护人的知情同意权并没有任何细化规定,这就为成年意定监护与知情同意制度的制度融合埋下隐患。

---

① 参见艾尔肯:《论医疗知情同意理论》,载《河北法学》2008 年第 8 期。

（一）囊括医疗护理的成年意定监护制度之立法初衷

在2017年《民法总则》的起草过程当中，监护人职责的履行范围备受关注。2015年6月，《民法总则（专家建议稿）》第25条中提出，成年意定监护人对被监护人“日常生活、医疗护理、财产管理等事务的部分或者全部”履行监护职责，其中对医疗护理活动进行了正面列举。① 在此后的《民法总则（一审稿）》中便将这一范围删去，直至在四审稿中才明确规定，监护人的职责是代理被监护人实施民事法律行为。这一概括式的规定最终在2017年《民法总则》中被确立，并被《民法典》沿袭下来，也就意味着包括医疗护理活动在内的涉及被监护人人身和财产的一切民事法律关系，均应囊括其中。显然，立法者最初已将患者的医疗护理决定考虑在了监护人的职责范围之内，虽然最终采用了概括式的立法技巧以避免现实情况的复杂多变与法律条文有限列举之间的矛盾，但这一立法初衷却始终未变。由于医疗决策是被监护人生命后期人身利益处分的重要内容，而财产性利益的处分从根本上说也是为了更好地服务于人身性利益，因此也可以反向推导出，成年意定监护制度在设计之初，很大程度上就是为了赋予监护人对被监护人的医疗护理进行决策的权利。

（二）域外成年意定监护人替代医疗决定的立法实践

从域外立法来看，1993年美国联邦政府出台了《统一健康护理决定法令》（Uniform Health - Care Decisions Act），②将持续性代理权从财产领域扩展到了人身领域，规定丧失完全民事行为能力的患者的医疗决定可由监护人或者预先指定的代理人作出。③ 无独有偶，德国在2009年也将医疗代理人制度增加到其《民法典》中，由患者选定的代理人行使健康检查、治疗或

---

① 参见满洪杰：《论成年被监护人医疗决定问题：以被监护人意愿为中心》，载《山东大学学报（哲学社会科学版）》2016年第3期。

② Stith Marah, *The semblance of autonomy: treatment of persons with disabilities under the Uniform Health - Care Decisions Act*, 2006, 22(1):39 - 80.

③ 参见王玮玲：《英美持续性代理权制度中的监督模式比较》，载《山东社会科学》2016年第1期。

者手术等事项的决定权,以实现尊重患者真实意愿的目的。① 《韩国民法典》也明确规定,对于侵害被监护人的医疗行为,在被监护人不能自主作出知情同意决定时,可由选定的监护人代替作出。② 域外诸多国家的立法经验均表明,在"患者权利的延伸"等理论的支持下,患者早前选择的监护人应当享有与患者相对等的医疗决策权,可以代替患者作出知情同意决定。保障成年意定监护人在被监护人的诊疗活动中的话语权,有利于尊重被监护人作为社会成员的意志自由,降低医疗决策的沟通成本,避免贻误患者病情。

二、意定监护与患者知情同意制度的错位与冲突

知情同意制度直接关涉患者的生命权和健康权,这是自然人最重要的权利。鉴于成年意定监护突破了传统的家庭观念和血缘关系,导致其道德风险比法定监护更高,特别是在涉及人身关系的医疗实践中。尽管监护人是患者本人的自主选择,其监护意志应当得到尊重,但监护人在知情同意的场景下履行监护职责仍有诸多的阻碍,主要表现为以下几个方面。

(一)立法原意的冲突

成年意定监护制度以保护被监护人和监护人双方的意思自治为立法原意,规定了被监护人丧失民事行为能力之后权利的归属,以实现保护被监护人、尊重被监护人作为社会主体的意志自由以及维护社会公平正义的目的;知情同意制度以保护患者及其近亲属的法定权利为立法原意,是为了防止患者的权益被侵害,在尊重和保护患者自主决定权的基础上,保障患者或者其近亲属对患者的病情及相应的诊疗行为充分知情并作出有效同意。③ 成年意定监护制度与知情同意制度本来就是因解决不同的社会问题、满足不同的社会需求而设立,在不同的私法领域发挥着作用。但是,当无民事行为能力人或限制民事行为能力人在诊疗活动之前设定了相应的意定监护人,两种制度却存在着交叉的部分,这便使得二者在立法原意上的冲突被暴露

① 参见韦宝平、杨东升:《生前预嘱的法理阐释》,载《金陵法律评论》2013 年第 2 期。

② 参见李世刚、江俊杰:《韩国成年监护制度解析》,载《青海社会科学》2017 年第 1 期。

③ Erica C. Jonlin, *Informed Consent for Human Embryo Genome Editing*. 2020, 14(4):530-537.

出来,两种制度直接以对立的姿态摆在医务人员面前,为原本就困难重重的诊疗活动和医患沟通增添了另一重障碍。

(二)成年意定监护人在知情同意领域的权限不清

在知情同意领域,《民法典》以及《基本医疗卫生与健康促进法》依旧秉承着以患者及其近亲属为核心。[①] 患者选定的监护人能否替代患者作出"事关生死"的医疗决定,现行立法尚未明确背书。其中,"近亲属"这一概念贯穿于《民法典》始末,其中共 17 处提到了"近亲属",并在《民法典》第 1045 条明确界定了近亲属的范围,即配偶、父母、子女、兄弟姐妹、(外)祖父母、(外)孙子女。[②] 这意味着《民法典》视域下的知情同意制度仅包括《民法典》第 28 条成年法定监护人中的配偶等前三顺位的有限主体(除患者本人外),甚至将其中第四顺位的"其他愿意担任监护人的个人或组织"这一兜底的法定监护人也排除在外,近亲属以外的意定监护人自然更不在知情同意之列。换言之,知情同意主体的范围甚至要小于法定监护人的范围。然而依据《民法典》总则编的规定,监护人对被监护人的权限范围是各项民事法律行为,也就意味着患者选定的监护人也应当享有涉及被监护人医疗活动中的知情同意权,而上述两种截然相反的法律适用解读却造成成年意定监护人在知情同意领域的权限不清。

另外,在现行的并列制的近亲属代理决定模式下,仅规定了知情同意权的范围,并未规定适用顺位。[③] 即使患者选定的监护人在近亲属之列,也无法拥有优先于其他近亲属的权利,更无法从其他近亲属当中抽离出来而独立代表患者的真实意志。在现今医患矛盾突出的社会背景下,《民法典》也并未给医方指明如何去抉择,这便使得在实践中往往决策成本极高、效率低,也不利于尊重和保障患者的真实意志。

---

① 参见满洪杰:《风险社会视角下医疗损害责任立法之反思——兼评〈民法典侵权责任编(草案)〉的相关规定》,载《山东大学学报(哲学社会科学版)》2019 年第 4 期。

② 参见王荣珍、唐趣:《民法典编撰中成年人意定监护制度规制研究》,载《法治论坛》2017 年第 1 期。

③ 参见徐喜荣、陈化:《论紧急救治中患者近亲属意见的取得——评〈医疗损害责任司法解释〉第 18 条》,载《河北法学》2018 年第 8 期。

(三)知情同意的实践异化与成年意定监护天然排斥

《民法典》侵权责任编和《基本医疗卫生与健康促进法》中均已明确规定,享有知情同意权的是患者本人,只有在患者无法作出决定或者保护性医疗时才应当由近亲属作出。实践中,医疗机构为规避风险、避免纠纷,而更倾向于尊重患者近亲属的意见,知情同意甚至异化为“双签”制度,使得患者本人的真实意见都并未得到尊重,更不用说患者早前所选定的监护人的意见。① 且在尊重患者近亲属之决定模式下,即使近亲属的意见明显不利于患者的利益,甚至是可能危及患者生命,也会得到尊重,这与以尊重被监护人意见为核心的意定监护制度天然排斥。因此,在知情同意制度实践异化的现实难题下,需要有人越过近亲属的伦理关系限制,为患者发声,在维护患者自主决定的基础上,强化对患者权利的保护。

(四)解决多位成年意定监护人诊疗意见分歧的制度缺位

与2017年《民法总则》相一致,《民法典》总则编同样规定在“近亲属、其他愿意担任监护人的个人或者组织”中选定监护人,并未限定相应的人数。② 根据“法无禁止即自由”的私法原则,患者完全可以选定多位个人或者组织作为监护人履行监护职责。诚然,多位监护人之间相互监督、相互制约,无疑更有利于患者权益的保障,被监护人选定多人也正是出于此考虑。然而,当多位监护人意见存在分歧时,如何打破决策僵局便成为医方的难题,甚至可能贻误患者病情、增加医疗决策成本,而上述不利后果最终都需要由患者来承受。《民法典》在如何解决多位成年意定监护人诊疗意见分歧的场景下仍然存在着制度的缺位,成为成年意定监护的适用过程中的桎梏。

三、成年意定监护与患者知情同意制度的调和

解决法律的适用困境就是立法改进的意义。在现行以公民的健康权为

---

① 参见石悦:《医疗知情同意的民法阐释与制度建构》,黑龙江大学2012年博士学位论文。

② 参见张玲玲:《成年意定监护制度的中国范式》,载《大连海事大学学报(社会科学版)》2018年第1期。

核心的卫生法体系下，应当明确成年意定监护制度适用于知情同意的场景，使其更好地应对涉及被监护人的知情同意权的一系列问题。鉴于《民法典》生效不久，相关的制度优化应当以司法解释或立法解释的形式开展，使得法律解释在既有规范的框架下进行细化而不是颠覆，这也有利于成年意定监护制度在医疗领域中的适用与其他领域中的适用相统一。笔者认为，其制度优化主要包含以下内容。

（一）明确成年意定监护人享有知情同意权

在知情同意的领域，监护人能否替代患者作出决定，法律尚未明确。但基于《民法典》所确立的患者自主决定为主、近亲属决定为辅的知情同意制度，知情同意的主体并非局限于患者本人，也完全可以由他人代为行使。①而且从患者自主决定权的延伸、此前已述的立法目的和域外立法经验来看，患者选定的监护人应当享有知情同意的权利，且这样的权利理应与患者的知情同意权地位相同，优先于其他近亲属。患者在其具备完全民事行为能力之际会去选择相应的监护人本就是出自对近亲属的不信赖，进而避免近亲属获得自己的监护权。虽然医疗实践中产生过“患者要求、患者近亲属反对、医方遵从近亲属意见而酿成悲剧性后果”的极端事件，一些医疗机构甚至发展出要求患者和其近亲属“双签”等知情同意的制度异化问题，但患者才是知情同意权的核心主体，患者近亲属是“衍生”主体，此顺位万不能倒置。患者选定的监护人必然是出自对其高度信任的人或组织，这是一个心智健全的成年人以设定意定监护这种法律行为作出的“信任意定监护人多于信任法定监护人”的意思表示。因此，在近亲属与非近亲属监护人意见分歧时，理应认定监护人的意见优先于近亲属适用。这样不仅有利于尊重和保护患者的权利、降低医疗决策成本，也为医方的诊疗行为提供了有力的法律保证。同理，这种优先顺位如果倒置，会从根本上架空意定监护制度，也是对意思自治的私法理念的违背。

---

① 参见孙也龙：《医疗决定代理的法律规制》，载《法商研究》2018 年第 6 期。

(二)成年意定监护人的意见明显不利时,医方才有权采纳近亲属意见

虽然《民法典》总则编中以"最有利于被监护人"的原则来规制监护人的权利,但笔者认为,在诊疗过程中仅以这种正面规定的标准去认定,无疑会增加认定难度以及医疗决策成本,也不利于实现保护患者权益的目的。因此,在私法领域,辅以采用"明显不利于被监护人"的反向列举的方式可以更好地保护患者作为私权利主体的意志自由。当患者选定的监护人之意见明显不利于患者时,若有近亲属的其他更有利的意见,法律应当明确医方有权采纳近亲属的意见。在传统的家庭血缘和伦理道德的规制下,采纳近亲属的意见不仅可以解决知情同意的问题、明确各方的权利义务,还可避免医患之间发生冲突,也可从法律的层面给医方多一重制度保障。

(三)多位监护人意见分歧时,转交医疗服务提供者决定

在诊疗实践中,因多位近亲属的诊疗意见分歧进而引发的矛盾层出不穷。最高人民法院2017年发布2020年修正的《关于审理医疗损害责任纠纷案件适用法律若干问题的解释》中明确规定,将紧急情况下近亲属达不成一致意见的情形认定为不能取得患者近亲属的意见,转交医疗机构的负责人或授权的负责人批准实施。这一规定在实践中被广泛认可,不仅有利于医方的操作,也可在确保患者得到救治的基础上,降低决策成本,最大程度维护患者的合法权益。笔者认为,在处理多位监护人意见分歧之时,应借鉴这一经验,转交医疗服务者决定,赋予医方一定范围内的决定权。这样也可以加强医方监督的权利,形成对监护人的有效制约,在解决矛盾的基础上,敦促监护人坚持从患者出发,更好地履行监护职责。

(四)加强伦理审查,防止制度变异

成年意定监护合同属于私人性协议,医方作为第三方很难准确知悉合同的内容,且在监护生效时,患者已然处于非完全民事行为能力的状态。[①]

---

① 参见李国强:《成年意定监护法律关系的解释——以〈民法总则〉第33条为解释对象》,载《现代法学》2018年第5期。

如果患者在成年意定监护中设置了消极治疗的方案,即明确告知意定监护人在自己病情出现特定情况时放弃治疗,那就相当于在生前预嘱尚未被合法化之前,以成年意定监护制度做出了避法行为,以期实现生前预嘱的目的。此时成年意定监护人的消极治疗决策便产生了制度变异,其虽然表面上存在生前预嘱"尊重自治"和"体现人文关怀"的优势,但却缺乏生前预嘱的伦理风险防范机制。[①] 因此,非常有必要加强对于监护人的消极治疗决策的伦理审查,而这正是现行法所缺失的,也是成年意定监护道德风险上最为人诟病的道德风险,这严重阻碍了该制度的落地执行。伦理审查本身就是个案审查,兼顾社会总体道德情感与患者的个案情况,使得抽象的法律规范有了具体适用的安全保障,也可避免出现下列情形:明显不符合患者利益的放弃治疗;可能延误病情的决策拖延;患者的病情并非不可逆转,而监护人的不当医疗决策可能导致患者死亡或残疾的后果;其他明显不利于患者的情形。

结　论

成年意定监护制度对解决现今面临的人口老龄化问题有社会意义。在民法典时代,对成年意定监护制度在知情同意场景下适用中所存在的问题进行梳理,也会为其今后的制度适用奠定更好的理论基础,在解决监护制度的残缺的同时,有效预防和解决社会纠纷,稳定社会秩序。然而不可否认的是,譬如遗嘱监护、协议监护等有非近亲属监护人参与的医疗活动中,亦存在着患者知情同意权主体范围不协调的问题。就法理而言,针对未成年人的非近亲属监护规则,只能比成年意定监护更为严格而非相反。故笔者仅在此以成年意定监护为例,以期实现抛砖引玉之效,也期待我国的监护制度在今后的医疗实践中进一步完善,及早解决其与知情同意制度的错位的问题,从而更好地为医患双方服务,在解决公民监护的各种问题时,为实现"健康中国"的目标贡献力量。

---

① Ferdinando L. Mirarchi, *Does a Living Will Equal a DNR? Are Living Wills Compromising Patient Safety?*. 2007,33(3):299 -305.

协助决定范式下意定监护制度改革新径路*

董思远**

摘　要　为了响应《残疾人权利公约》第12条的新范式，我国应当以协助决定范式改革成年监护制度，而意定监护是承接协助决定范式最合适的“容器”。建议将意定监护与行为能力制度脱钩，除非协议附生效期限或条件，否则意定监护协议自签署之日起生效。建议监护人可以替代决定的情形包括“穷尽所有手段都无法获知本人的意愿”与“被监护人的决定可能导致自己或他人严重的伤害”两种情形。建议监护事务包括重大事务与日常事务两类。对于重大事务，监护人依次按照本人当下的意愿、对人身与财产事务提前的安排、过往生活中的处事风格及所持有的价值观来履行监护职责；对于日常事务，监护人可以从人身及财产事务的预先安排开始，按照上述顺序履行监护职责。

关键词　协助决定　替代决定　意定监护　成年监护　代表协议法

---

*　该文发表于《河北法学》2022年第3期。基金项目：福建省社会科学规划项目青年项目“我国意定监护制度完善研究”（FJ2019C001）。

**　董思远，福建工程学院法学院讲师，华东政法大学博士后、法学博士，硕士生导师。研究方向：民商法学、婚姻家庭继承法学。

习近平总书记在中共十九大报告上指出，“发展残疾人事业，加强残疾康复服务”，“积极应对人口老龄化，构建养老、孝老、敬老政策体系和社会环境，推进医养结合，加快老龄事业和产业发展”。成年监护的替代决定让被监护人成为“笼中鸟”，其始于保护残疾人的良善初衷，却止于对人自主性的残酷剥夺。心智障碍群体，特别是心智障碍老年人的行为能力丧失是一个渐进发展的过程，其在患精神疾病的初期仍存在协助决定的可能，此时直接让监护人替代其决定不符合成年监护制度尊重被监护人真实意愿原则。《残疾人权利公约》(Convention on the Rights of Persons with Disabilities, CRPD)第12条规定：缔约国重申残疾人享有在法律面前的人格在任何地方均获得承认的权利；缔约国应当采取适当措施，便利残疾人获得他们在行使其法律权利能力时可能需要的协助。我国作为《残疾人权利公约》的缔约国，应当在法律上有所回应，保障心智障碍者的自主权。

一、协助决定之话语体系

协助决定是指为替代当前主导的替代决定方法而提出的一系列决定概念和范式。协助决定有很多种形式，但一般来说，它不需要以“无法律能力”为基础，核心在于任命协助者提供决定援助，而非代表本人作出决定。① 广义的协助决定实质为一套范式，包含了许多具体的问题，如监护替代措施(持久性代理协议、医疗预先指示、特殊需要信托等)、完全监护还是部分(有限)监护、监护是否与行为能力脱钩等一系列问题。我们可以通过以下两个方面剖析协助决定的内涵：

(一)协助决定之核心思想

我国于2007年加入CRPD。该公约第1条规定，残疾人包括肢体、精神、智力或感官有长期损伤的人。该条明确了残疾人包括精神残障人士，而精神残障人士是监护制度的主要适用人群之一，这意味着缔约国法律中的监护制度理应体现CRPD的精神。CRPD第12条基本涵盖了协助决定的重

① Law Commission of Ontario, *Legal Capacity, Decision - making and Guardianship Final Report March* 2017. Approved by the Board of Governors: November 2, 2016. p. 14.

要特征:缔约国应当确认残疾人在生活的各方面在与其他人平等的基础上享有法律权利能力(这要求始终承认本人的法律能力)。缔约国应当采取适当措施,便利残疾人获得他们在行使其法律权利能力时可能需要的协助(这要求建立协助决定制度)。缔约国应当确保与行使法律权利能力有关的措施尊重本人的权利、意愿和选择(这要求在保障心智障碍者权益时贯彻尊重被监护人真实意愿原则)。此外,欧洲倡导机构精神残疾宣传中心(The Mental Disability Advocacy Centre ,MDAC) 阐明以下条件作为协助决定核心的原则:(1)本人保持全部法定行为能力;(2)本人自己作出决定,协助者的角色是为了协助本人自己作出决定;(3)在本人与协助者之间存在一种信任关系;(4)协助决定必须由本人与协助者通过协议的方式确定;(5)协助者周围通常有一个支持小组或网络,支持者的作用是帮助本人向他人传达其意图并帮助他人理解当前的选择;(6)支持者通常没有报酬,可能包括朋友、家人和/或社区成员。① CRPD 的规定与 MDAC 阐明的原则为判断一国法律是否建立协助决定制度或完成协助决定范式的转型提供了参考指南。

(二)协助决定之立法技术

协助决定与替代决定的立法技术不同:按照替代决定范式制定的法律,首先需要抽象出一个法律能力(我国称为行为能力)概念,再根据法律能力的标准将人分成几个档次,一旦处于某个档次之下,人的法律能力将会被剥夺,在被否认的范围内,其所实施的民事法律行为将不产生效力,由监护人进行代理。例如,我国首先以心智状态为分类标准,将人的行为能力分为完全、限制与无行为能力三种类型,而后出于交易效率的考量,设置了行为能力推定规则,推定满 18 周岁的成年人皆为理性人,具有独立从事民事活动的能力。对于疑似心智障碍、无法辨识自身行为或无法承担行为后果的例外者,出于交易安全的考虑,才需要在个案中鉴定,根据心智丧失的程度分别被认定为无或限制民事行为能力人。此时法律设计出一个法定代理人的身

---

① Krista James, Canadian Centre for Elder Law Laura Watts, Canadian Centre for Elder Law, *Understanding The Lived Experiences of Supported Decision – Making in Canada Legal Capacity*, Decision – Making and Guardianship March 2014. p. 19.

份(通常由监护人担任)来补足本人欠缺的行为能力,代理人身与财产事务,追认其不能独立实施的民事法律行为,使其也能产生法律效果。但是,替代决定立法技术的问题就在于,试图寻找“认知能力瑕疵”这条人为边界的难度较高,而这边界导致的权责划分又过于重大,因此在实践中较难把握。不仅如此,替代决定范式下的监护制度与行为能力制度进行了强行捆绑,被监护人的行动自由受制于一个按照状态性(或功能性)标准作出的抽象分类中,但问题在于,即使针对同一类事件,本人在不同时期、不同境遇中可能表现出不同的能力状况,也可能存在着不断变化的需求,“现实安排越接近,具体决定越多,当下的决定才是最真切的。一个简单的例子——你明天想吃什么,要你现在就点,这可以接受,但如果请你点明年的菜,就有很大的区别了”①。但人们对待事物时常变化的偏好、对独立实施一类行为可能浮动的能力状态,是无法在当下用一个固定的标准来框定的。因此,试问我们能否在立法技术上进行这样的设想:放弃寻找一个抽象的标准对人进行分类,而是承认本人始终具有法律能力,默认在一般情况下,心智障碍者通过外界的协助都能自己作出决定。于是我们在法律中增设一个协助者的角色,负责在本人每一项具体的事件中,为本人提供信息、预测后果与辅助判断,协助而非替代其作出每一个决定,这保障了本人对与自身相关事件的参与权,也充分尊重了其当下最真实的意愿,是相较替代决定更为人性、科学的立法技术。

二、协助决定的正当性基础

协助决定在脆弱性理论、自主性理论和价值论方面皆存在正当性基础。

(一)脆弱性理论:每个人都不是完全理性的人

“旧监护法在很大程度上忽略了人的脆弱性与社会依赖性:每个人都不是完全理性的人。”②既然如此,犯错便是常态。成年人不会因为犯错(违法、

① 黄雪涛、韩青:《民法总则“偷走了”我们的哪些权利》,载南都观察2017年3月22日,http://mp.weixin.qq.com/s/EOFBs_pO3LyMRG9chC_8Xg。

② [美]玛萨·艾伯森·法曼:《自治的神话:依赖理论》,李霞译,中国政法大学出版社2014年版,第12页。

犯罪事件除外)就被禁止再次实施该类行为,那为什么偏偏到了心智障碍者这里,法律就因其可能犯错而径直剥夺自主决定的权利,强制让监护人接管所有事务?自主地犯错误和自愿地承担风险是权利自主性的体现,评价行为的自主性万不可“事后诸葛亮”地唯结果论,因结果不符合外界的评价就剥夺被监护人决定的权利,只准其做监护人认为正确的事,这是对成年监护错误地适用了未成年人监护中“家长制”的落后理念,剥夺了所有成年人都享有的“试错”的权利,而协助决定就是要赋予人犯错的自由和自担风险的权利。

缺乏充分信息支持的决定往往是盲目、错误的,而降低决定的风险,关键在于信息获取是否充分,分析过程是否理性,意思表达是否准确,这是自主决定的前提。心智障碍者的决定不被认可,往往是信息的获取、翻译与沟通出了问题。如果协助心智障碍者理解沟通的内容,他的决定能力就可以提高。例如,如果缺乏性教育,心智障碍者便难以预测性行为的后果,也无法进行选择和自我保护。[①] 因此,他们最需要的是以特定的方式让其学习性教育的知识,从而使其作出决定,而不是替代其决定谁可以爱,谁不应当接近。这样的理念并非协助决定立法的创新,成年人在生活中接受着来自外界无处不在的协助,有来自专业人员的信息供给,也有现代技术对生活的支持。前者如房屋装修,对于装修知识一无所知的业主在挑选各种建材时,需要工程项目经理为其提供各种材料的价格、材质、功能、外观等信息,帮助业主做“选择题”;后者如眼镜的发明,如果没有眼镜,那么近视就会给人们的生活带来极大的不便,这可以类比为一类身体残障,但是眼镜的发明恢复了受阻的视觉,近视者因此不会被认为是残障者。因此,既然脆弱性是人的常态,如果成年人在“非理性”的时刻可以享受着来自外界的协助,那么对心智障碍者支持也应当贯彻“协助”的逻辑,而不是直接替代其决定。

(二)自主性理论:行为是丈量自由更为精确的卡尺

自主应包含人和行为两个面向。自主的人是自主行动、作出自主选择

---

① 参见黄雪涛、韩青:《民法总则“偷走了”我们的哪些权利》,载南都观察2017年3月22日,http://mp.weixin.qq.com/s/EOFBs_pO3LyMRG9chC_8Xg。

的充分条件,而非必要条件;自主的行为是指有意图且不受制约的行为。相较“自主的人”,“自主的行为”是衡量自由更为精确的卡尺。比彻姆认为,“许多研究自主的理论,在刻画‘自主的人’时主要描写为具有自我管理的能力、推理、思考、独立选择等等,然而,这些都不太准确,自主的重点应在‘自主选择’的行为上,也就是‘实际的管理’而不是‘管理的能力’”。如前文所述,每个人都不是完全理性的人,许多能自我管理的人往往由于疾病、消极情绪的限制可能作出不自主的选择,如有毒瘾的人、酗酒的人;而有些精神疾病患者没有自主的能力,但却能作出一些自主的选择,如拒绝吃药、打电话给朋友熟人等。① 因此,通过一个抽象的行为能力标准否认人总体的能力并不符合“自主”的要旨,抽象的人不应当是被评价的对象,法律应当考察人在特定事件中的具体行为,将行为作为是否“自主”的评价体系。协助决定范式正是基于所有人都有法律能力这一前提,放弃寻找一个固定的标准将“人”分类,而是对特定情境、具体事件中人的行为进行评价。

(三)以本人、家庭及社会为视角:协助决定之价值论

协助决定对本人、家庭及社会皆存在重要价值:第一,对本人的价值。国外有调研结果表明,使用协助决定的人倾向于选择时间更短、强度更小的日托服务,甚至只需要咨询服务而不是日托,这样的支持对本人来说更为经济。但是,协助决定真正的价值却不能用货币来衡量,其对本人健康的价值高于任何纯粹的经济利益:心智障碍者既非被动的客体,亦非独立自主的个人,而是在与他人共同生活中亲自承担责任的个人。维护心智障碍者的尊严,不仅能促进其经济的自立,还能帮助其获得精神与人格的自立。② 在替代决定中,被监护人常“感到无助、绝望和自我批评”,体验“低自尊、被动和无能感”以及“身心健康、寿命和工作能力显著下降”;而在协助决定中,协助者可以帮助本人对抗习得性无助,增强本人的自尊、赋权和希望,让其从犯错中吸取教训,从而下次作出更为理性的选择,给予本人更大的自决权、更

---

① 参见庄晓平:《西方生命伦理学自主原则“自主”之涵义辨析——从比彻姆、德沃金和奥尼尔的观点看》,载《哲学研究》2014 年第 2 期。

② 参见韩君玲:《关于我国残疾人福利法律制度构建之思考》,载《河北法学》2012 年第 4 期。

高的自尊以及更多的成长空间。[①] 第二,对家庭的价值。在我国"三孩"计划生育政策的时代背景下,独生子女一代的夫妻照料孩子已付出了相当多的时间与精力。因此,在年迈父母的监护、养老方面可能力不从心。通过子女积极的协助,让尚存决定能力的老年人尽可能自己作出决定,这不仅有利于心智障碍老年人的康复,也可以减轻子女的压力。第三,对社会的价值。残障者往往希望通过自主劳动,从社会的消耗者变成生产者,从受助者变成纳税人。我国"协助决定"的倡导者黄雪涛认为,心智障碍者更愿意成为工作者。只要获得一些适合的支持,他们也可以变成劳动者、服务者与纳税人。

三、他山之石:以加拿大《代表协议法》为主要考察对象

加拿大在协助决定立法方面一直处于国际领先地位。大约在20世纪70年代,协助决定实践开始在加拿大出现。该国实践协助决定相较其他国家来说更久,因此具备一条清晰的、可以观察其实施效果的时间轴。目前,许多加拿大司法管辖区已颁布立法,承认各种形式的协助决定措施,其中不列颠哥伦比亚省《代表协议法》(Representation Agreement Act,RAA)是国际上最早在监护制度外建立协助决定的法案之一。自RAA于2000年在不列颠哥伦比亚省生效后,阿尔伯塔省(2008年)、萨斯喀彻温省(2001年)和育空地区(2003年)都颁布了独具特色的协助决定立法。加拿大的协助决定立法已在10个省(9个普通法管辖区和1个民法典管辖区)以及3个同样属于普通法管辖区的地区建立。这些司法管辖区的协助决定制度独具特色:多数司法管辖区一般通过司法或准司法干预的手段任命协助者,由法院委任他人协助作出决定或共同作出决定,建立复杂的司法体系以确保协议适当的执行和评估;不列颠哥伦比亚省采取的是一种"非司法程序"的径路,允许本人私下签订代表协议来保持本人的自主性,整个过程无须法院的批准,让本人和协助者在没有政府干预的情况下自己完成大部分工作。只有当代表向法院申请解释协议中的条款或公共监护和受托人提出反对意见时,法院

---

① Kristin Booth Glen, *Supported Decision - Making from Theory to Practice*: *Further Reflections on an Intentional Pilot Project*, 13 ALB. GOV't L. REV. 94 (2019).

才会介入，否则，该法案下的代表协议仍然是完全私人的契约。[①] 这与我国《民法典》中意定监护制度的立法目的与制度特色存在相似之处，RAA 科学的制度安排对我国引入协助决定制度具有参考价值。下面以 RAA 的规定为主线，结合部分国家或地区协助决定的内容进行考察。

（一）RAA 的立法模式与内容

1. RAA 的立法模式

一些国家通过协助决定范式改造本国的监护制度，如以色列的立法。该国的协助决定法规于 2016 年颁布，作为以色列现有监护法的一部分，其承认了协助决定的存在和有效性。[②] 澳大利亚是将协助决定模式直接导入成年监护制度中。[③] 有的国家或地区则是将协助决定作为一个独立的制度，置于监护制度之外，如美国得克萨斯州的协助决定法与该州监护法协同工作，以增加残疾人的选择，减轻法院的负担。本文主要考察的加拿大不列颠哥伦比亚省同样是在监护制度之外建立了 RAA，规定了若干协助决定规则，心智障碍者可以根据自身情况选择适用监护制度还是签订代表协议。

2. RAA 的立法内容

（1）能力推定原则。

RAA 规定了能力推定原则：除非有相反证据，否则所有成年人均推定有能力订立、变更或撤销代表协议，以及就其个人照护、医疗健康、法律事务和日常财务管理作出决定，成年人与他人沟通的方式并不构成其不能理解需要作出决定任何事项的理由。[④] 该条默认成年人皆具有签订、变更或撤销代表协议的能力，但也设置了例外，规定在有相反证据的特殊情形下，成年人的法律能力可以被否认。这与我国立法类似，我国《民法典》第 17 条规定，

---

① Krista James, Canadian Centre for Elder Law Laura Watts, Canadian Centre for Elder Law, *Understanding the Lived Experiences of Supported Decision – Making in Canada Legal Capacity*, Decision – Making and Guardianship March 2014. p. 24.

② See Kristin Booth Glen, *Supported Decision – Making from Theory to Practice: Further Reflections on an Intentional Pilot Project*, 13 ALB. GOV't L. REV. 94 (2019). p. 157.

③ Shih – Ning Then, *Evolution and Innovation in Guardianship Laws: Assisted Decision – Making*, Sydney law review, Vol. , p. 35 : 133.

④ 参见 RAA 第 3 条。

默认年满18周岁的成年人为完全民事行为能力人,除非有证据证明其不能辨认或完全辨认自己的行为。

(2)代表协议的类型与生效要件。

与其他协助决定立法一样,RAA的协助决定是以签订协议的方式建立的,这符合MDAC阐明的支持决定的核心原则"协助决定必须由本人与协助者通过协议的方式确定"。下面考察RAA代表协议的类型与生效要件。

第一,代表协议的类型。

RAA规定了两种协议的类型:一种是有标准条款的标准化协议,通常称为"第7条代表协议";另一种是非标准条款的非标准化协议。二者主要在于协议涉及的内容不同:标准化协议关注的是与身份或财产相关的法律行为,例如:本人的个人照护;本人财务事务的日常管理;购买食品、住房;进行投资;提供法律服务(身份属性较强的离婚诉讼除外)。[①] 非标准化协议关注的是日常生活事项,例如:决定本人住在哪里、和谁住在一起;决定本人是否应工作,工作类型是什么;决定本人是否应与他人联系或交往;代表成年人作出日常决定,包括关于成年人的饮食或着装的决定。[②] RAA根据不同的协议设置不同的规则:标准化协议要求签订协议的本人具备法律能力,同时配置了更为严格的监护人履职与监督规则;而非标准化协议仅要求本人理解拟定协议的性质和后果即可,设置了更为灵活的规则安排,对该协议的监督并非强制,并且监护人履职规则也更为简单。

第二,代表协议的生效条件。

无论是标准化协议还是非标准化协议,都需满足一定生效要件:首先,代表协议必须是书面形式的。协议必须由成年人本人与代表签字。本人的签名必须有两名证人见证,每名证人必须在代表协议上签字,如果该证人是律师或不列颠哥伦比亚省公证人协会信誉良好的成员,那么只需要一名证人即可,代表或候补代表的签名无须进行见证。[③] 协议自签署之日起生效,除非协议附生效期限或条件规定在将来生效或在某一事件发生之时生效

---

① 参见RAA第7条。

② 参见RAA第9条。

③ 参见RAA第13条。

（此时协议必须规定如何确认事件以及由谁确认）。[1] 这与我国意定监护存在差别：我国《民法典》第 33 条规定，意定监护人在本人丧失或者部分丧失民事行为能力时开始履行监护职责，意味着意定监护的启动是以否认本人的行为能力为前提；而 RAA 并不以否认本人法律能力作为协议生效的条件，代表在协议签署之日起就可以开始协助本人了。

（3）本人与代表的条件。

第一，本人的条件。

任何有法律能力之成年人都可以签订代表协议。[2] 但签订标准化协议与非标准化协议对本人的要求也存在不同。签订标准协议的本人须具备法律能力，即使成年人无法签订其他类型合同、管理本人的医疗保障、个人照护或法律事务，或对本人财务进行日常管理，也不影响成年人签订标准化协议。在判断本人签订标准化协议时是否具有法律能力，应考虑如下要素：（a）该成年人是否表达了意愿让代表作出、帮助作出或停止作出决定；（b）该成年人是否表现出选择和偏好，能否表达对他人的赞许或不满；（c）该成年人是否明白，订立代表协议或者变更、撤销任何条款意味着什么；（d）该成年人是否与代表有互信关系。[3] 签订非标准化协议时，仅要求本人是否理解拟定协议的性质和后果。[4] 从上述法条可以看出，对本人法律能力的判断是在缔结协议的过程中同时进行的，但由谁来判断，RAA 没有进一步明确。

第二，代表的选任。

根据 RAA 的规定，下列主体可以担任代表：（a）19 岁或以上（不列颠哥伦比亚省的成年年龄）的个人；（b）公共监护人和受托人；（c）信用合作社或信托公司；（d）本人的子女、父母与配偶。本人可以在代表协议中指定多位代表（同时指定），还可以指定一位候补代表（设定顺位），在代表不愿意行使权利、死亡或者因其他原因不能行使权利的时候替代原来的代表行事。[5]

---

① 参见 RAA 第 15 条。
② 参见 RAA 第 4 条。
③ 参见 RAA 第 8 条第 2 款。
④ 参见 RAA 第 10 条。
⑤ 参见 RAA 第 5 条、第 6 条。

(4)代表的职责。

关于代表的职责,代表应在协议赋予的权利范围内诚实、谨慎、勤勉地行事。关于是否能够转委托事宜,代表只可将投资事宜转委托给合格的投资专家,如基金经理,除此之外,代表不得转委托代表协议中的其他任何权利。代表必须保存其行使权利的账目和其他记录,管理本人财产的代表人应当将本人的资产与代表自己的资产分开管理。如果代表代替本人作出医疗保健决定,其必须根据本人的最大利益行事,同时适用《医疗保健(同意)和护理设施(承认)法》第19(3)条的规定。[①] 代表可以索取本人的无法律能力信息和代表权利范围相关的信息。[②] 代表不得为本人订立或变更遗嘱,其代表本人签订或变更的任何遗嘱均无效力。由此可见,代表行为的边界在于转委托(投资事宜除外)与代本人订立、变更遗嘱。不得转委托的原因是代表与本人间存在互信关系,而第三人并未获得这样的信任,自然不得作为代表行事;至于代表不得为本人订立或变更遗嘱的规定,从该法案的表述可以看出,代表被禁止的是"替代"本人制作遗嘱,但并未禁止"协助"本人自己撰写遗嘱,由此可见"替代决定"的边界。

(5)代表履行职责的规则。

标准化协议与非标准化协议中代表履职的规则不尽相同:在标准协议的情况下,代表帮助成年人作出决定或代表成年人作出决定时,必须在合理的范围内与成年人协商,以确定他目前的愿望,并在合理的情况下尊重本人的愿望。如果无法确定成年人目前的愿望或遵守这些愿望不合理,则代表必须遵守成年人在有能力时所表达的任何指示或愿望。[③] 在非标准化协议的情况下,代表只需要直接遵守成年人在有能力时所表达的指示或愿望即可,不需要就非标准化协议中的每一件事项征询本人的意见。

无论是标准化协议还是非标准化协议,如果无法获知本人在有能力时的指示或表达的愿望,该代表必须基于本人已知的信仰和价值观履行代表职责,但如果无法获取他或她的信仰和价值观,那么可以按照本人的最大利

① 参见 RAA 第16条。
② 参见 RAA 第18条。
③ 参见 RAA 第16条。

益行事。可见，如果监护人按照本人的最大利益行事，那么这样的最大利益就已经脱离了本人的意愿，完全按照代表所认为的本人最大利益安排其生活事务，这就不得已回转到了替代决定的行为模式，但前提是穷尽了探寻本人真实意愿（或可推知意愿）的所有步骤。由此可见，虽然RAA仍然保留了"本人最大利益"这一典型的替代决定范式下的原则，但是这是在无法进行"协助决定"时不得已的最后手段，这背后暗含着"尊重本人真实意愿原则优先于最大利益原则""协助决定优位于替代决定"的理念。

（二）对RAA制度特色的评析

RAA被认为是全球协助决定领域的开创性立法。规定了协助者（在RAA中被称为代表）的任命、职责和监督等内容。许多残疾人权利活动家认为RAA旨在正常化残疾人的身份，因为该法案不是专门针对残疾人制定的，其受众群体广泛，任何成年人都可以使用。它既没有将残疾人作为一个弱势群体单独挑选出来，也没有将其排除在外，因此不会导致残疾人的边缘化与污名化。[①] 通过前文对RAA的考察，我们可以总结该法存在以下两大特色：

第一，建立了以"协助决定为原则、替代决定为例外"的制度范式。

在实施标准化协议中的事务时，代表应首先与本人协商，探寻其当下的意愿，这是典型的协助决定范式。但是，RAA还规定了可以适用"替代决定"的两种情形，以解决协助不能或不合理之情形：一是当穷尽所有手段都无法获知本人的意愿与偏好时，代表应当按照"本人之最大利益"履行职责；二是在帮助本人作出决定时，如果无法确定本人当下的愿望或遵守这些愿望不合理，代表有权越过本人的意愿而替代其作决定。但是，问题在于何为"合理"的愿望？"合理"的标准由谁来判断？如何监督协助决定的适用？如何防止协助决定成为具文，避免本人的参与权被架空？RAA没有进一步规定，这也是目前包括加拿大在内的许多国家协助决定制度尚待攻克的主要

---

① Krista James, Canadian Centre for Elder Law Laura Watts, Canadian Centre for Elder Law, *Understanding the Lived Expeiences of Supported Decision - Making in Canada Legal Capacity*, Decision - Making and Guardianship March 2014. p. 14.

难题。

保留替代决定,这是许多国家或地区不约而同的选择。爱尔兰的《协助决定(能力)法案》在规定“协助决定”的同时保留了“替代决定”,但与RAA的“合理”标准不同,其使用的是“伤害”标准,即只有当受益人(爱尔兰“协助决定”制度中的本人被称为受益人)的决定可能会导致自己或他人严重的伤害时,共同决定者才被允许阻止受益人的决定。与“合理”标准相比,“伤害”标准在实践中可能更容易把握,“替代决定”的适用情形更为受限,因为所有导致严重损害的决定都是不合理的,但并非所有不合理的决定都会导致严重损害。

第二,代表履行职责的规则符合德沃金“自我决定权”理论。

RAA规定代表应按照以下步骤履行标准化协议中的职责:一是通过协商、沟通帮助本人作出决定(标准化协议独有);二是遵守本人在有能力时所表达的任何指示或愿望(如持续性代理、生前预嘱或特殊需要信托等监护替代措施);三是基于成年人已知的信仰和价值观。对于这三个步骤,美国学者EMILY认为,从第二个步骤开始,代表就开始替代决定了:“该法案对代表的职责进行了限定,成年人目前的愿望无法确定或遵守这些愿望不合理,则代表必须遵守成年人在有能力的情况下表达的任何指示或愿望。在这些情况下,代表必须运用替代决定进行决策。”[①]笔者并不赞同该观点,替代决定范式是以“最大利益”而非“本人意愿”作为代表履行职责的依据,而这三个步骤皆体现了对本人意愿的重视。不仅如此,RAA规定的三个步骤刚好与“自我决定权”理论的三层含义对应:一是尊重意思能力受损后本人残存的意思;二是尊重本人在意思能力受损前的自我决定;三是尊重本人在意思能力受损前对将来失能后的生活规划(意思表示)。[②] 第一个层次是典型的“协助决定”理念;对于后两个层次的含义,德沃金教授在其著作《生命的自主权:堕胎、安乐死与个人自由的论辩》中进行了阐释:完整的自主权强调的是当事人价值观与人格的连贯性,每个人对生命主宰的权利,比如拒绝使用

---

① Emily A. Largent, Andrew Peterson, *Supported Decision - Making in the United States and Abroad*, Journal of Health Care Law & Policy, 2020, p. 287.

② 参见李霞、罗宇驰:《我国台湾地区成年意定监护草案报告》,载《青少年犯罪研究》2019年第2期。

维生设备的医疗预嘱,是由患者本人的价值观建立起来的,而这种自主权使我们得以发展出一贯的人格。因而,在此情况下我们应当明确,如果一个轻微痴呆的病人所作出的选择与他过去的性格相符,是相当一致、稳定而又相当合理的,我们认为这个痴呆病人仍拥有自主权;如果这个病人所作出的决定经常矛盾反复,无法表现出自我人格的一贯性,我们就认为该患者不具有自主权。另外,先前自主权理论也应当得到尊重。一个具有行为能力的人,要是为他万一变成痴呆后所需的治疗事先签署了在世预嘱,根据完整的自主权理论,他所作的决定就是自主权理论认为最应尊重的决定,因为他所作的决定其实是和他想过的人生的整体形式有关。[①] 由此可见,RAA 中代表履行职责的规则皆符合德沃金的"自我决定权"理论,都是以"尊重本人真实意愿"作为制度设计的基础,只是本人的意愿通过不同形式得以表达:一个是当下的意愿,另一个是推知的意愿,还有一个是曾经表达的意愿在失能失智后的延伸,这都属于"协助决定"范式之内容。

(三)RAA 的实施情况

目前,世界各国或地区的协助决定立法百花齐放,并且该制度(范式)对于许多国家或地区来说都是新鲜事物,因此鲜有相关实证研究论证该国或地区协助决定模式的有效性。例如,自 2015 年美国得克萨斯州正式承认支持性决定协议以来,尚未收集到相关数据来确定支持性决定协议在实践中的有效性。[②] 这就意味着,不列颠哥伦比亚省 20 多年来的实践是难得的、可供观察的样本。

2014 年 3 月,加拿大长者法中心受安大略省法律委员会委托,对加拿大 5 个区域实践协助决定的情况进行了调研,后由加拿大长者法中心的 Krista James 编写了调研报告《了解加拿大协助决定的实际经验》。该报告反馈了近年 RAA 实施的情况:总体而言,在不列颠哥伦比亚省,了解 RAA 的民众都较为欢迎协助决定制度,但相当一部分民众既不知道也不关心协助决定。

---

① 参见[美]罗纳德·M. 德沃金:《生命的自主权:堕胎、安乐死与个人自由的论辩》,郭贞伶、陈雅汝译,中国政法大学出版社 2013 年版,第 296 - 300 页。

② See Gabrielle Bechyne, *Supported Decision - Making Agreements in Texas*, Estate Planning and Community Property Law Journal, Vol. 2020, p. 350.

拥护协助决定并了解其巨大价值的人不多,残疾人社区以外的人,特别是老年人和有心理、脑损伤的人甚至包括本人的代理律师都倾向于选择更容易理解、更加清晰的法律,如授权书制度(power of attorney)或监护制度。无独有偶,在日本,过去使用"日常生活独立支持系统"的人们近年也开始倾向于回归到监护模式中,这就意味着,协助支持系统已经失去了其方向。① 我们不禁疑惑,处处体现着《残疾人权利公约》精神的协助决定到底出了什么问题,导致其在一些国家遇冷。根据《了解加拿大协助决定的实际经验》,原因主要有以下几点:第一,相较监护制度,人们对协助决定较为陌生,担心容易被滥用;第二,RAA 暂时没有出台实施细则,人们不知道如何使用;第三,如果有一个可以信赖的支持者作为代表,协助决定才可以很好地运作,但问题在于,很多人没有任何亲密的人可以作为其支持者;第四,协助决定与替代决定的边界较难把握,因此在实践协助决定的过程中,本人的决定实际上被替代的情况也偶有发生。由此可以看出,导致"协助决定"在实践中受挫的主要原因并非 RAA 本身的问题,而在于宣传不到位、配套法规未跟进、缺乏指导手册的指引以及找不到可信赖的协助者等外部因素上。这一方面并未否认 RAA 立法本身的可借鉴价值;另一方面说明,要让协助决定的运行达到良好的效果,不仅需要完备的立法,官方宣传、操作细则、公益协助者等配套机制的建立同样重要。

四、我国《民法典》成年监护立法与实践情况

(一)我国成年监护立法情况

《民法典》成年监护制度是对我国农村外出务工人口增多和人口老龄化的社会背景下,解决部分"空巢老人"和残疾人需要生活扶助问题之现实需要的回应。② 在我国成年监护制度中,与协助决定最接近的内容为尊重被监护人真实意愿原则与意定监护制度,对于前者,包括在指定监护人与监护人

---

① See Shoichi SATO, Guardianship and CRPD in Japan, Paper Collection of The 4th Asia International Conference & the 3rd Chinese Seminar on Guardianship Law. 13. 2019, p. 13.

② 参见陈苇、贺海燕:《论中国民法典婚姻家庭编的立法理念与制度新规》,载《河北法学》2021年第1期。

履行监护职责时应当尊重被监护人的真实意愿;①对于后者,一些科研成果将委托监护、遗嘱监护等根据监护人意愿选任后位监护人的方式也列入意定监护范畴。这里需要说明的是,本文探讨的意定监护制度,仅指《民法典》第33条所规定的,本人为自己选任监护人并且约定监护人职责范围的监护类型。②

(二)我国协助决定范式转型之争

如前所述,我国《民法典》规定了尊重被监护人真实意愿原则与意定监护制度,那么这是否意味着我国成年监护已经完成了协助决定范式的转型?我国学者观点不一。学者李霞认为,2017年《民法总则》基本上承袭的是被大陆法系陆续废弃的禁治产(无行为能力)监护制度,延续了典型的替代决定制度,即使是意定监护制度仍是以“否定或限制一个人的行为能力”为前提的,这与协助决定始终承认残疾人有行为能力有根本区别。③ 学者张华贵同样认为,我国以《民法典》为主的成年监护体系基本延续替代决定,未能吸收协助决定新理念。替代决定极易忽视被监护人的人身权益、过度干预本人决定自由、不尊重本人的真实意愿。学者孙犀铭认为,2017年《民法总则》第28条监护制度仍以行为能力之欠缺为必要,欠缺行为能力人意思自治之空间,较旧法而言并无任何拓展。④ 学者陈嘉白却认为,2020年《民法典》中监护制度采取的是双重模式,即采取的是“以替代决定为基础、以协助决定为导向”的监护制度。⑤ 学者李世刚也认为,2017年《民法总则》在成年人监

---

① 《民法典》第31条第2款规定,居民委员会、村民委员会、民政部门或者人民法院应当尊重被监护人的真实意愿,按照最有利于被监护人的原则在依法具有监护资格的人中指定监护人。该法典第35条第3款规定,成年人的监护人履行监护职责,应当最大程度地尊重被监护人的真实意愿,保障并协助被监护人实施与其智力、精神健康状况相适应的民事法律行为。对被监护人有能力独立处理的事务,监护人不得干涉。

② 《民法典》第33条规定,具有完全民事行为能力的成年人,可以与其近亲属、其他愿意担任监护人的个人或者组织事先协商,以书面形式确定自己的监护人,在自己丧失或者部分丧失民事行为能力时,由该监护人履行监护职责。

③ 参见李霞:《协助决定取代成年监护替代决定——兼论民法典婚姻家庭编监护与协助的增设》,载《法学研究》2019年第1期。

④ 参见孙犀铭:《民法典语境下成年监护改革的拐点与转进》,载《法学家》2018年第4期。

⑤ 参见陈嘉白:《民法典体系下协助决定与替代决定的择优实现》,载《当代法学》2021年第3期。

护方面,强调被监护人对自己事务处理的意愿,已经体现了从传统的“消极防御保护”转向重视“积极辅助”被监护人的方向。①

笔者认为,虽然《民法典》在尊重被监护人真实意愿方面已体现了进步,但成年监护制度尚未完成“协助决定”范式的转型,理由在于:第一,根据本文第一部分对协助决定基本内涵的阐释,MDAC 阐明支持决定的第1条核心原则就是本人保持全部法定行为能力,并且 CRPD 第12条也规定缔约国重申残疾人享有在法律面前的人格在任何地方均获得承认的权利。我国成年监护制度在这一点上并不符合要求,包括以委托人丧失行为能力作为协议生效要件的意定监护制度,在成年人不能辨认或不能完全辨认自己行为时,由其法定代理人(监护人)代理实施民事法律行为,或应由其同意、追认,在被代理的事务上,法律直接否认了被监护人的自主决策权,由监护人进行了“替代决定”。因此,虽然前述《民法典》的规定具有进步性,但缺乏“始终承认被监护人行为能力”这一必要条件,仅有“协助决定”之形,并无“协助决定”之实。第二,如前所述,协助决定立法模式注重将“行为”而非“人”作为“自主性”的评价对象,但是,我国行为能力制度以心智状态为标准对“人”进行抽象分类,法律根据被监护人所处的行为能力等级让其概括性失权,监护人按照被监护人属于“限制”还是“无”民事行为能力人,依据不同的行为能力补足规则进行协助。在这一过程中并未考察特定情境、具体事件中人的行为,这不属于“协助决定”立法模式。基于以上两个理由,笔者认为,我国成年监护制度仍属于“替代决定”范式,其并未完成“协助决定”范式的转型。

(三)我国意定监护的实践:公证模式

《民法典》第33条规定的意定监护制度赋予了心智障碍者提前指定监护人、约定监护事务的权利,其相较法定监护更加尊重被监护人的自由意思,被一些学者认为是我国建立协助决定制度的“曙光”。因此,我们在成年监护中选择意定监护制度作为实践方面的考察对象。在日本以及我国台湾地区,公证是办理意定监护的必经程序,意定监护协议必须由公证人制作成公证书才能订立、变更与解除。从国家层面上讲,我国的意定监护实践同样

---

① 参见李世刚:《〈民法总则〉关于“监护”规定的释评》,载《法律适用》2017年第9期。

也采公证模式。上海市普陀公证处出具的全国首例意定监护资格确认公证被司法部作为典型案例在全国推广，以指导各地公证部门的实践。虽然意定监护在我国《民法典》中仅有一条，但实践已远远走在了立法之前，意定监护公证模式在以下几个方面已见雏形：

第一，类型。在我国，意定监护协议分为将来生效型（意定监护）和转移型（委托代理＋意定监护）。后者由于在委托人丧失民事行为能力前，受托人就已经开始履行职责了，监护开始后，受托人的身份从委托合同的代理人转变为意定监护人，但工作内容并无太大变化。[①] 这类似英美法系国家的持续性代理制度，只是由于我国尚未建立该制度，因此在技术上将意定监护嫁接在我国现有的委托代理制度之后，以保证监护人（受托人）提供服务的连续性。

第二，生效。与无行为能力宣告坚持的司法径路不同，意定监护公证模式允许当事人约定监护协议的生效条件，一般情况下，公证机构认可三甲医院（或司法鉴定中心）出具的本人限制/无行为能力诊断证明后，就可以给意定监护人开具监护证，监护协议正式生效，而无须到法院启动非讼特别程序。

第三，职责。委托人与受托人可以在监护协议中约定监护事务，一般包括人身事务、财产事务、医疗决定事务及诉讼事务。人身事务包括安排疗养、办理入住敬老院等事宜；财产事务包括代理支付日常生活花销、处理债权债务事项以及购置大额财产等；医疗决定事务包括签订医疗服务合同、签署特殊检查、治疗同意书、术前同意书等；诉讼事务一般包括代理被监护人参与诉讼、仲裁等纠纷解决程序。[②] 监护人应记录每一笔大额花销，定期撰写监护报告供监督人核查。

行文至此，笔者有个有趣的发现，公证员在个案当中，为本人提供咨询，阐明意定监护及其他法律工具的作用，挖掘本人潜在的需求，根据当事人的需求提供不同的解决方案，提示每个方案背后可能的风险，从而辅助本人作

---

① 参见李国强：《成年意定监护法律关系的解释——以〈民法总则〉第 33 条为解释对象》，载《现代法学》2018 年第 5 期。

② 该信息来源于湖北襄阳公证处于 2018 年办理的一份意定监护公证书。

出是否办理以及如何办理意定监护的决定,这一步步提供信息、积极引导的过程就是践行"协助决定"最好的范本。饶有趣味的是,一方面,公证员在意定监护业务中帮助委托人进行自主决定,无意识中诠释了"协助决定"的精髓;另一方面,最需要践行"协助决定"的监护人仍然深陷"替代决定"的旧范式中,对国际上监护制度的改革浪潮毫无察觉。

五、协助决定范式下我国意定监护制度改革建议

协助决定是当前国际改革残疾人权益保障机制毋庸置疑的方向,我国作为《残疾人权利公约》成员国,势必要在建立协助决定这一问题上有所作为。通过对加拿大 RAA 为主的协助决定制度的考察,我们发现协助决定为主、替代决定为辅的制度架构、标准化协议与非标准化协议的二元分类、代表履行职责的规则等都是值得我国借鉴的有益经验。虽然在实践中,包括加拿大在内的部分国家协助决定制度遇到了一些挫折,但是《代表协议法》立法本身仍然具备可借鉴之处,只要在立法之后积极跟进配套措施,并建立机构监护人组织等社会支持机制,有信心让协助决定在我国落地,不应当让对未来的完美设想阻碍了制度朝着正确方向改革的每一个脚步。通过考察以 RAA 为主的协助决定制度,结合我国实践情况提出以下建议。

(一)我国协助决定立法模式

国外协助决定的立法模式包括通过协助决定范式改造成年监护制度,或者在监护制度之外建立协助决定制度。笔者建议我国选择前者,即根据协助决定范式改造我国成年监护制度,理由在于根据加拿大长者法中心的《了解加拿大协助决定的实际经验》,RAA 在实践中未受广泛使用的原因之一在于人们对协助决定较为陌生,在信息不对称的情况下,人们往往认为熟悉的制度存在较小的试错风险,从而倾向于使用监护制度。因此,如果用协助决定范式改造现有的监护制度,可能有助于减少人们的顾虑。基于此,为了避免我国出现加拿大等国的问题,建议我国不另外设立协助决定制度,直接用成年监护的"旧瓶"装入协助决定的"新酒",以协助决定范式改造我国成年监护制度。

（二）承接协助决定范式最合适的容器：意定监护制度

接下来的问题是，对成年监护中的哪个部分进行改造？笔者认为，意定监护制度是承接协助决定范式最合适的容器。理由如下：第一，从法定监护到意定监护，体现了从家族血缘到陌生人契约理念的转变过程。意定监护制度赋予了心智障碍者提前指定监护人、约定监护事务的权利，其相较法定监护更加尊重本人的自由意思，被我国学者认为“对协助决定的诞生能够发挥积极推动作用”。第二，根据 MDAC 确定的支持决定核心原则可知，协助决定必须由本人与协助者通过协议的方式确定，加拿大 RAA 及其他国家的协助决定制度也验证了这一点，在我国成年监护制度中，也只有意定监护制度符合“本人与协助者订立协议”这一要件，因此，意定监护与协助决定的制度架构最为相似。第三，这既是挑战又是机遇，挑战在于实践中意定监护公证模式缺乏直接的法律依据，增加了解释的负累；而机遇在于规范中的留白为按照协助决定范式进行制度重构提供了可能。

（三）将意定监护与行为能力制度脱钩

目前，我国意定监护协议生效于本人丧失行为能力时，这意味着意定监护制度与行为能力制度有着密切的关联，但是，根据 MDAC 确定的支持决定核心原则可知，与行为能力制度的“捆绑”是导致我国意定监护制度尚未完成协助决定范式转型的主要原因。后民法典时代所面临的主要问题是对《民法典》的解释和应用问题，面对社会的发展，《民法典》的时效性必然受到挑战，这就产生新的修法和造法问题。[①] 如果仅对意定监护制度进行解释而不使其脱离行为能力的桎梏，无异于隔靴搔痒，并未触及转型的关键。因此，笔者建议，若要根据协助决定范式改造意定监护制度，首先就要让其与行为能力制度脱钩，将立法的焦点从对人进行抽象的分类，转移到评价具体事件中人的行为上。因此，通过借鉴 RAA 中有关代表协议生效的规定，建议将《民法典》第 33 条意定监护制度中“在自己丧失或者部分丧失民事行为能力时，由该监护人履行监护职责”修改为“除非协议附生效期限或条件，否

① 参见刘志阳：《民法政策学：后民法典时代的造法研究》，载《河北法学》2021 年第 12 期。

则意定监护协议自签署之日起生效,此时监护人就可以履行监护职责”。

(四)平衡尊重自主与最大利益,确定协助决定与替代决定的分界

协助决定是残疾人权益保障法律改革的国际潮流,那么这是否意味着,应对监护制度中的替代决定“赶尽杀绝”?虽然加拿大不列颠哥伦比亚省、美国、爱尔兰、日本等国家或地区目前大力推崇协助决定,但同样也将替代决定作为“最后救济手段”,替代决定在特定情形下也被允许。学者杜生一认为,协助决定很可能只适用于有限的个人群体,当一个成年人的决定能力开始下降或者上下波动时,协助决定的适用会变得困难。如果一个成年人的决定能力下降到一定水平,那么协助决定的适用是否还能产生比较好的效果就不甚明确了。[①] 美国学者 Emily A. Largent 认为,不应废除替代决定,即使在大多数情况下协助决定是可行的,但并非所有残疾人都能行使其自主权,不惜一切代价提高心智障碍者的自主权可能会导致对其本人或他人的伤害。[②] 笔者赞成该观点,本文倡导的并非将协助决定完全取代替代决定,而是将协助决定作为监护人履职之原则与常态,替代决定作为少数情形中才适用的例外可以保留,但作为应被逐步废弃的“夕阳制度”,应严格限制其适用情形。借鉴 RAA 与爱尔兰《协助决定(能力)法案》的规定,建议意定监护人可以替代决定的情形包括:第一,当穷尽所有手段都无法获知本人的意愿与偏好时,监护人应当按照“本人之最大利益”履行职责;第二,在帮助心智障碍者作出决定时,如果其决定可能会导致自己或他人严重的伤害时,如在非重症末期选择自杀、购买毒品、伤害他人等,监护人有权越过本人的意愿而替代其作决定。[③] 由此形成本人决定的不伤害原则。

---

① 参见杜生一:《成年监护决定范式的现代转型:从替代到协助》,载《北方法学》2018年第6期。

② Emily A. Largent, Andrew Peterson, *Supported Decision – Making in the United States and Abroad*, Journal of Health Care Law & Policy, 2020, p. 284.

③ 不过,即使是不伤害原则,有些情况下的抉择可能存在伦理上的困难,如癌症发作时,很多病患会作出放弃治疗的抉择,但是在疼痛过去之后,他们会庆幸自己当时撑住了没有放弃,开始萌生出求生的欲望,所以对于这类病人,怎样的决定才是“不伤害”的?疾病发作下处于疼痛中的病人所作的决定是否应当被遵循?在哪些情形中表达者的意愿可以被认为“对自己有伤害”而被忽略?笔者在这里抛砖引玉,以供学界同仁进一步思考。

（五）区分监护事务的类型：重大事务与日常事务

根据前文对我国意定监护公证模式的考察，意定监护协议中的监护事务一般可以包括人身事务、财产事务、医疗决定事务及诉讼事务，这些事务中既包括了代理支付日常生活花销、保管被监护人的重要证件等日常事项，也包括缔结医疗服务合同、购置大额财产等重要事项。从功能主义角度出发，笔者认为，按照"重大事务"与"日常事务"的标准进行分类有利于后续为其配置不同的规则，可以产生除纯粹分类以外的价值。因此，建议委托人在拟定意定监护协议时，可以在一份意定监护协议中约定"重大事务"与"日常事务"两类监护事务，而不必像加拿大立法那样分别签订两份不同的协议。重大事务一般包括购置房屋、车辆等大额物件，入住养老机构，器官切除、堕胎等；而日常事务包括购买日用品、决定日常着装、饮食等事务。

（六）明确意定监护人行为之边界

RAA 规定了代表行为的边界：代表不得为本人订立或变更遗嘱。从该规则的表述可以看出，代表被禁止的是"替代"本人订立、变更遗嘱，但并未禁止"协助"本人自己撰写遗嘱。从这个角度反观我国意定监护人行为的边界，学者李国强认为，意定监护协议应当存在诸多不可约定的内容，包括：第一，被监护人自身事务以外的事项；第二，器官捐献、撰写遗嘱、结婚登记、收养等具有人身专属性的事项。[①] 学者李霞认为，人身性事务的后果一般是不可逆的，一旦心智障碍者的人身权利交由他人行使造成严重后果，如本人被监护人代理离婚、收养等，即便监护人须承担侵权责任，给本人造成的损害已不可恢复。[②] 笔者认为，因为意定监护人同时为法定代理人，《民法典》第 161 条规定，应当由本人亲自实施的民事法律行为，不得代理。因此，无论是重大事务还是日常事务，按照民法中人身事项不得代理的规则，即使依照协助决定获知了本人的真实意愿，也不得代理，必须本人亲自实施，如结婚、协

---

① 参见李国强：《成年意定监护法律关系的解释——以〈民法总则〉第 33 条为解释对象》，载《现代法学》2018 年第 5 期。

② 参见李霞：《协助决定取代成年监护替代决定——兼论民法典婚姻家庭编监护与协助的增设》，载《法学研究》2019 年第 1 期。

议离婚、撰写遗嘱等①,由此形成监护人行为的边界。学者王竹青认为,应当区分协助决定与协助系统,协助决定只是协助系统的一个部分,并非协助系统本身。② 我们可以顺着该观点的思路往下延展,协助系统的结构应为:"协助本人自己作出决定 + 执行",前一个阶段即为协助决定,解决"听谁的"的问题;后一阶段解决"由谁执行决定"的问题,协助者类似于民法上的"使者"角色。因此,应当在"执行"的语境中探讨监护人行为的边界,如果监护人仅仅作为一个信息的提供者与分析者,协助本人作出决定,让本人自己实施民事法律行为,那么监护人协助决定的行为(或协助事务的范围)就不应受到限制。协助系统、协助决定与监护人行为边界的关系如表 1 所示:

表 1 协助系统、协助决定与监护人行为边界的关系

	监护人的行为模式	监护人行为性质	监护人行为边界
协助系统	协助决定 + 监护人代为实施民事行为	代理或使者	除了收养、结婚、立遗嘱、协议离婚等必须由本人亲自实施的、人身性质较强的民事法律行为外,监护人可以协助本人作出其他人身、财产事务的决定并代其实施,由此形成监护人行为的边界
	协助决定 + 本人自己实施民事行为	仅为协助决定	此种情形类似生活中常见的专业咨询,如在购买金融产品、装修等问题上,金融分析师、工程项目经理的作用在于提供信息、辅助参考,最终由顾客自己作出决定。同样地,监护人在此情况下也仅提供参谋,辅助本人作出决定并自己实施民事行为,此时,监护人的协助决定不应受限

(七)确定意定监护人履职的规则

RAA 按照标准化协议与非标准化协议的不同,分别明确了在不同协议情况下代表履行职责的规则,并规定了当"本人当下的意愿"、"在有能力时

① 根据《民法典》第 1135 条的规定,即使是代书遗嘱,遗嘱人也必须签名。

② See Zhuqing Wang, *Analysis on General Comment NO.* 1 *of CRPD*, Paper Collection of The 4th Asia International Conference & the 3rd Chinese Seminar on Guardianship Law, 30, 2019, p. 30.

所表达的任何指示或愿望”以及“信仰和价值观”皆无法获取时，代表可以按照本人的最大利益代为决定，由此明确了协助决定与替代决定之间的分界。我们可以借鉴 RAA 的规定，对意定监护协议中的重大事务与日常事务设计不同的监护人履职规则。

对于重大事务，首先，应通过询问与协商，考察被监护人当前的愿望与需求，提供充分的信息，辅助其进行判断。例如，心智障碍老年人对于是否去养老院不置可否，监护人应当向其详细解释机构养老的利弊：可能会和子女短暂分离，但可以避免发生意外时无人发现、无人照料，并且还有其他老人做伴，缓解孤独，供其决定。但是，若老年人的真实意愿严重损害本人或他人的利益，监护人可以越过这样极端不合理的决定。其次，如果无法通过沟通、协商获知被监护人当下的意愿或其意愿严重违背不伤害原则，则须考察其是否在意定监护协议生效前安排了人身与财产事务。例如，是否办理了医疗预先指示、生前预嘱、特殊需要信托等，若被监护人订立了这些文书，则应当尊重该文书上本人的指示。再次，如果被监护人没有预先安排，监护人应根据其在过往生活中的处事风格及所持有的价值观，将自己置于被监护人的处境中，为其作出决定。例如，若被监护人信仰伊斯兰教，那么就不应当为其准备非清真餐食。最后，如果穷尽以上步骤仍无法获知被监护人表达的或推知的意愿，监护人才可以根据被监护人最大利益原则替代其作出决定。

对于日常事务，考虑到这类事务庞杂、琐碎，事无巨细地向心智障碍者征求意见并不实际，因此，可以从人身及财产事务的预先安排（第二个步骤）开始，按照上述顺序履行监护职责。

上述过程明确了一条从协助决定过渡到替代决定的脉络，确认了尊重被监护人真实意愿原则的适用应优先于被监护人最大利益原则。